D1669392

Tim Koehne

Skeptizismus und Epistemologie

Entwicklung und Anwendung der
skeptischen Methode in der Philosophie

Wilhelm Fink Verlag

Die Deutsche Bibliothek – CIP- Einheitsaufnahme

Koehne, Tim:
Skeptizismus und Epistemologie : Entwicklung und Anwendung der skeptischen Methode in der Philosophie / Tim Koehne. – München : Fink, 2000
ISBN 3-7705-3419-0

ISBN 3-7705-3419-0
© 2000 Wilhelm Fink Verlag, München
Gesamtherstellung: Ferdinand Schöningh GmbH, Paderborn

INHALT

ÜBERSICHT

Die vorliegende Arbeit besteht aus zwei Teilen. In Teil I wird eine Methodik entwickelt, welche anschließend in Teil II angewendet wird. Teil I besteht aus drei Kapiteln. In Kapitel 1 wird die These vertreten, daß Epistemologie durch Reductio-ad-absurdum-Argumente relativ zu einem Begriffs- und Fürwahrhaltungssystem zu verstehen ist. In Kapitel 2 wird die These vertreten, daß skeptische Argumente als Reductio-ad-absurdum-Argumente relativ zu einem Begriffs- und Fürwahrhaltungssystem zu verstehen sind. Zu diesem Ziel werden klassische und moderne skeptische Argumente vorgestellt und als Reductio-ad-absurdum-Argumente rekonstruiert. Wir betrachten u. a. die zehn Tropen des Sextus Empiricus, Agrippas Trilemma, Descartes' Argument vom Traum, Humes Argument gegen die Induktion und Wrights I-II-III-Argument. Aufbauend auf Kapitel 1 und 2 wird in Kapitel 3 die skeptische Methode entwickelt und mit den Philosophiemethoden von u. a. Sokrates, Platon, Aristoteles, Sextus Empiricus, Descartes, Kant, Hegel, Hartmann, Heiss, Nozick und Rhees verglichen. Dabei wird die Vermutung geäußert, daß die skeptische Methode nicht nur eine denkbare Methode der Epistemologie, sondern die einzig denkbare Methode sowohl der Epistemologie als auch der Philosophie überhaupt ist. Gemäß dieser Vermutung wäre die Entwicklung und Anwendung der skeptischen Methode im epistemologischen Kontext somit als repräsentativ für das Philosophieren überhaupt zu verstehen.

In Teil II der Arbeit wenden wir die skeptische Methode an, indem wir bekannte und selbst entwickelte Reaktionen auf die in Kapitel 2 vorgestellten skeptischen Argumente analysieren und bewerten. In Kapitel 4 betrachten wir verschiedene Varianten der Reaktion, in welcher die skeptische Konklusion (aller skeptischen Argumente) als akzeptabel, d. h. nicht absurd, verstanden wird. Dies beinhaltet den Irrationalismus, den Pyrrhonismus, den Naturalismus und den Fideismus. In Kapitel 5 untersuchen wir Reaktionen auf einzelne in Kapitel 2 vorgestellte skeptische Argumente. Dabei untersuchen wir u. a. den Subjektivismus, den Verifikationismus, den Behaviorismus, das Argument vom Paradigma, den Relativismus, den Fundamentalismus und den Kohärentismus. In Kapitel 6 untersuchen wir die Skepsisresistenz des Interpretationismus relativ zu den in den vorherigen Kapiteln vorgestellten skeptischen Argumenten sowie einem weiteren skeptischen Argument.

TEIL I

ENTWICKLUNG DER SKEPTISCHEN METHODE

1. EPISTEMOLOGIE UND REDUCTIO-AD-ABSURDUM-ARGUMENTE

Epistemologie thematisiert Begriffe wie Begründung, Wahrheit und Wissen im allgemeinen und in bezug auf Fürwahrhaltungen überhaupt in Bereichen wie der Außenwelt, mentalen Zuständen, der Vergangenheit und der Zukunft. Sie sucht Antworten auf folgende Fragen: Wie ist es zu denken, daß unsere Erfahrung und Erkenntnis so ist, wie sie ist? Wie ist es zu denken, daß Begründungen der Wahrheit dienlich sind? Wie ist Irrtum zu denken? Wie ist Erkenntnis möglich?[1] Wir subsumieren aus Gründen der Darstellung diese Menge von Fragen unter die Frage »Wie ist Erkenntnis zu denken?«.

Etwas zu thematisieren setzt voraus, daß ein Problem in der Sache besteht oder ein Zweck erkennbar ist. Fragen beantworten zu wollen setzt voraus, daß Unklarheiten bestehen. Ansonsten handelt es sich nicht um genuine Fragen. Doch welches genau sind die Probleme, mit denen sich die Epistemologie beschäftigt? Was genau ist ihr Zweck? Wie sind die Fragen der Epistemologie als genuine Fragen zu legitimieren? Falls kein Problem in unserem Erkenntnisbegriff besteht, sollten wir Erkenntnis eben so denken, wie wir sie denken. Es bestünde kein Reflexionsbedarf.

Ein triftiges Argument mit der Konklusion »Erkenntnis ist unmöglich« würde ein derartiges Problem konstituieren. Denn sicherlich halten wir für wahr, daß Erkenntnis wirklich, also auch möglich ist, womit wir widersprüchliche Fürwahrhaltungen hätten. Den Widerspruch aufzulösen bei Beibehaltung der Möglichkeit von Erkenntnis bedeutet zu beantworten, wie Erkenntnis angesichts des Arguments möglich ist. Die gleiche Funktion erfüllte ein triftiges Argument mit der Konklusion »Es gibt keine Erkenntnis«. Ein solches Argument scheint anzuzeigen, daß der im Argument gebrauchte Erkenntnisbegriff nicht haltbar ist oder, in anderen Worten, Erkenntnis

---

[1] Für eine historische, wenn auch nicht philologische Betrachtung des Gegenstandsbereichs von Epistemologie siehe: R. Rorty: *Der Spiegel der Natur: Eine Kritik der Philosophie*, M. Gebauer (Übers.), Frankfurt a. M. (Suhrkamp) 1981, 149 ff.

so nicht zu denken ist. Eine Antwort auf die Frage, wie Erkenntnis zu denken ist, bestünde in einem Erkenntnisbegriff, in dem das Argument nicht zu entwickeln ist. Nun wird es so sein, daß zur Ableitung dieser beiden nichtakzeptablen Konklusionen, so es derartige Argumente gibt, über den Erkenntnisbegriff hinaus weitere Annahmen getroffen werden und man daher nicht sogleich auf die Unhaltbarkeit desselben schließen kann. Hierzu gibt es noch einiges zu sagen, und wir werden an späterer Stelle darauf zurückkommen. Wesentlich an dieser Stelle ist festzuhalten, daß wir zwei (mögliche) Beispiele der Problemkonstitution für die Epistemologie gefunden haben.

Als Verallgemeinerung dieser beiden (möglichen) Beispiele können wir einen (möglichen) Typus der Problemkonstitution erkennen. Die problemkonstituierende Wirkung der beiden Argumente besteht in (a) der Triftigkeit, (b) der Nichtakzeptabilität der Konklusion und (c) dem wesentlichen Gebrauch des Erkenntnisbegriffs.

Die Triftigkeit und die Nichtakzeptabilität sind Funktionen unserer Begriffe und Fürwahrhaltungen. Bezeichnen wir die Menge von Begriffen und Fürwahrhaltungen als Begriffs- und Fürwahrhaltungssystem oder kürzer als einen Standpunkt, so können wir sagen, daß die problemkonstituierende Wirkung eines solchen Arguments nicht standpunktinvariant ist.

Der Erkenntnisbegriff ist wesentlich in einem derartigen Argument, falls es ohne Gebrauch desselben nicht entwickelt werden könnte. Dies ist in jedem Fall, aber nicht nur, erfüllt, falls der Erkenntnisbegriff in der Konklusion enthalten ist. In Anbetracht der Nichtakzeptabilität der Konklusion bezeichnen wir derartige Argumente als Reductio-ad-absurdum-Argumente. Dies geschieht in direkter Übereinstimmung mit der Alltagssprache. So wird etwas als absurd bezeichnet, was »dem Menschenverstand völlig fern ist«[2], in diesem Sinne also nichtakzeptabel ist. Unseren Begriff der Reductio ad absurdum gilt es nun gegenüber zwei in der Philosophie und Mathematik gebrauchten Begriffen abzugrenzen.

(i) Im Oxford Dictionary of Philosophy wird Reductio ad absurdum bestimmt als »der Denkprozeß, der einen Widerspruch aus einer Menge von Annahmen ableitet und folgert, daß die Menge als Ganzes nicht vertretbar ist und zumindest eine der Annahmen zurückzu-

---

[2] Deutsches Universalwörterbuch, Mannheim (Duden) 1989, 73.

weisen ist.«[3] Die Reductio ad absurdum muß also einen (logischen) Widerspruch folgern. In unserem Begriff genügt es, daß die Konklusion nichtakzeptabel innerhalb unseres Standpunktes ist oder mit diesem jedenfalls in Spannung steht. Der Widerspruch ist dabei eine zulässige Konklusion, aber nicht die einzige. Jedes Reductio-ad-absurdum-Argument in unserem Sinne läßt sich durch Anfügung der entsprechenden Annahme umformulieren in eines gemäß der Enzyklopädie: So können wir der Konklusion, daß Erkenntnis unmöglich ist, unsere Fürwahrhaltung, daß Erkenntnis möglich ist, entgegenstellen. Diese ist aber nicht nötig in bezug auf die problemkonstituierende Funktion des Arguments. Unser Begriff der Reductio ad absurdum ist daher weiter. In Anbetracht dieses Aspekts wäre es besser gewesen, den Argument-Typus mit Reductio ad paradox zu bezeichnen. Das Wort »paradox« stammt aus dem Griechischen und beinhaltet die Worte para (= entgegen) und doxa (= Glauben, Fürwahrhaltung) und ist dem Wort endoxos (= übliche, allgemein gebilligte Meinung) gegenüberzustellen.[4] Reductio ad paradox bezeichnet in dieser ursprünglichen Bedeutung ein Argument, dessen Konklusion der allgemein gebilligten Meinung gegenübersteht, also gemäß dieser nicht akzeptabel ist. In Übereinstimmung mit unserem Verständnis von Reductio ad absurdum bezeichnet, gemäß von Kutschera, die »Paradoxie ..., in der Logik einen durch (scheinbar) korrekte logische Argumentation gewonnenen Satz, der kontradiktorisch ist oder im Widerspruch zu anerkannten Tatsachen steht bzw. zu stehen scheint.«[5] Obwohl die Bezeichnung Reductio ad paradox in dieser Darstellung treffender ist, gebrauchen wir ihn zwecks Vermeidung eines Neologismus (es läßt sich kein enzyklopädischer Eintrag finden) und des in der deutschen Sprache strapazierten Paradox-Begriffes nicht.

(ii) In der Mathematik und Logik bezeichnen Reductio-ad-absurdum-Argumente indirekte Beweise einer Aussage: Die Negation einer Aussage wird angenommen und mit Hilfe anderer Annahmen in den Widerspruch geführt. Diese Hilfsannahmen werden dabei nicht zur Disposition gestellt. Per tertium non datur (welches eine der

---

[3] S. Blackburn (Hg.): *Reductio ad absurdum*, The Oxford Dictionary of Philosophy, Oxford (OUP) 1994, 322 (Übersetzung T. K.).

[4] Quelle: H. Lenk: *Prometheisches Philosophieren zwischen Praxis und Paradox*, Stuttgart (Radius Verlag) 1991, 113.

[5] F. von Kutschera: *Paradox*, in: J. Ritter/K. Gründer, Historisches Wörterbuch der Philosophie, Darmstadt (Wissenschaftliche Buchgesellschaft) 1989, Band 7, 96.

Hilfsannahmen ist) wird die Wahrheit der Aussage dann gefolgert. So »unterscheidet sich ... der [indirekte, apagogische] Beweis von dem direkten (deiktischen) dadurch, daß er das zur Voraussetzung nimmt, was er umstoßen will, indem er es auf ein anerkannt Falsches zurückführt, während der direkte Beweis von anerkannt wahren Sätzen ausgeht«[6]. Unser Gebrauch und daher auch unser Begriff von Reductio-ad-absurdum-Argumenten ist davon verschieden. In unseren Reductio-ad-absurdum-Argumenten ist es nicht von vornherein klar, wo der Fehler in den Annahmen (oder Begriffen) des Argumentes liegt. Es sind alle, explizit und implizit, im Argument gebrauchten Bereiche des Begriffs- und Fürwahrhaltungssystems in Frage gestellt. Ziel dieser Argumente ist es, den gebrauchten Erkenntnisbegriff zu thematisieren und dadurch Einsichten zu gewinnen. Dabei ist es eine Möglichkeit, das Reductio-ad-absurdum-Argument zurückzuweisen, ohne überhaupt auf den Erkenntnisbegriff zu rekurrieren. Es bleibt jedoch, daß dieser durch ein solches Argument zunächst einmal in Frage gestellt wird. Im mathematisch-logischen Verständnis der Reductio ad absurdum erlaubt das tertium non datur die Folgerung zur Wahrheit einer Aussage. In unserem Fall läßt sich nur sagen, daß ein Erkenntnisbegriff, in dem sich ein Reductio-ad-absurdum-Argument nicht entwickeln läßt, demjenigen überlegen ist, in dem sich ein solches entwickeln läßt. Damit ist aber keinesfalls gesagt, daß dies der einzige Erkenntnisbegriff ist, der dies leistet. Wir gebrauchen also das tertium non datur nicht, und es läßt sich auch kein Argument für das tertium non datur in unserem Kontext erkennen.

Wir können zusammenfassen: Epistemologie ist nur denkbar, sofern ein Problem in der Sache besteht oder ein Zweck erkennbar ist. Die Fragen der Epistemologie setzen Unklarheiten voraus. Reductio-ad-absurdum-Argumente sind *eine* Möglichkeit der Problemkonstitution und damit eine mögliche Grundlage der Epistemologie: Die Reductio-ad-absurdum-Argumente zeigen Probleme und Unklarheiten in unserem Begriffs- und Fürwahrhaltungssystem an; der Zweck der Epistemologie bestünde darin, einen von absurden Konsequenzen freien Erkenntnisbegriff zu entwickeln. Es gilt nun im folgenden Kapitel diese Möglichkeit der Gegenstandskonstitution der Epistemologie durch Aufzeigen von tatsächlichen Reductio-ad-absurdum-Argumenten zu realisieren.

---

[6] B. Waldenfels: *Das Sokratische Fragen*, Meisenheim am Glan (Verlag Anton Hain) 1961, 60.

2. SKEPTISCHE ARGUMENTE ALS REDUCTIO-AD-ABSURDUM-ARGUMENTE

In diesem Kapitel interpretieren wir einige klassische und moderne skeptische Argumente als Reductio-ad-absurdum-Argumente im Sinne des ersten Kapitels. Wir gehen dabei jeweils in zwei Schritten vor. Im ersten Schritt, Teil A, wird das jeweilige Argument zitiert. Im zweiten Schritt, Teil B, wird das Argument dann als Reductio-ad-absurdum-Argument rekonstruiert.

Das Ziel dieses Vorgehens ist es, die in Kapitel 1 aufgezeigte hinreichende Bedingung für Epistemologie, die Existenz von Reductio-ad-absurdum-Argumenten, zu erfüllen. Dieses Ziel ist trivialerweise für diejenigen Standpunkte erreicht, für die zumindestens eines der folgenden Reductio-ad-absurdum-Argumente triftig ist, also die Annahmen und Folgerungen plausibel sind. Interessantererweise, wie wir im Teil II der Arbeit erkennen werden, ist es oftmals nicht trivial, diese Reductio-ad-absurdum-Argumente zurückzuweisen. Es ist zu betonen, daß die Triftigkeit der Argumente nicht Gegenstand dieses Kapitels ist. Die kritische Betrachtung der Argumente wird im Anschluß an die Entwicklung der Methodik im zweiten Teil durchgeführt. In diesem Kapitel geht es um die Darstellung von Reductio-ad absurdum-Argumenten. Wir versuchen dabei sowohl prima facie plausible Reductio-ad-absurdum-Argumente als auch zulässige Interpretationen der skeptischen Argumente zu formulieren. Diese beiden Ziele können einander widersprechen und tun dies auch. Die Betonung in unserem Vorgehen liegt auf dem ersten dieser Ziele, da, wie in Kapitel 3 gezeigt wird, für das Vorgehen im zweiten Teil dieser Arbeit überzeugendere Reductio-ad-absurdum-Argumente vorzuziehen sind. Wir beziehen uns dort auch lediglich auf die rekonstruierte Version des jeweiligen skeptischen Arguments. Die formulierten Reductio-ad-absurdum-Argumente sollen das Problembewußtsein des Lesers wecken oder schärfen und damit die Methodenentwicklung in Kapitel 3 motivieren. Erkennt der Leser eine überzeugendere Rekonstruktion des skeptischen Arguments als Reductio-ad-absurdum-Argument, ist diese vorzuziehen. Eine Funktion der Zitate besteht daher darin, dem Leser eine derartige eigene Interpretation zu erleichtern: Der Autor ist nicht der Ansicht, das Reductio-ad-absurdum-Potential der betrachteten skeptischen Argumente erschöpft zu haben. Ein damit verwandter Grund für das zweischrittige Vorgehen: Zitat – Rekonstruktion besteht darin, daß die skeptischen Argumente Ansätze bieten, neue Reductio-ad-absurdum-Argumente, d. h. nicht Reductio-ad-absurdum-Argumente als Interpretationen im engeren Sinne, zu entwickeln. Diese Eigenschaft wird im zweiten Teil der Arbeit nützlich sein. Mit Hilfe der plausiblen Annahme, daß die zitierten skeptischen Argumente repräsentativ für skeptische Argumente überhaupt sind, wird darüber hinaus im folgenden aufgezeigt, daß skeptische Argumente als Reductio-ad-absurdum-Argumente verstanden werden können.

Skeptische Argumente gebrauchen im wesentlichen die Begriffe des Wissens, des Erkennens und des begründet Fürwahrhaltens. Nun wird etwas, was gewußt oder erkannt wird, auch begründet für wahr gehalten. Das liegt im Begriff. Insbesondere gilt: Wenn x zum Zeitpunkt t weiß/erkennt, daß P, dann hält x zum Zeitpunkt t P auch begründet für wahr. Wird das Sukzedens dieser Implikation in der Konklusion des skeptischen Arguments negiert, dann folgt mit Modus tollendo tollens[1] auch die Negation des Antezedens. Das bedeutet, daß Probleme mit dem Begriff des begründet Fürwahrhaltens gleichsam Probleme für die Begriffe des Wissens und Erkennens darstellen. Der Umkehrschluß gilt jedoch nicht unbedingt. Probleme mit dem Begriff des begründet Fürwahrhaltens sind in diesem Sinne fundamentaler. Daher werden wir skeptische Argumente weitestgehend mit dem Begriff des begründet Fürwahrhaltens rekonstruieren.

Wir beginnen mit den zehn Tropen des Sextus Empiricus[2]. Aus Gründen, die an späterer Stelle ersichtlich werden, bespreche ich den bei Sextus Empiricus als # 8 aufgeführten Tropus zum Schluß.

2.1 Die zehn Tropen

Tropus # 1

A. Zitat Sextus Empiricus:

»[40] Als erstes nannte ich das Argument, welches zeigt, daß aufgrund der Verschiedenheit der Lebewesen von denselben Dingen nicht dieselben Vorstellungen ausgehen. Dies erschließen wir aus der

---

[1]   Modus tollendo tollens: $[P \Rightarrow Q \land nonQ] \Rightarrow nonP$.

[2]   Zur Bezeichnung der zehn Tropen als die zehn Tropen des Sextus Empiricus: »[the ten tropes] are generally ascribed to Aenesidemus (see M 7.345), a first-century B. C. philosopher ... Several ancient accounts of the ten are preserved; that of Sextus is the most lucid and complete« (B. Mates: *The Skeptic Way: Sextus Empiricus's Outlines of Pyrrhonism*, Oxford (OUP) 1996, 233).

Verschiedenheit der Entstehung der Lebewesen und aus der Unterschiedlichkeit ihres Körperbaus. [41] Und zwar aus der Verschiedenheit ihrer Entstehung, weil ein Teil der Lebewesen ohne Paarung entsteht, der andere aus geschlechtlicher Vereinigung. Und von den ohne Paarung entstehenden entstehen einige aus Feuer, wie die Tierchen, die in den Öfen erscheinen; andere aus verdorbenem Wasser, wie die Mücken; ... [42] Von den aus geschlechtlicher Vereinigung hervorgehenden stammen die einen von artgleichen Eltern, wie die meisten, die anderen von artverschiedenen, wie die Maulesel. Wiederum von den Lebewesen im allgemeinen werden einige lebend geboren, wie die Menschen; andere als Eier, wie die Vögel; andere als Fleischklumpen, wie die Bären. [43] Es ist nun zu erwarten, daß die Ungleichartigkeiten und Verschiedenheiten in der Entstehung große Antipathien schaffen, die ihre Unversöhnlichkeit, Unvereinbarkeit und Unverträglichkeit von hier beziehen.

[44] Aber auch die Verschiedenheit der wichtigsten Körperteile, und besonders der zum Urteilen und Wahrnehmen geschaffenen, kann größte Unverträglichkeit der Vorstellungen bewirken. So nennen die Gelbsüchtigen gelb, was uns weiß erscheint, und die Leute mit einem blutunterlaufenen Auge nennen es rot. Da nun auch von den Tieren einige gelbe Augen haben, andere blutunterlaufene, andere weiße, andere noch andersfarbige, so ist zu erwarten, glaube ich, daß sie die Farben verschieden wahrnehmen. ...

[50] Dasselbe gilt auch für die anderen Sinne. Denn wie soll man behaupten, daß die Schalentiere, die Haustiere, die Stacheltiere und die gefiederten Tiere oder die Schuppentiere durch den Tastsinn gleich empfinden? Oder daß die Wesen mit sehr engem Gehörgang und die mit sehr weitem oder die mit behaarten Ohren und die mit nackten durch das Gehör gleich wahrnehmen? Wo doch wir schon anders durch das Gehör empfinden, wenn wir uns die Ohren zustopfen, als wenn wir sie so gebrauchen. ...

[55] Das läßt sich noch deutlicher aus den Dingen ersehen, die den Lebewesen begehrenswert und meidenswert sind. So erscheint Salböl den Menschen sehr angenehm, Mistkäfern und Bienen dagegen unerträglich. Das Olivenöl nützt den Menschen; Wespen und Bienen tötet es, wenn man sie damit bespritzt. ...

Wenn also dieselben Dinge den einen Lebewesen unangenehm sind, den anderen dagegen angenehm und wenn das Angenehme und Unangenehme auf Vorstellungen beruht, dann entspringen den Lebewesen von den zugrundeliegenden Gegenständen verschiedene Vorstellungen. [59] Wenn aber dieselben Dinge entsprechend der

Verschiedenheit der Lebewesen ungleichartig erscheinen, dann werden wir zwar imstande sein zu sagen, wie der zugrundeliegende Gegenstand von uns angesehen wird, wie er aber seiner Natur nach ist, darüber werden wir uns zurückhalten. Denn wir können selbst auch nicht zwischen unseren Vorstellungen und denen der anderen Lebewesen entscheiden, weil wir selbst ein Glied des Widerstreites sind und deshalb eher der entscheidenden Instanz bedürfen, als daß wir selbst urteilen können. [60] Außerdem können wir weder ohne Beweis unsere Vorstellungen höher einschätzen als diejenigen der vernunftlosen Lebewesen noch mit Beweis. Denn abgesehen davon, daß es vielleicht gar keinen Beweis gibt, wie ich noch zeigen werde, muß der sogenannte Beweis selbst uns entweder erscheinen oder nicht erscheinen. Wenn er nicht erscheint, dann werden wir ihn auch nicht mit Überzeugung vortragen. Wenn er uns aber erscheint, dann muß er selbst auch befragt werden, ob er wahr ist, insofern er erscheint, da ja das in Frage gestellt ist, was den Lebewesen erscheint, und der Beweis uns, als Lebewesen, erscheint. [61] Es ist jedoch widersinnig, das In-Frage-Gestellte durch das In-Frage-Gestellte beweisen zu wollen; denn dann muß dasselbe zugleich glaubwürdig und unglaubwürdig sein, was unmöglich ist: glaubwürdig nämlich, insofern es beweisen will, und unglaubwürdig, insofern es bewiesen wird. Also werden wir keinen Beweis haben, durch den wir unsere Vorstellungen höher einschätzen können als diejenigen der sogenannten vernunftlosen Lebewesen. ...

Wenn aber die vernunftlosen Tiere für die Beurteilung der Vorstellungen nicht unglaubwürdiger sind als wir und wenn entsprechend der Verschiedenheit der Lebewesen unterschiedliche Vorstellungen entstehen, dann werde ich zwar sagen können, wie mir jeder der zugrundeliegenden Gegenstände erscheint, wie er aber seiner Natur nach ist, darüber werde ich mich wegen des oben Gesagten notwendig zurückhalten müssen.

[79] Solcherart ist der erste Tropus der Zurückhaltung.«[3]

---

[3] Sextus Empiricus: *Grundriß der pyrrhonischen Skepsis*, [40]–[79], M. Hossenfelder (Übers.), Frankfurt a. M. (Suhrkamp) 1993, 103 ff.

B. Rekonstruktion

Die Grundstruktur des ersten Tropus ist wie folgt[4]:

1	1	x erscheint E für Lebewesen L.
2	2	x erscheint E' für Lebewesen L'.
3	3	x kann nicht beides, E und E', sein.
4	4	Lebewesen L und L' sind gleich glaubwürdig in bezug auf die Frage, ob x E oder E' ist.

---

[4] In dieser Arbeit gebrauchen wir, wie auch im folgenden, zur Darstellung von Argumenten eine bestimmte Form. Dadurch ist die logische Struktur des Arguments leichter zu erkennen und die Besprechung der Annahmen und Folgerungen übersichtlicher zu gestalten.

Die Darstellungsform ist entnommen aus: S. Read/C. Wright: *Formal Logic: An introduction to first order logic*, St. Andrews (University of St. Andrews) 1991. Wir begnügen uns hier mit einem Beispiel. Betrachten wir das Argument: Sokrates ist ein Mensch; jeder Mensch ist sterblich; also ist Sokrates sterblich. Dieses bringen wir in die Darstellungsform wie folgt:

1   1   Sokrates ist ein Mensch.

Dies ist die erste Annahme. Die Zahlen in der ersten Spalte geben an, auf Grund welcher Annahmen die Proposition gefolgert wird. Die Zahlen beziehen sich auf die Zeilen, in der die jeweiligen Annahmen eingeführt wurden. In der zweiten Spalte sind die Zeilen fortlaufend numeriert. Die Proposition »Sokrates ist ein Mensch« basiert auf sich selber (also eine Annahme) und ist in der Zeile 1 eingeführt. Daher schreiben wir 1 in der ersten Spalte. Da es sich um die erste Zeile handelt, steht in der zweiten Spalte ebenfalls die Zahl 1. Entsprechend verfahren wir mit der zweiten Annahme.

2   2   Jeder Mensch ist sterblich.

Aus diesen beiden Annahmen folgern wir nun, daß Sokrates sterblich ist:

1, 2   3   Sokrates ist sterblich.

In Spalte 1 tragen wir die Annahmen ein, aus der die in Zeile 3 stehende Proposition gefolgert wird. Eine Zeile ist somit eine Implikation mit der Konjunktion der Annahmen in Spalte 1 als Antezedens und der Proposition als Sukzedens. Betrachten wir nun noch den Fall, in dem angenommen wird, daß Sokrates unsterblich sei. Also:

4   4   Sokrates ist unsterblich.

Das widerspricht Zeile 3. Somit führt die Konjunktion der Annahmen in Zeilen 3 und 4 in den Widerspruch, d. h.:

1, 2, 4   5   Widerspruch

Wir haben also eine Reductio ad absurdum auf die durch die Annahmen 1, 2 und 4 konstituierte Aussagenmenge. Daraus folgt, daß eine der Annahmen falsch ist. So können wir z. B. aus den Annahmen 2 und 4 folgern, daß Sokrates kein Mensch ist:

2, 4   6   Es ist nicht wahr, daß Sokrates ein Mensch ist.

Das ist ebenso absurd. Offensichtlich wollen wir die Annahme in Zeile 4 negieren.

1, 2, 3, 4   5   Wir (Menschen) müssen uns des Urteils enthalten, ob x E oder E' ist.

In dem ersten Tropus wird gefolgert, daß für solche Gegenstände x
und Lebewesen L, so daß x die Vorstellung E in L hervorruft, für die
ein Lebewesen L' angebbar ist, so daß die Annahmen 1–4 erfüllt sind,
man sich des Urteils, ob x E oder E' ist, enthalten muß.

Sextus führt ausführliche Beispiele an[5], um die Existenz von Gegenständen aufzuzeigen, die in unterschiedlichen Lebewesen inkompatible Vorstellungen hervorrufen (also für Annahmen 1–3). Diese
Beispiele sind in drei Kategorien gruppiert: (i) Unterschied in der
Reproduktion, (ii) Unterschied der Körperteile und Sinne, (iii) Unterschied der Bewertung von Gegenständen.

(i) Sextus folgert aus der Tatsache, daß verschiedene Lebewesen
sich verschieden reproduzieren, daß man begründet für wahr hält
(»daß es zu erwarten ist«), daß Gegenstände inkompatible Vorstellungen hervorrufen. Er führt Beispiele für verschiedene Reproduktions-
mechanismen an, versäumt allerdings, das Konditional selbst (Wenn
sie sich verschieden reproduzieren, dann haben sie inkompatible
Vorstellungen) zu verteidigen. Die Lesart, daß Sextus »inkompatible«
Vorstellungen intendiert, ist in diesem Abschnitt anzweifelbar. So
spricht Sextus davon, daß die »Verschiedenheit in der Entstehung
[der Lebewesen] große Antipathien schafft, die ihre Unversöhnlichkeit, Unvereinbarkeit und Unverträglichkeit von hier beziehen«. Die
offensichtliche Interpretation ist zu sagen, daß das »ihre« im Relativ-
satz sich auf »Lebewesen« bezieht. Damit würden sich die Lebewesen
untereinander nicht vertragen, und nicht, wie in unserer Interpretation, in welcher sich das »ihre« auf die Vorstellungen bezieht, die Vorstellungen. In Anbetracht von Sextus' Formulierungen im Zusammenhang mit der Verschiedenheit der Körperteile und Sinne, des
Meidens- und Begehrenswertseins wie auch in den anderen Tropen
(siehe dort), ist unsere Lesart gerechtfertigt. Jedenfalls behauptet
Sextus dann nicht nur, daß »von denselben Dingen nicht dieselben
Vorstellungen ausgehen«, sondern die »Unversöhnlichkeit, Unvereinbarkeit und Unverträglichkeit« der Vorstellungen, oder kurz: die Inkompatibilität der Vorstellungen.

---

[5]   Zwecks Vermeidung von übermäßig langen Zitaten beschränken wir uns in diesem Tropus und in den folgenden Tropen jeweils auf Repräsentanten von Beispielen. Dies tun wir, obwohl, wie wir sehen werden, die Angabe von Beispielen
wesentlicher Bestandteil der Argumentation ist.

(ii) Sextus folgert aus der Tatsache, daß verschiedene Lebewesen mit verschiedenen Körperteilen und Sinnen ausgestattet sind, daß man begründet für wahr hält, daß Gegenstände inkompatible Vorstellungen hervorrufen. Hier ist die Formulierung von Sextus hinsichtlich der Inkompatibilität der Vorstellungen eindeutiger als in der ersten Kategorie von Beispielen. Die genannte Verschiedenheit der Vorstellungen bezeichnet er als »Unverträglichkeit der Vorstellungen«. Im Gegensatz zu (i) führt Sextus nicht nur Beispiele für das Antezedens, sondern auch für das Konditional an. So suggeriert er [50] durch Analogieschluß, daß man begründet für wahr hält, daß Lebewesen mit engem Gehörgang anders hören als Lebewesen mit weitem, da bei uns Menschen mit zugestopftem Gehörgang anders gehört wird als mit offenem. Damit daraus allerdings inkompatible Vorstellungen gefolgert werden könnnen, muß (so oder so ähnlich) argumentiert werden, daß ein Geräusch einem Lebewesen mit engem Gehörgang leise erscheint, welches einem Lebewesen mit weitem Gehörgang laut erscheint.

(iii) Sextus führt Beispiele an, daß derselbe Gegenstand einigen Lebewesen meidenswert, anderen hingegen begehrenswert erscheint. Mit der von Sextus nicht explizierten, für sein Argument allerdings benötigten Annahme 3 wird dann behauptet, daß derselbe Gegenstand nicht beides, meidenswert und begehrenswert, sein kann, diese also inkompatibel sind. Zur Erläuterung der Annahme 3 sei gesagt, daß die Eigenschaften E und E', damit das Argument funktioniert, konträr (aber nicht kontradiktorisch) zueinander stehen müssen. Daher reicht diese Folgerung von Sextus nicht aus: »Wenn also dieselben Dinge den einen Lebewesen unangenehm sind, den anderen dagegen angenehm und wenn das Angenehme und Unangenehme auf Vorstellungen beruht, dann entspringen den Lebewesen von den zugrundeliegenden Gegenständen *verschiedene* Vorstellungen.« Verschiedenartigkeit reicht hier nicht aus: Z. B besteht zwischen dem Urteil, daß ein Haus aus Holz gebaut, und dem, daß es grün ist (was gemäß Sextus gerechtfertigt wird durch die Vorstellung eines aus Holz gebauten Hauses und eines grünen Hauses), kein Widerstreit. Diese beiden Urteile sind gleichzeitig möglich. Das Problem in Form der absurden Konklusion entsteht erst dadurch, daß zwei inkompatible Urteile über dasselbe Ding gleich gut begründet sind. Die Eigenschaften der verschiedenen Vorstellungen müssen inkompatibel sein. Der Vollständigkeit halber sei gesagt, daß die Verschiedenartigkeit der Eigenschaften E und E' zur Folgerung der Konklusion ausreichen würde mit Hilfe der Annahme, daß jedes Ding nur genau eine Eigenschaft zukommen könne. Doch diese Annahme ist offensichtlich falsch.

Für die Annahme der Unentscheidbarkeit zwischen den Vorstellungen verschiedener Lebewesen (Annahme 4), insbesondere zwischen den Vorstellungen des Menschen gegenüber denen der Tiere, führt Sextus zwei Argumente an.

(a) Das erste Argument nimmt Bezug auf ein Prinzip in der Rechtslehre: Ein Urteil ist nur dann begründet, wenn der Richter nicht Teil der Auseinandersetzung ist. Da nun jeder Mensch Vorstellungen hat, wäre sein Urteil, die Vorstellungen des Menschen denen anderer Lebewesen vorzuziehen, nicht begründet. Er wäre befangen.

(b) Das zweite Argument ist folgendes: Da inkompatible Vorstellungen zwischen Menschen und Tieren über einen Gegenstand bestehen, muß, um begründet für wahr zu halten, daß die menschliche Vorstellung die Beschaffenheit des Gegenstandes anzeigt, ein Beweis dafür erbracht werden. Nun, der Beweis erscheint dem Menschen nun entweder überzeugend oder nicht. In letzterem Falle ist es für den Menschen kein Beweis. In ersterem Falle ist es kein Beweis in diesem Kontext, da ja gerade sub judice ist, ob Erscheinungen anzeigen, daß etwas so ist, wie es erscheint, also daß der Beweis ein Beweis ist oder ob dies nur so scheint. Es folgt, daß es einen solchen Beweis nicht gibt und damit nicht begründet zwischen den menschlichen und tierischen Vorstellungen entschieden werden kann.

Angenommen nun, daß die Argumente für die Annahmen 1–4 überzeugen, hat Sextus gezeigt, daß die menschliche Vorstellung von Gegenständen, daß sie so und so sind, in den meisten oder vielleicht allen Fällen die Folgerung nicht zuläßt, daß die Gegenstände auch so und so sind. Unterstellen wir, daß zu jeder Vorstellung eine nicht zurückweisbare inkompatible Vorstellung angebbar ist, so ist die Folgerung in allen Fällen ungültig. In anderen Worten: Erfahrung begründet keine Fürwahrhaltung, daß etwas in der Außenwelt so und so ist. Damit haben wir dann nun keine begründete Fürwahrhaltung mehr über die Eigenschaften der Dinge der Außenwelt: Jede Fürwahrhaltung darüber ist so gut wie jede andere – die absurde Konklusion.

Tropus # 2

A. Zitat Sextus Empiricus:

»[79] Als zweiten nannte ich den aus der Verschiedenheit der Menschen argumentierenden. Denn man gebe ruhig nach und nehme einmal an, die Menschen seien glaubwürdiger als die vernunftlosen Tiere: Wir werden feststellen, daß die Zurückhaltung auch allein aufgrund unserer Verschiedenheit herbeigeführt wird. ...

[80] Denn der Körper des Skythen unterscheidet sich in der Gestalt vom Körper des Inders, und den Unterschied bewirkt, so heißt es, die verschiedene Vorherrschaft der Säfte. Durch die verschiedene Vorherrschaft der Säfte aber fallen auch die Vorstellungen verschieden aus, wie ich im ersten Argument dargetan habe. Deshalb auch herrscht unter den Menschen große Verschiedenheit im Wählen und Meiden der äußeren Gegenstände; denn die Inder freuen sich über andere Dinge als wir. Die Tatsache aber, daß man sich über Verschiedenes freut, deutet an, daß man von den zugrundeliegenden Gegenständen unterschiedliche Vorstellungen erhält.

[81] Durch Idiosynkrasien unterscheiden wir uns ... Demophon, der Tischdiener Alexanders, fror in der Sonne ..., während er im Schatten schwitzte. ...

[Die verschiedenen Menschen sind gleich glaubwürdig.] [88] Denn wir werden entweder allen Menschen glauben oder nur einigen. Wenn allen, versuchen wir Unmögliches und lassen Entgegengesetztes zu. Wenn aber nur einigen, mag man uns sagen, welchen wir zustimmen sollen. Der Platoniker nämlich wird sagen, Platon, der Epikureer, Epikur, und die übrigen entsprechend, und so werden sie uns durch ihren unentscheidbaren Zwiespalt wiederum in die Zurückhaltung treiben. [89] Wer aber sagt, man müsse den meisten zustimmen, redet kindisch. Niemand kann alle Menschen erfassen und ausrechnen, was den meisten gefällt; denn es ist möglich, daß bei einigen Völkern, die wir nicht kennen, für die meisten gilt, was bei uns selten ist, und daß dort selten vorkommt, was bei uns für die Masse zutrifft, so daß der Spinnenbiß dort die meisten gar nicht und nur einige selten schmerzt und bei den anderen oben erwähnten Idiosynkrasien entsprechend. Also wird auch durch die Verschiedenheit der Menschen die Zurückhaltung notwendig herbeigeführt.

[90] Aber die Dogmatiker sind von sich selbst nicht schlecht überzeugt und behaupten, man müsse bei der Beurteilung der Dinge sie selbst höher einschätzen als die anderen Menschen. Wir wissen je-

doch, daß ihre Forderung unsinnig ist. Denn sie sind selbst ein Glied des Widerstreites, und wenn sie Erscheinungen dadurch beurteilen, daß sie sich selbst höher einschätzen, dann begehen sie, bevor sie mit der Beurteilung überhaupt begonnen haben, eine Petitio principii, indem sie sich selbst die Beurteilung übertragen.«[6]

B. Rekonstruktion

Die Grundstruktur des zweiten Tropus ist wie folgt:

1	1	x erscheint E für Mensch M.
2	2	x erscheint E' für Mensch M'.
3	3	x kann nicht beides, E und E', sein.
4	4	Menschen M und M' sind gleich glaubwürdig in bezug auf die Frage, ob x E oder E' ist.
1, 2, 3, 4	5	Wir müssen uns des Urteils enthalten, ob x E oder E' ist.

Also, in dem zweiten Tropus wird gefolgert, daß für solche Gegenstände x, so daß x die Vorstellung E in Mensch M hervorruft, für die ein Mensch M' angebbar ist, so daß die Annahmen 1–4 erfüllt sind, man sich des Urteils, ob x E oder E' ist, enthalten muß.

Sextus führt drei Kategorien von Beispielen zum Aufzeigen der Existenz und des Weitverbreitetseins von »verschiedenen« Vorstellungen von demselben Gegenstand zwischen Menschen (für die Annahmen 1–3) an.

(i) Sextus folgert aus der Unterschiedlichkeit des Körperbaus zwischen Menschen, daß die Vorstellungen der Menschen von den Gegenständen »verschieden« ausfallen.

(ii) Sextus folgert aus dem Phänomen, daß dasselbe Ding von einem Menschen gemieden/nicht ertragen, von einem anderen allerdings gewählt/ertragen wird, daß es die Menschen in unterschiedlicher Weise affiziert. Nun, wie in der Besprechung des Tropus # 1 erläutert, reicht es jedoch zum Folgern der absurden Konklusion nicht aus, »verschiedenartige« Vorstellungen unter den Menschen aufzuzeigen. Die Eigenschaften E und E' müssen inkompatibel sein. In (ii) könnte man dies wie in Tropus # 1 dadurch erreichen, daß das Eigenschaftspaar (meidenswert, begehrenswert) gebraucht wird.

(iii) Die dritte Kategorie von Beispielen ist die der Idiosynkrasien. Diese lassen sich wie folgt für das Argument gebrauchen: Demophon

---

6   Sextus Empiricus: *Grundriß der pyrrhonischen Skepsis*, [80]–[90], M. Hossenfelder (Übers.), Frankfurt a. M. (Suhrkamp) 1993, 111 ff.

erscheint die Sonne kalt (denn er fror), wohingegen anderen Menschen, wahrscheinlich den Leser eingeschlossen, die Sonne warm erscheint. Warm/kalt stellen dann die in Annahme 3 geforderten inkompatiblen Vorstellungen dar.

Zur Verteidigung der These, daß keine Menschen höher einzuschätzen sein »als die anderen Menschen«, also zur Verteidigung der These der Unentscheidbarkeit zwischen den inkompatiblen Vorstellungen verschiedener Menschen (Annahme 4) führt Sextus ein Quintum-non-datur-Argument an. Entweder man glaubt an (a) die Vorstellungen aller Menschen oder (b) die Vorstellungen einiger bestimmter Menschen oder (c) die Vorstellungen der Mehrheit der Menschen oder (d) an seine eigenen Vorstellungen. Aber: (a) ist nicht möglich, da diese sich, ex hypothesi, widersprechen, (b) ist nicht begründet möglich, da sich z. B. die Platoniker und die Epikureer darüber streiten, was ist, und (wie die Geschichte zeigt) dieser Widerstreit unentscheidbar ist, (c) ist schließlich nicht möglich, da die Vorstellungen aller Menschen nicht aufzählbar sind. (d) ist vielleicht der interessanteste Fall. Sextus gebraucht die Dogmatiker als Vertreter einer Position, in der für die eigenen Vorstellungen eine höhere Glaubwürdigkeit beansprucht wird. Sextus führt zwei Gründe an, warum diese Positon nicht haltbar ist. Erstens ist der Dogmatiker befangen, da er selber Vorstellungen hat (das Argument aus der Rechtslehre). Als zweiten Grund wirft er den Dogmatikern eine »Petitio principii« vor. Wenn sie ihre eigenen Vorstellungen dadurch als glaubwürdiger ansehen, daß sie »sich selbst als höher einschätzen«, dann setzen sie bereits voraus, daß die Vorstellung, sie wären »höher« (glaubwürdiger), glaubwürdiger ist als das Gegenteil (dafür wird es wohl Vertreter geben). Um dies zu entscheiden, muß dann aber bereits vorausgesetzt sein, daß ihre eigenen Vorstellungen glaubwürdiger sind, welches gerade begründet werden sollte. Die Dogmatiker müssen also voraussetzen, was zu beweisen ist.

Angenommen nun, daß die Argumente für die Annahmen 1–4 überzeugen, dann hat Sextus gezeigt, daß die menschliche Vorstellung von Gegenständen, daß sie so und so sind, in den meisten oder vielleicht allen Fällen die Folgerung nicht zuläßt, daß die Gegenstände auch so und so sind. Unterstellen wir, daß die vielfältigen Beispiele (die, wie gesagt, nicht alle zitiert sind) begründen, daß solche nicht zurückweisbaren und inkompatiblen Vorstellungen allgemein angebbar sind, so ist die Folgerung in allen Fällen ungültig. In anderen Worten: Erfahrung begründet keine Fürwahrhaltung, daß etwas in der Außenwelt so und so ist. Damit haben wir dann keine begründete

Fürwahrhaltung mehr über Dinge der Außenwelt: Eine Fürwahrhaltung ist so gut wie die andere.

Tropus # 3

A. Zitat Sextus Empiricus:

»[91] Trotzdem benutzen wir noch den dritten in der Reihe der Tropen, um schon dadurch zur Zurückhaltung zu gelangen, daß wir das Argument nur auf einen Menschen stützen, z. B. auf den Weisen, von dem die Dogmatiker träumen.

Der dritte Tropus, sagte ich, argumentiert aus der Verschiedenheit der Sinne. Daß die Sinne sich voneinander unterscheiden, ist offenbar. [92] So erscheinen die Gemälde dem Auge plastisch, dem Tastsinn dagegen nicht. ... Wie daher jedes dieser Dinge seiner Natur nach ist, vermögen wir nicht zu sagen; wie es aber jedesmal erscheint, ist möglich zu sagen.«[7]

B. Rekonstruktion

Der dritte Tropus wird analog zum ersten und zweiten Tropus entwickelt. Die Grundstruktur des ersten Arguments des dritten Tropus ist daher wie folgt:

1	1	x erscheint E durch Sinn S (für Mensch M).
2	2	x erscheint E' durch Sinn S' (für Mensch M).
3	3	x kann nicht beides, E und E', sein.
4	4	Sinne S und S' sind gleich glaubwürdig in bezug auf die Frage, ob x E oder E' ist.
1, 2, 3, 4	5	Wir müssen uns des Urteils enthalten, ob x E oder E' ist.

Es wird also gefolgert, daß für solche Gegenstände x, so daß x wahrgenommen durch Sinn S die Vorstellung E hervorruft, und für die ein Sinn S' angebbar ist, so daß die Annahmen 1–4 erfüllt sind, man sich des Urteils, ob x E oder E' ist, enthalten muß.

Zur Verteidigung der Annahmen 1 und 2 werden einige Beispiele zitiert. Annahmen 3 und 4 werden nicht begründet, müssen aber vorausgesetzt werden, damit das Argument funktioniert. Mit der Annahme nun, daß das Argument überzeugt und daß sich zu jeder durch

---

[7] Sextus Empiricus: *Grundriß der pyrrhonischen Skepsis*, [91]–[99], M. Hossenfelder (Übers.), Frankfurt a. M. (Suhrkamp) 1993, 114 ff.

einen Sinn gegebenen Erscheinung ein anderer Sinn finden läßt, der eine nicht zurückweisbare inkompatible Vorstellung hervorruft, folgt, daß wir durch die Sinne unsere Fürwahrhaltungen bezüglich der Dinge der Außenwelt nicht begründen können.

Tropus # 4

A. Zitat Sextus Empiricus:

»[100] Um nun auch dann zur Zurückhaltung zu gelangen, wenn wir das Argument nur auf jeden einzelnen Sinn allein stützen oder auch ganz von den Sinnen abgehen, ziehen wir noch den vierten Tropus der Zurückhaltung heran. Dieser ist der sogenannte aus den Umständen argumentierende, wobei wir unter ›Umständen‹ die Zustände verstehen. ...

[104] Entsprechend dem Schlafen oder Wachen entstehen verschiedene Vorstellungen, da wir so, wie wir im Schlaf vorstellen, wachend nicht vorstellen und, wie wir wachend vorstellen, es nicht auch im Schlaf tun, so daß die Wahrheit oder Unwahrheit den Vorstellungen nicht schlechthin zukommt, sondern nur in bestimmter Beziehung, nämlich bezogen auf Schlafen oder auf Wachen. Mit Recht sehen wir also im Schlaf, was im Wachen unwirklich ist, weil es nicht schlechterhin unwirklich ist; denn es existiert im Schlaf, ebenso wie das Wache existiert, auch wenn es im Schlaf nicht existiert. ...

[109] Entsprechend dem Hungrig- oder Sattsein erscheinen die Dinge ungleichartig, weil dasselbe Gericht den Hungrigen sehr gut, den Satten dagegen schlecht zu schmecken scheint. Entsprechend dem Trunken- oder Nüchternsein, weil uns in betrunkenem Zustand nicht unschicklich erscheint, was wir nüchtern für unschicklich halten. ...

[112] Da nun auch je nach den Zuständen eine so große Ungleichförmigkeit herrscht und die Menschen bald in diesen, bald in jenen Zustand geraten, so ist es vielleicht leicht zu sagen, wie jeder Gegenstand jedem einzelnen erscheint, nicht mehr aber, wie er ist, da über die Ungleichförmigkeit auch nicht zu entscheiden ist. Denn wer über sie entscheidet, befindet sich entweder in einigen der oben genannten Zustände, oder er befindet sich in gar keinem Zustand. Zu behaupten nun, er sei in gar keinem Zustand – daß er z. B. weder gesund noch krank sei, sich weder bewege noch ruhe, sich nicht in irgendeinem Alter befinde und auch von den übrigen Zuständen frei sei – ist völlig

absurd. Wenn er aber in irgendeinem Zustand ist, während er die Vorstellungen beurteilt, dann ist er ein Glied des Widerstreits.

[113] Außerdem wird er auch kein unparteiischer Richter der äußeren Gegenstände sein, weil sein Blick durch die Zustände, in denen er sich befindet, getrübt ist. So kann weder der Wache die Vorstellungen der Schlafenden mit denen der Wachen vergleichen noch der Gesunde die Vorstellungen der Kranken mit denen der Gesunden. Wir stimmen nämlich mehr den gegenwärtigen und von uns im Augenblick empfundenen Dingen zu als den nichtgegenwärtigen.

[114] Auch anders ist über die Ungleichförmigkeit solcher Vorstellungen nicht zu entscheiden. Denn wer die eine Vorstellung der anderen und den einen Zustand dem anderen vorzieht, tut dies entweder ohne Beurteilung und ohne Beweis oder aufgrund einer Beurteilung und mit Beweis. Er kann es aber weder ohne diese tun (denn dann ist er unglaubwürdig) noch mit ihnen. Wenn er nämlich die Vorstellungen beurteilen will, wird er immer anhand eines Kriteriums urteilen. [115] Dieses Kriterium nun wird er entweder wahr nennen oder falsch. Wenn falsch, ist er unglaubwürdig. Nennt er es aber wahr, behauptet er entweder ohne Beweis, das Kriterium sei wahr, oder mit Beweis. Wenn ohne Beweis, ist er unglaubwürdig. Wenn aber mit Beweis, muß auch der Beweis in jedem Fall wahr sein; denn sonst ist er unglaubwürdig. Wird er nun den Beweis, den er zur Bestätigung des Kriteriums heranzieht, aufgrund einer Beurteilung wahr nennen oder ohne Beurteilung? [116] Wenn ohne Beurteilung, ist er unglaubwürdig. Wenn aber aufgrund einer Beurteilung, so ist klar, daß er behaupten wird, anhand eines Kriteriums geurteilt zu haben. Für dieses Kriterium werden wir einen Beweis fordern und für diesen Beweis ein Kriterium. Denn immer braucht der Beweis ein Kriterium, um gesichert zu werden, und das Kriterium einen Beweis, damit seine Wahrheit gezeigt wird, und weder kann ein Beweis stichhaltig sein, wenn es nicht vorher ein wahres Kriterium gibt, noch kann ein Kriterium wahr sein, wenn nicht vorher ein Beweis bestätigt ist. [117] So geraten das Kriterium und der Beweis in die Diallele, in der sich beide als unglaubwürdig erweisen. Denn weil jedes auf des anderen Glaubwürdigkeit wartet, ist es ebenso unglaubwürdig wie dieses. Wenn man nun weder ohne Beweis und Kriterium noch mit ihnen die eine Vorstellung der anderen vorziehen kann, dann wird man zwischen den Vorstellungen, die entsprechend den verschiedenen Zuständen verschieden ausfallen, nicht entscheiden können, so daß auch aufgrund

dieses Tropus die Zurückhaltung gegenüber der Natur der äußeren Gegenstände herbeigeführt wird.«[8]

B. Rekonstruktion

Die Grundstruktur des vierten Tropus ist die bereits bekannte:

1	1	x erscheint E im Zustand Z.
2	2	x erscheint E' im Zustand Z'.
3	3	x kann nicht beides, E und E', sein.
4	4	Zustände Z und Z' sind gleich glaubwürdig in bezug auf die Frage, ob x E oder E' ist.
1, 2, 3, 4	5	Wir müssen uns des Urteils enthalten, ob x E oder E' ist.

Es wird also gefolgert, daß für solche Gegenstände x, so daß x im Zustand Z die Vorstellung E hervorruft, und für die ein Zustand Z' angebbar ist, so daß die Annahmen 1–4 erfüllt sind, man sich des Urteils, ob x E oder E' ist, enthalten muß.

Wir haben drei Beispiele von den vielen von Sextus vorgebrachten Beispielen ausgewählt. Zwei von den Beispielen sind direkt als Instantiation des Argumentschemas zu erkennen. Die inkompatiblen Eigenschaften sind hierbei (schmeckt gut, schmeckt schlecht) und (ist schicklich, ist unschicklich), und die »gleich glaubwürdigen« Zustände sind, respektive, (hungrig sein, satt sein) und (trunken sein, nüchtern sein). Erläuterungsbedürftig ist das Beispiel, welches auf die Zustände des Wachens und Träumens rekurriert. Bisher bezog sich das x im Argumentschema auf »Dinge« (oder »Handlungen«). In diesem Beispiel geht es um die gesamte Wirklichkeit. Wohingegen die anderen Tropen Anweisungen darstellen, wie jedes einzelne Urteil über die Wirklichkeit des Unbegründetseins überführt werden sollte, trifft das so instantiierte Argumentschema alle Urteile bezüglich der Wirklichkeit auf einmal: Im Zustand des Schlafens erscheint uns eine Wirklichkeit, die Traumwelt. Im Zustand des Wachens erscheint uns eine andere Wirklichkeit, die Wachwelt. Gemäß Annahme 3 kann die eine Wirklichkeit nicht beides, Traumwelt und Wachwelt, sein. Gemäß Annahme 4 sind beide Zustände gleich glaubwürdig, d. h., es kann nicht begründet werden, daß wir im wachen Zustand die eine Wirklichkeit sehen oder im Zustand des Schlafens. Anders ausgedrückt, es ist nicht möglich, die Wachwelt der Traumwelt als wirkliche Wirklich-

---

8   Sextus Empiricus: *Grundriß der pyrrhonischen Skepsis*, [100]–[117], M. Hossenfelder (Übers.), Frankfurt a. M. (Suhrkamp) 1993, 116 ff.

keit begründet vorzuziehen. Nun sind die übrigen von Sextus betrachteten Urteile Urteile über einzelne Aspekte der Wachwelt. Wenn es nun aber unbegründet ist, daß die Wachwelt die wirkliche Wirklichkeit ist, dann sind auch die einzelnen Urteile über die Wachwelt als Urteile über die wirkliche Wirklichkeit unbegründet.

Sextus suggeriert jedenfalls durch die Angabe einer großen Zahl von Beispielen des Typus der ersten beiden von uns betrachteten Beispiele, daß die Annahmen 1–4 in vielen oder allen Fällen der Urteile über Eigenschaften der Dinge der Außenwelt erfüllt sind und damit durch diesen Tropus des Unbegründetseins überführt wären. Sextus verteidigt die Unentscheidbarkeit der Frage, welcher Zustand glaubwürdiger ist (Annahme 4), mit zwei Argumenten:

(i) Das erste Argument basiert auf dem bereits bekannten Prinzip aus der Rechtslehre: Der Entscheidungsträger entscheidet nur dann begründet zwischen den Vorstellungen, die in den verschiedenen Zuständen durch die Dinge hervorgerufen werden, wenn er nicht selber in einem Zustand ist. Ein solcher Entscheidungsträger existiert aber nicht, da jeder Mensch in einem Zustand ist, und somit ist die Frage unentscheidbar.

(ii) Das zweite Argument ist neu und von größerer Reichweite. Falls erfolgreich, zeigt es, daß jedes Urteil, zu dem ein inkompatibles anführbar ist, d. h. jedes Urteil, unbegründet ist. So würde es nicht nur zeigen, daß es keine begründeten Fürwahrhaltungen bezüglich der Außenwelt als Folge des vierten Tropus gibt, sondern daß es in keinem Erkenntnisbereich begründete Fürwahrhaltung gibt. Z. B. wäre die Fürwahrhaltung die Summe von zwei und drei sei fünf ebenso glaubwürdig wie die, die Summe sei zehn. Das nun ist das sogenannte Argument vom Kriterium. Wir betrachten es in unserer Darstellungsform: Gegeben sei eine beliebige Fürwahrhaltung P, z. B. P = Zucker ist süß, P = Morgen geht die Sonne auf, P = Peter hat Angst, P = Mir scheint der Himmel blau. Dem stellen wir, ohne jede Begründung, nonP gegenüber. Wir bemerken, daß im vierten Tropus die inkompatible Fürwahrhaltung, daß das Ding so und so ist, »begründet« ist, da der Gegenstand in einem Zustand so und so erscheint. Dies ist allerdings für dieses Argument nicht nötig. Betrachten wir nun eine Person, die versucht, P zu begründen, d. h., sich für P zu entscheiden. Dann gilt:

| 1 | 1 | Wer sich für P und gegen nonP (begründet) entscheiden will, tut dies entweder ohne Beurteilung und Beweis oder aufgrund einer Beurteilung und eines Beweises. |

2	2	Eine Entscheidung ohne Beurteilung und Beweis ist nicht begründet, und damit haben wir keinen Grund, P nonP vorzuziehen.
3	3	Eine Beurteilung oder ein Beweis muß durch ein Kriterium begründet sein.
4	4	Das Kriterium muß durch eine Beurteilung oder einen Beweis begründet sein.
3, 4	5	Weder das Kriterium noch die Beurteilung oder der Beweis sind begründet (Zirkelschluß).
3, 4	6	P ist nicht begründet auf der Basis der Beurteilung oder des Beweises (»Es gibt keinen Beweis«).
1, 2, 3, 4	7	Es kann nicht begründet zwischen P und nonP entschieden werden.

Nun war P eine beliebige Proposition, und damit wäre Urteilsenthaltung überhaupt gezeigt. Es folgt die dem Argument des Kriteriums von Sextus zugewiesene Funktion als Spezialfall: Die Frage, in welchem Zustand die Vorstellungen glaubwürdiger seien, ist unentscheidbar.

Das Argument vom Kriterium ist eine Version eines überzeugenderen Argumentes, welches in den fünf Tropen enthalten ist (siehe Abschnitt 2.2). Wir werden uns daher im folgenden auf letzteres Argument konzentrieren. Aus der Annahme der Triftigkeit des Hauptarguments und der universellen Angebbarkeit nicht zurückweisbarer inkompatibler Vorstellungen in anderen Zuständen folgt, daß wir uns des Urteils über die Eigenschaften der Dinge der Außenwelt zu enthalten haben, also keine begründeten Fürwahrhaltungen in diesem Erkenntnisbereich besitzen. Das Hilfsargument (das des Kriteriums) enthält eine radikalere Konklusion. Die Konklusion bestreitet Erkenntnismöglichkeit überhaupt (einschließlich Erkenntnis über Erscheinungen).

Tropus # 5

A. Zitat Sextus Empiricus:

»[118] Das fünfte Argument bezieht sich auf die Stellungen, die Entfernungen und die Orte. Denn auch nach jedem von diesen erscheinen dieselben Dinge verschieden. Z. B. erscheint dieselbe Säulenhalle vom einen Ende aus gesehen spitz zulaufend, von der Mitte aus dagegen auf allen Seiten symmetrisch; dasselbe Schiff erscheint von fern klein und stillstehend, von nahem groß und sich bewegend, und derselbe Turm erscheint von fern rund, von nahem viereckig. ...

[121] Da nun alles Erscheinende an irgendeinem Ort und aus irgendeiner Entfernung und in irgendeiner Stellung angeschaut wird, die alle, wie erwähnt, jeweils einen großen Unterschied in den Vorstellungen bewirken, so werden wir auch durch diesen Tropus in die Zurückhaltung gezwungen.«[9]

B. Rekonstruktion

Die Grundstruktur des fünften Tropus ist:

1	1	x erscheint E von relativer Postion P.
2	2	x erscheint E' von relativer Postion P'.
3	3	x kann nicht beides, E und E', sein.
4	4	Relative Positionen P und P' sind gleich in bezug auf die Frage, ob x E oder E' ist.
1, 2, 3, 4	5	Wir müssen uns des Urteils enthalten, ob x E oder E' ist.

Es wird also gefolgert, daß für solche Gegenstände x, so daß x wahrgenommen aus relativer Position P die Vorstellung E hervorruft, und für die eine relative Position P' angebbar ist, so daß die Annahmen 1–4 erfüllt sind, man sich des Urteils, ob x E oder E' ist, enthalten muß.

Sextus führt Beispiele gemäß der Annahmen 1–3 an. Darüber hinaus behauptet Sextus die universelle Anwendbarkeit dieses Tropus gegen Urteile über Dinge der Außenwelt mit Verweis auf die wesentliche Perspektivität einer jeden Sinneswahrnehmung. Wie bereits mehrfach bemerkt, muß der durch verschiedene Perspektiven bewirkte große »Unterschied« zwischen den Vorstellungen in inkompatiblen Eigenschaften desselben Dinges realisiert sein, damit das Argument funktioniert.

Sextus' Begründung der These der Unentscheidarkeit (Annahme 4) haben wir nicht zitiert. Er verteidigt diese unter Zuhilfenahme eines ähnlich universell anwendbaren Argumentes, wie das im vierten Tropus gebrauchte Argument vom Kriterium. Da dieses Argument vollständiger und überzeugender in den weiter unten besprochenen

---

9   Sextus Empiricus: *Grundriß der pyrrhonischen Skepsis*, [118]–[123], M. Hossenfelder (Übers.), Frankfurt a. M. (Suhrkamp) 1993, 120 ff.

fünf Tropen (Abschnitt 2.2) dargelegt wird, werden wir es hier nicht diskutieren.

Unter Annahme der universellen Anwendbarkeit dieses Tropus, welche er wie bisher mit einer Vielzahl von Beispielen suggeriert, folgert Sextus die allgemeine Urteilsenthaltung bezüglich der Eigenschaften der Dinge der Außenwelt – die absurde Konklusion.

Tropus # 6

A. Zitat Sextus Empiricus:

»[124] Der sechste Tropus argumentiert aus den Beimischungen. Nach ihm folgern wir daraus, daß keiner der Gegenstände uns für sich allein vorkommt, sondern immer zusammen mit etwas, daß es vielleicht möglich ist zu sagen, wie die Mischung aus dem äußeren Gegenstand und dem mit ihm zusammen Angeschauten beschaffen ist, daß wir aber wohl kaum zu sagen vermögen, wie der äußere Gegenstand an sich beschaffen ist. Daß keiner der äußeren Gegenstände für sich allein vorkommt, sondern immer zusammen mit etwas, und daß er dementsprechend anders angeschaut wird, ist, glaube ich, offenbar. [125] So sieht unsere Hautfarbe in warmer Luft anders aus als in kalter, und wir vermögen schwerlich zu sagen, wie unsere Hautfarbe ihrer Natur nach ist, sondern nur, wie sie zusammen mit der Luft jeweils angeschaut wird. ...

[Auch sehen] die Leute mit blutunterlaufenen Augen alles blutrot.«[10]

B. Rekonstruktion

Die Grundstruktur des sechsten Tropus ist:

1	1	x erscheint E bei Beimischung B.
2	2	x erscheint E' bei Beimischung B'.
3	3	x kann nicht beides, E und E', sein.
4	4	Beimischungen B und B' sind gleich glaubwürdig in bezug auf die Frage, ob x E oder E' ist.
1, 2, 3, 4	5	Wir müssen uns des Urteils enthalten, ob x E oder E' ist.

---

10 Sextus Empiricus: *Grundriß der pyrrhonischen Skepsis*, [124]–[128], M. Hossenfelder (Übers.), Frankfurt a. M. (Suhrkamp) 1993, 122 ff.

Es ist festzuhalten, daß die »Beimischung« sowohl im Subjekt als auch im Objekt bestehen kann. So erscheint die Haut (inkompatibel) anders in kalter als in warmer Luft (die »Beimischung« im Objekt), und Leuten mit blutunterlaufenen Augen (die »Beimischung« im Subjekt) erscheinen die Dinge, entgegen den übrigen Leuten, blutrot.

Sextus führt einige weitere Beispiele (Annahmen 1–3) an, gibt allerdings keinen (neuen) Grund für die Unentscheidbarkeit der Beimischungen (Annahme 4). Wie gehabt, wird dann gefolgert, daß für solche Gegenstände x, die bei Beimischung B E erscheinen und für die eine Beimischung B' angebbar ist, so daß die Annahmen 1–4 erfüllt sind, man sich des Urteils, ob x E oder E' ist, enthalten muß.

Tropus # 7

A. Zitat Sextus Empiricus:

»[129] Als siebenten Tropus nannte ich den aus der Quantität und Zurichtung der Gegenstände argumentierenden, wobei wir unter ›Zurichtung‹ allgemein die Zusammensetzung verstehen. ... [131] Der Wein, mit Maß getrunken, kräftigt uns; nimmt man aber mehr, schwächt er den Körper.«[11]

B. Rekonstruktion

Die Grundstruktur des siebten Tropus ist:

1	1	x erscheint in Zustand oder Quantität Q E.
2	2	x erscheint in Zustand oder Quantität Q' E'.
3	3	x kann nicht beides, E und E', sein.
4	4	Q und Q' sind gleich glaubwürdig in bezug auf die Frage, ob x E oder E' ist.
1, 2, 3, 4	5	Wir müssen uns des Urteils enthalten, ob x E oder E' ist.

Die Argumentation ist analog zu der in Tropus # 6 aufgeführten und die Konklusion die gleiche: Urteilsenthaltung über die Eigenschaften der Dinge der Außenwelt, für die sich der Widerstreit entwickeln läßt.

---

[11] Sextus Empiricus: *Grundriß der pyrrhonischen Skepsis*, [129]–[134], M. Hossenfelder (Übers.), Frankfurt a. M. (Suhrkamp) 1993, 123 ff.

Tropus # 9

A. Zitat Sextus Empiricus:

»[141] Zum Tropus über das ständige oder seltene Auftreten, den ich als neunten in der Reihe nannte, führen wir folgendes aus: ... [Die] Schönheit eines menschlichen Körpers bewegt uns beim ersten und plötzlichen Erschauen mehr, als wenn ihr Anblick zur Gewohnheit wird. ... Wenn wir uns denken, das Wasser sei selten, um wieviel wertvoller als alles, was jetzt wertvoll zu sein scheint, würde es uns erscheinen? ...

[144] Da also dieselben Dinge entsprechend ihrem ständigen oder seltenen Vorkommen einmal eindrucksvoll oder wertvoll, das andere Mal nicht so zu sein scheinen, so schließen wir, daß wir vielleicht zwar werden sagen können, wie jedes dieser Dinge bei ständigem oder seltenem Vorkommen erscheint, daß wir aber nicht imstande sind zu sagen, wie jeder der äußeren Gegenstände an sich beschaffen ist. Auch wegen dieses Tropus halten wir uns über sie zurück.«[12]

B. Rekonstruktion

Die Grundstruktur des neunten Tropus ist:

1	1	x erscheint bei seltenem Vorkommen V E.
2	2	x erscheint bei häufigem Vorkommen V' E'.
3	3	x kann nicht beides, E und E', sein.
4	4	V und V' sind gleich glaubwürdig in bezug auf die Frage, ob x E oder E' ist.
1, 2, 3, 4	5	Wir müssen uns des Urteils enthalten, ob x E oder E' ist.

Es fällt auf, daß der neunte Tropus unter den Tropus der Quantität (Tropus # 7) subsumiert werden könnte. Zu bemerken wäre ferner, daß die Reichweite dieses Tropus im Vergleich zu dem über die Perspektivität der Wahrnehmung (Tropus # 5) begrenzt ist. So erscheint z. B. ein Haus sowohl bei seltenem als auch bei häufigem Wahrnehmen blau, so daß kein Widerstreit in diesem Fall duch den vorliegenden Tropus erreichbar wäre. Bezüglich der Annahme 3 ist es bemerkenswert, daß Sextus zumindest prima facie kontradiktorische Paare von Eigenschaften verwendet, nämlich (wertvoll, nicht wertvoll) und

---

12 Sextus Empiricus: *Grundriß der pyrrhonischen Skepsis*, [141]–[144], M. Hossenfelder (Übers.), Frankfurt a. M. (Suhrkamp) 1993, 126 ff.

(eindrucksvoll, nicht eindrucksvoll). Ansonsten beinhaltet der Tropus keine neuen Argumente.

Tropus # 10

A. Zitat Sextus Empiricus:

»[145] Der zehnte Tropus, der sich vor allem auf das Ethische erstreckt, argumentiert aus den Lebensformen, den Sitten, den Gesetzen, dem mythischen Glauben und den dogmatischen Annahmen. Eine Lebensform ist die für einen oder viele, wie z. B. für Diogenes oder die Spartaner, geltende Wahl eines Lebens oder bestimmten Tuns. [146] Ein Gesetz ist eine schriftliche Übereinkunft zwischen den Bürgern, deren Übertretung bestraft wird. Eine Sitte oder Gewohnheit (denn zwischen beiden ist kein Unterschied) ist die vielen Menschen gemeinsame Anerkennung eines bestimmten Tuns, deren Mißachtung nicht in jedem Fall bestraft wird. Z. B. ist Gesetz, nicht Ehebruch zu treiben, Sitte aber bei uns, nicht öffentlich einer Frau beizuschlafen. [147] Ein mythischer Glaube ist die Anerkennung nicht geschehener und erdichteter Taten, wie z. B. die Kronos-Mythen; diese verführen nämlich viele zum Glauben. Eine dogmatische Annahme schließlich ist die Anerkennung einer Tatsache, die durch einen Analogismus oder Beweis bestätigt zu werden scheint, wie z. B. daß Atome oder kleinste Homöomerien oder irgendwelche anderen Dinge die Elemente des Seienden sind.

[148] Jedes dieser Dinge setzen wir einmal sich selbst entgegen, das andere Mal jedem der übrigen, z. B. die eine Sitte der anderen Sitte so: ... Die Perser halten es für schicklich, leuchtend gefärbte und fußlange Kleidung zu tragen, wir dagegen für unschicklich. ... [149] Das eine Gesetz setzen wir dem anderen so entgegen: Wer das väterliche Vermögen ausschlägt, haftet bei den Römern nicht für die Schulden des Vaters, bei den Rhodiern dagegen haftet er immer. ... [150] Die eine Lebensform setzen wir der anderen entgegen, wenn wir die Lebensform des Diogenes derjenigen des Aristipp oder diejenige der Spartaner derjenigen der italienischen Griechen entgegensetzen. Den einen mythischen Glauben setzen wir dem anderen entgegen, wenn wir sagen, daß in den Mythen an der einen Stelle Zeus der Vater der Menschen und Götter ist, an der anderen jedoch Okeanos, wo wir *Okeanos den Ursprung der Götter und Tethys die Mutter* nennen. [151] Die dogmatischen Annahmen setzen wir einander entgegen, wenn wir sagen, daß die einen behaupten, es gebe nur ein Ele-

ment, die anderen, es gebe unendlich viele, und die einen, die Seele
sei sterblich, die anderen, sie sei unsterblich, und die einen, unsere
Angelegenheiten würden durch göttliche Vorsehung verwaltet, die anderen, sie würden nicht durch Vorsehung verwaltet.

[152] Die Sitte setzen wir den übrigen Dingen entgegen, z. B. dem
Gesetz, wenn wir sagen, bei den Persern sei die Männerliebe Sitte, bei
den Römern dagegen sei sie gesetzlich verboten; ... [153] Der Lebensform widerspricht die Sitte, wenn die meisten Menschen sich zu-
rückziehen, um ihren Frauen beizuschlafen, Krates dagegen der Hip-
parchia öffentlich beischlief. ... [154] Dem mythischen Glauben widerspricht die Sitte, wenn die Mythen erzählen, daß Kronos seine eigenen Kinder verspeist habe, während es bei uns Sitte ist, für die
Kinder zu sorgen. ... [155] Der dogmatischen Annahme widerspricht
die Sitte, wenn es bei uns Sitte ist, von den Göttern Gutes zu erbit-
ten, Epikur dagegen behauptet, die Gottheit kümmere sich nicht um
uns ...

[156] Die Lebensform setzen wir dem Gesetz entgegen, wenn die
Freistilringer sich aufgrund ihrer Lebensform gegenseitig schlagen,
obwohl es gesetzlich untersagt ist, einen freien und wohlgeborenen
Mann zu schlagen, ... [157] Den mythischen Glauben setzen wir der
Lebensform entgegen, wenn wir sagen, daß die Mythen erzählen,
Herakles habe bei Omphale *Wolle gekrempelt und Sklavenarbeit ruhig ertragen* und Dinge getan, die niemand auch nur halbwegs freiwillig täte,
während die Lebensform des Herakles edel war. [158] Der dogmatischen Annahme widerspricht die Lebensform, wenn die Sportler
nach Ruhm als einem Gut streben und seinetwegen ein mühevolles
Leben auf sich nehmen, während viele der dogmatischen Philosophen behaupten, der Ruhm sei etwas Niedriges.

[159] Das Gesetz setzen wir dem mythischen Glauben entgegen,
wenn die Dichter die Götter Ehebruch und Männerliebe treiben lassen, während das Gesetz bei uns diese Dinge untersagt. [160] Der
dogmatischen Annahme setzen wir es entgegen, wenn Chrysipp das
Schlafen mit Mutter oder Schwester gleichgültig nennt, während das
Gesetz es verbietet. [161] Den mythischen Glauben setzen wir der
dogmatischen Annahme entgegen, wenn die Dichter sagen, Zeus
komme herab, um sterblichen Frauen beizuschlafen, während dies
von den Dogmatikern für unmöglich gehalten wird, ...

[163] Es ließen sich noch viele andere Beispiele für jeden der oben
genannten Gegensätze anführen. Für eine zusammenfassende Darstellung jedoch wird dieses genügen. Wenn sich aber auch durch diesen Tropus eine so große Ungleichförmigkeit der Dinge zeigt, dann

werden wir nicht sagen können, wie der zugrundeliegende Gegenstand seiner Natur nach beschaffen ist, sondern nur, wie er erscheint, bezogen auf diese und diese Lebensform oder dieses und dieses Gesetz oder diese und diese Sitte usw. Auch wegen dieses Tropus also müssen wir uns notwendig über die Natur der äußeren Gegenstände zurückhalten. So also münden wir aufgrund der zehn Tropen in die Zurückhaltung.«[13]

B. Rekonstruktion

Der zehnte Tropus unterscheidet sich von den vorhergegangenen dadurch, daß das »x« sich in der Formulierung der Grundstruktur auf eine Handlung oder »Annahme« und nicht auf ein Objekt der Außenwelt bezieht. Vereinfachend wollen wir nur von »Handlungen« sprechen. Nach eigenen Angaben ist der Gegenstand des zehnten Tropus ethischer Art. Er untersucht fünf Kandidaten zur ethischen Bewertung von Handlungen: Lebensform, Sitte, Gesetz, mythischen Glauben und dogmatische Annahmen, und zeigt systematisch, daß sie einander widersprechen, indem er für jedes Paar dieser Kandidaten eine Handlung anführt, die inkompatibel bewertet wird. Bezeichnen wir die Kandidaten, vereinfachend, als moralische Systeme T, also als Systeme, innerhalb derer die betrachteten Handlungen richtig, falsch, moralisch, ungerecht etc. sind, dann läßt sich der zehnte Tropus in der bekannten Art rekonstruieren:[14]

1	1	Handlung x ist richtig relativ zu moralischem System T.
2	2	Handlung x ist falsch relativ zu moralischem System T'.
3	3	x kann nicht beides, richtig und falsch, sein.

---

[13] Sextus Empiricus: *Grundriß der pyrrhonischen Skepsis*, [145]–[163], M. Hossenfelder (Übers.), Frankfurt a. M. (Suhrkamp) 1993, 126 ff.

[14] Die Beziehung vom Gegenstand des Tropus # 10 und dem Gegenstand der übrigen Tropen wird von Mates wie folgt beschrieben: »Of course one might redefine the word ›object‹ so as to make it apply not only to towers, oars, and the like, but also to counterparts of full sentences, like ›The bad fare well and the good fare ill‹. ... Thus once again we see that, for Sextus and the rest of the Pyrrhoneers, the world ... is not to be thought of as merely a collection of things that exist independently of us and our pathe, but includes, in the words of Wittgenstein, ›everything that is the case‹, that is, the objective counterparts of all true sentences« (B. Mates: *The Skeptic Way: Sextus Empiricus's Outlines of Pyrrhonism*, Oxford (OUP) 1996, 251).

4   4   T und T' sind gleich glaubwürdig.
1, 2, 3, 4   5   Wir müssen uns des Urteils enthalten, ob x
                      richtig oder falsch ist.

Nun sollten wir uns, wie gehabt, bezüglich jedes x, für welches gleich glaubwürdige und widerstreitende moralische Systeme T und T' angebbar sind, des Urteils enthalten. Daß dies in vielen oder allen Fällen möglich ist, suggeriert Sextus durch reichhaltige Illustration. Die Unentscheidbarkeit zwischen den einander widersprechenden moralischen Systemen T, die Annahme 4, wird von Sextus nicht eigens thematisiert. Das Prinzip aus der Rechtslehre und das Argument des Kriteriums aus den vorherigen Tropen könnten dafür herangezogen werden. Entsprechendes gilt für die anderen Tropen ohne Rechtfertigung der Annahme 4.

Eine andere Interpretation des Tropus ist diese: Wir haben nur Zugang zu dem, was richtig und falsch ist, durch moralische Systeme. In anderen Worten: Nur durch moralische Systeme T können wir begründen, daß eine gegebene Handlung richtig oder falsch ist. Und ein solches moralisches System muß begründet sein, damit die Bewertung auf der Grundlage dieses Systems begründet ist. Nun widersprechen die moralischen Systeme einander (und zwar, wie Sextus zeigt, jedes jedem), und es ist nicht entscheidbar, welches das richtige moralische System ist. Es folgt, daß die moralischen Systeme unbegründet sind. Damit konkludieren wir nun, wie im obigen skeptischen Argument, daß Handlungen nicht (moralisch) bewertbar sind, wir uns also des Urteils enthalten müssen, ob eine gegebene Handlung richtig oder falsch ist. (Ein analoges Argument ließe sich für die Zurückweisung der Sinne [Tropus # 3] als »Begründer« im Rückgriff auf deren Widerstreit entwickeln.)

Tropus # 8

A. Zitat Sextus Empiricus:

»[135] Der achte Tropus argumentiert aus der Relativität. Nach ihm folgern wir, daß, weil alles relativ ist, wir uns darüber, was absolut und der Natur nach ist, zurückhalten müssen. Dabei muß man wissen, daß wir hier wie auch anderswo das ›ist‹ anstelle von ›erscheint‹ gebrauchen und dem Sinne nach sagen: ›Alles erscheint relativ.‹ ...

[136] Daß alles relativ ist, habe ich oben schon nachgewiesen: hinsichtlich der urteilenden Instanz z. B. durch den Nachweis, daß jedes Ding bezogen auf dieses und dieses Lebewesen und diesen und

diesen Menschen und diesen und diesen Sinn und diesen und diesen
Umstand erscheint; hinsichtlich des Mitangeschauten durch den
Nachweis, daß die Erscheinung jedes Dinges bezogen ist auf diese
und diese Beimischung und diesen und diesen Ort und diese und diese Zusammensetzung, Quantität und Stellung. ...

[140] Wenn wir nun in dieser Weise zeigen, daß alles relativ ist, so
ist mithin klar, daß wir nicht sagen können, wie jeder der Gegenstände nach seiner eigenen Natur und an sich beschaffen ist, sondern nur,
wie er in seiner Relativität erscheint. Daraus folgt, daß wir uns über
die Natur der Dinge zurückhalten müssen.«[15]

B. Rekonstruktion

Entgegen der von Sextus gebrauchten Reihenfolge besprechen wir
den achten Tropus an letzter, d. h. zehnter Stelle. Der Grund hierfür
ist, daß der achte Tropus, der Tropus der Relativität, am besten als
Zusammenfassung der Tropen # 1–7, 9 und 10 verstanden wird.[16]
Die Grundstruktur ist dann folgende:

1	1	x erscheint E relativ zu R.
2	2	x erscheint E' relativ zu R'.
3	3	x kann nicht beides, E und E', sein.
4	4	R und R' sind gleich glaubwürdig in be-zug auf die Frage, ob x E oder E' ist.
1, 2, 3, 4	5	Wir müssen uns des Urteils enthalten, ob x E oder E' ist.

Sextus folgert, daß für solche Gegenstände, die relativ zu

	Lebewesen L	(Tropus # 1)
ODER	Mensch M	(Tropus # 2)
ODER	Sinn S	(Tropus # 3)
ODER	Zustand Z	(Tropus # 4)
ODER	relativer Position P	(Tropus # 5)
ODER	Beimischung B	(Tropus # 6)
ODER	Zustand oder Quantität Q	(Tropus # 7)
ODER	Vorkommen V	(Tropus # 9)
ODER	moralischem System T	(Tropus #10)

---

[15] Sextus Empiricus: *Grundriß der pyrrhonischen Skepsis*, [135]–[141], M. Hossenfelder
(Übers.), Frankfurt a. M. (Suhrkamp) 1993, 124 ff.
[16] Siehe hierzu auch: G. Striker: *The Ten Tropes of Aenesidemus*, in: M. F. Burnyeat
(Hg.): *The Skeptical Tradition*, Berkeley (UCP) 1983, 106, und J. Annas/J. Barnes:
The Modes of Scepticism, Cambridge (CUP) 1985, Kapitel 11.

E erscheinen und für die zumindest für einen Term der Disjunktion ein []' angebbar ist, so daß der Gegenstand relativ zu []' E' erscheint und E' und E inkompatibel und gleich glaubwürdig sind, also die Annahmen 1–4 erfüllt sind, wir uns des Urteils, ob der Gegenstand E oder E' ist, enthalten müssen. Wie in der Diskussion ist dies aber wesentlich (z. B. die Perspektivität in Tropus # 5) bei jedem Gegenstand der Außenwelt möglich. Umgekehrt gilt für jede Vorstellung E eines Dinges der Außenwelt, daß sich anhand der anderen neun Tropen (wohl minus Tropus # 10, dort gilt Entsprechendes) eine inkompatible und gleich glaubwürdige Erscheinung E' findet, welche dann bewirkt, daß wir uns des Urteils, ob das Ding nun E oder E' ist, enthalten müssen. Daß sich diese Erscheinung E' findet, ist der Inhalt der Aussage: »Alles erscheint relativ.« Dies ist dann die Prämisse, aus der, gemäß dem Grundargument, die allgemeine Urteilsenthaltung gefolgert wird. Diese Konklusion bedeutet, daß es überhaupt keine begründeten Fürwahrhaltungen über die Außenwelt gibt, jede Meinung also so gut ist wie jede andere.

2.2 Die fünf Tropen

A. Zitat Sextus Empiricus:

»[164] Die jüngeren Skeptiker überliefern fünf Tropen der Zurückhaltung, und zwar folgende: als ersten den aus dem Widerstreit, als zweiten den des unendlichen Regresses, als dritten den aus der Relativität, als vierten den der Voraussetzung, als fünften den der Diallele. [165] Der Tropus aus dem Widerstreit besagt, daß wir über den vorgelegten Gegenstand einen unentscheidbaren Zwiespalt sowohl im Leben als auch unter den Philosophen vorfinden, dessentwegen wir unfähig sind, etwas zu wählen oder abzulehnen, und daher in die Zurückhaltung münden. [166] Mit dem Tropus des unendlichen Regresses sagen wir, daß das zur Bestätigung des fraglichen Gegenstandes angeführte wieder einer anderen Bestätigung bedürfe und diese wiederum einer anderen und so ins Unendliche, so daß die Zurückhaltung folge, da wir nicht wissen, wo wir mit der Begründung beginnen sollen. [167] Beim Tropus aus der Relativität erscheint zwar der Gegenstand, wie oben schon gesagt, so oder so, bezogen auf die urteilende Instanz und das Mitangeschaute, wie er aber seiner Natur nach beschaffen ist, darüber halten wir uns zurück. [168] Um den Tropus aus der Voraussetzung handelt es sich, wenn die Dogmatiker, in den unendlichen Regreß geraten, mit irgend etwas beginnen, das sie nicht

begründen, sondern einfach und unbewiesen durch Zugeständnis anzunehmen fordern. [169] Der Tropus der Diallele schließlich entsteht, wenn dasjenige, das den fraglichen Gegenstand stützen soll,
selbst der Bestätigung durch den fraglichen Gegenstand bedarf. Da
wir hier keines zur Begründung des anderen verwenden können,
halten wir uns über beide zurück. ...
    Derart sind die fünf Tropen, die bei den Jüngeren überliefert
werden. Sie entwickeln sie nicht, um die zehn Tropen auszuschalten,
sondern um durch sie, zusammen mit jenen, die Voreiligkeit der
Dogmatiker vielfältiger zu widerlegen.«[17]

B. Rekonstruktion

Von den fünf Tropen haben wir zwei, nämlich den Tropus aus dem
Widerstreit und den Tropus aus der Relativität, in der Diskussion der
zehn Tropen behandelt. Damit bleiben drei Tropen zur Betrachtung.
Diese sind am besten als Annahmen eines Argumentes zu betrachten.
Damit das Argument zu einer skeptischen Konklusion führt, bedarf
es noch eines Verständnisses bezüglich der Art der Begründung von
Fürwahrhaltungen. Dieses ist in den folgenden beiden Annahmen
ausgedrückt:

1	1	Eine Fürwahrhaltung wird nur durch eine andere Fürwahrhaltung begründet.
2	2	Nur begründete Fürwahrhaltungen begründen andere Fürwahrhaltungen.

Betrachten wir nun die Konsequenzen der Annahmen 1 und 2. In
Dialogform ließen sie sich folgendermaßen vorstellen. *Person A:* P0;
Person B: Wenn es nicht nur der Ausdruck einer Meinung ist, sondern
wenn du dies begründet für wahr hältst, mußt du mir beantworten,
warum (Annahme 1); *Person A:* P1 begründet P0 (Annahme 1); *Person
B:* Warum P1? (Annahme 2)[18]; *Person A:* P2 begründet P1 (Annahme
1); *Person B:* Warum P2? (Annahme 2); ... Aus den Annahmen 1 und 2

---

[17] Sextus Empiricus: *Grundriß der pyrrhonischen Skepsis*, [164]–[177], M. Hossenfelder
       (Übers.), Frankfurt a. M. (Suhrkamp) 1985, 126 ff.
[18] Wir erkennen, daß hier grundsätzlich zwei Begründungen eingefordert werden
       könnten: Warum P1? und: Warum begründet P1 P0? Sextus gebraucht die erstere
       Frage. Das Analogon in der deduktiven Logik ist, daß die Wahrheit einer Pro-
       position als Sukzedens in einer Implikation nur aus der Wahrheit sowohl der
       Implikation als auch des Antezedens folgt.

folgt also eine Sequenz von Propositionen[19] (P0, P1, P2 ...), wobei Pn+1 die Begründung von Pn ist. Daher:

1, 2   3   Eine jede begründete Fürwahrhaltung, daß
                        P0, wird durch eine Sequenz von Begrün-
                        dungen (P0, P1 ...) begründet.

Nun gibt es in Anbetracht einer solchen Sequenz prinzipiell drei Möglichkeiten: (i) Sie wird ad infinitum fortgesetzt; (ii) Pi = P0, mit i > 0, d. h., die Sequenz zirkelt zurück auf die eigentlich zu begründende Proposition[20]; (iii) sie wird bei einem Pi abgebrochen. Hier nun die Behauptung der Vollständigkeit der drei Möglichkeiten:

4   4   Es gibt nur die drei Möglichkeiten (i), (ii) und
                        (iii) für eine solche Sequenz.

Für jede dieser drei Möglichkeiten, so behaupten die drei Tropen, gilt, daß die ursprünglich zu begründende Fürwahrhaltung P0 nicht begründet ist. Daß P0 im Fall (i) nicht begründet ist, besagt der Tropus des »unendlichen Regresses«:

5   5   Eine Begründung, die ad infinitum verläuft,
                        begründet nicht [166].

(Man sollte vielleicht besser sagen, daß einem als endlichem Menschen eine unendliche Begründungssequenz nicht zu Gebote steht.)

Daß P0 im Fall (ii) nicht begründet ist, besagt der Tropus der »Diallele«:

---

[19] In Sextus' Terminologie symbolisieren die Pis Bestätigungen. In der Terminologie dieses Textes sollte man vielleicht von Fürwahrhaltungen sprechen. Karl Popper trennt hier sehr scharf: »Im Gegensatz dazu ist es einer meiner wichtigsten Grundsätze, bei logischen Problemen alle subjektiven oder psychologischen Ausdrücke, besonders ›Glaube‹ usw., in objektive Ausdrücke zu übersetzen. Statt von ›Glaube‹ spreche ich etwa von einer ›Aussage‹ oder einer ›erklärenden Theorie‹; statt von einer ›Wahrnehmung‹ spreche ich von einer ›Beobachtungsaussage‹ oder ›Prüfaussage‹; und statt von der ›Rechtfertigung eines Glaubens‹ spreche ich von der ›Rechtfertigung der Behauptung, daß eine Theorie wahr ist‹, usw.« (K. Popper: *Objektive Erkenntnis*, Hamburg [Hoffmann und Campe] 1973, 6).

[20] Als ein Beispiel für einen solchen Zirkelschluß führt Sextus den Syllogismus an: »[196] Wenn sie nun sagen: ›Jeder Mensch ist ein Lebewesen. Sokrates aber ist ein Mensch. Also ist Sokrates ein Lebewesen‹, dann wollen sie aus dem allgemeinen Satz ›Jeder Mensch ist ein Lebewesen‹ den singulären Satz ›Also ist Sokrates ein Lebewesen‹ folgern, der aber bei der induktiven Schlußweise gerade die Bestätigung des allgemeinen Satzes darstellt, wie ich gezeigt habe. Daher geraten sie in die Diallele, indem sie den allgemeinen Satz durch jeden der singulären ›induktiv bestätigen und jeden der singulären‹ aus dem allgemeinen deduktiv ›folgern‹« (Sextus Empiricus: *Grundriß der pyrrhonischen Skepsis*, [196], M. Hossenfelder [Übers.], Frankfurt a. M. [Suhrkamp] 1993, 204).

6	6	Falls P0 zur Begründung von P0 vorausgesetzt wird, ist P0 nicht begründet [169].

Daß P0 im Fall (iii) nicht begründet ist, besagt der Tropus »aus der Voraussetzung«:

7	7	Falls in der Sequenz bei einem Pi »stehengeblieben« wird, dann ist P0 nicht begründet [168].[21]

Falls bei einem Pi stehengeblieben wird, entsteht folgende Situation: $Pi-1$ ist unbegründet, weil Pi unbegründet ist; $Pi-2$ ist unbegründet, weil $Pi-1$ unbegründet ist ...; P0 ist unbegründet, weil P1 unbegründet ist; also: P0 ist unbegründet, weil Pi unbegründet ist, oder, anders ausgedrückt, P0 ist nur hypothetisch begründet.

4, 5, 6, 7	8	Eine solche Sequenz von Begründungen begründet nicht.
1, 2, 4, 5, 6, 7	9	Es gibt keine begründete Fürwahrhaltung, daß P0.

Die Proposition P0 ist auf keinen Definitionsbereich (= Erkenntnisbereich) beschränkt. Damit folgt, daß die skeptische Konklusion bedeutet, daß es keine begründeten Fürwahrhaltungen über irgend etwas gibt. Hier haben wir wohl ein globalstes skeptisches Argument. Eine jede Meinung ist so gut wie die andere. Dieses Argument bezeichnen wir nach dem ursprünglichen Verfasser der fünf Tropen[22] und der Anzahl der von ihm gebrauchten Annahmen als Agrippas Trilemma.

2.3 Descartes' Argumente

A. Zitat René Descartes:

»[Da] es jedoch nur vernünftig ist, bei dem nicht ganz Gewissen und Unzweifelhaften ebenso sorgsam seine Zustimmung zurückzuhalten wie bei offenbar Falschem, so wird es, sie [meine Meinungen] alle zurückzuweisen, genügen, wenn ich in einer jeden irgendeinen Grund zu zweifeln antreffe. Auch brauche ich sie deswegen nicht alle einzeln

---

21 Wir bemerken, daß die Annahmen 1 und 2 teilweise in den Annahmen 5, 6 und 7, also in den Tropen, enthalten sind. Ich halte unsere Analyse allerdings für aufschlußreicher bezüglich der im Argument getroffenen Annahmen.

22 Bezüglich der Zuordnung der fünf Tropen zu Agrippa siehe A. Goedeckemeyer: *Die Geschichte des griechischen Skeptizismus*, Leipzig 1905, ND: Aalen (Scientia Verlag) 1986, 238.

durchzugehen, was eine endlose Arbeit wäre; ich werde vielmehr, da bei untergrabenen Fundamenten alles darauf Gebaute von selbst zusammenstürzt, den Angriff sogleich auf eben die Prinzipien richten, auf die sich alle meine früheren Meinungen stützten.

3. Alles nämlich, was ich bisher am ehesten für wahr gehalten habe, verdanke ich den Sinnen oder der Vermittlung der Sinne. Nun aber bin ich dahintergekommen, daß diese uns bisweilen täuschen, und es ist ein Gebot der Klugheit, denen niemals ganz zu trauen, die uns auch nur einmal getäuscht haben.

4. Indessen – mögen uns auch die Sinne in bezug auf zu kleine und entfernte Gegenstände bisweilen täuschen, so gibt es doch am Ende sehr vieles andere, woran man gar nicht zweifeln kann, wenngleich es aus denselben Quellen geschöpft ist; so z. B. daß ich jetzt hier bin, daß ich, mit meinem Winterrock angetan, am Kamin sitze, daß ich dieses Papier mit den Händen betaste und ähnliches; vollends daß diese Hände selbst, daß überhaupt mein ganzer Körper da ist, wie könnte man mir das abstreiten? ...

5. Vortrefflich! – Als ob ich nicht ein Mensch wäre, der des Nachts zu schlafen pflegt, und dem dann genau dieselben, ja bisweilen noch weniger wahrscheinliche Dinge im Traume begegnen als jene im Wachen! Wie oft doch kommt es vor, daß ich mir all diese gewöhnlichen Umstände während der Nachtruhe einbilde, etwa daß ich hier bin, daß ich, mit meinem Rocke bekleidet, am Kamin sitze, während ich doch entkleidet im Bette liege! Jetzt aber schaue ich doch sicher mit wachem Auge auf dieses Papier, dies Haupt, das ich hin- und herbewege, schläft doch nicht, mit Vorbedacht und Bewußtsein strecke ich meine Hand aus und fühle sie. So deutlich geschieht mir dies doch nicht im Schlaf. – Als wenn ich mich nicht entsänne, daß ich sonst auch schon im Traume durch ähnliche Gedankengänge genarrt worden bin! Denke ich einmal aufmerksamer hierüber nach, so sehe ich ganz klar, daß Wachsein und Träumen niemals durch sichere Kennzeichen unterschieden werden können, so daß ich ganz betroffen bin und gerade diese Betroffenheit mich beinahe in der Meinung bestärkt, ich träumte. ...

9. Es ist indessen in meinem Denken eine alte Überzeugung verwurzelt, daß es einen Gott gebe, der alles vermag und von dem ich so, wie ich bin, geschaffen wurde. Woher weiß ich aber, ob er nicht bewirkt hat, daß es überhaupt keine Erde, keinen Himmel, kein ausgedehntes Ding, keine Gestalt, keine Größe, keinen Ort gibt und daß dennoch dies alles genau so, wie es mir jetzt vorkommt, bloß da zu sein scheint; ja sogar auch so, wie ich überzeugt bin, daß andere sich

bisweilen in dem irren, was sie vollkommen zu wissen meinen, ebenso könnte auch ich mich täuschen, sooft ich 2 und 3 addiere oder die Seiten des Quadrats zähle, oder was man sich noch Leichteres denken mag.«[23]

B. Rekonstruktion

Descartes entwickelt im Zuge der Selbstreflexion drei Argumente für die Nichtexistenz von begründeter Fürwahrhaltung. Gemäß Descartes ist es »vernünftig ..., bei dem nicht ganz Gewissen und Unzweifelhaften ebenso sorgsam seine Zustimmung zurückzuhalten wie bei offenbar Falschem«. Nun ist es »vernünftig«, einer Meinung seine Zustimmung zu verweigern, wenn die entsprechende Fürwahrhaltung unbegründet ist. Damit können wir Descartes' »Die Meinung ist bezweifelbar« interpretieren als »Die Fürwahrhaltung ist unbegründet« und, entsprechend, »Die Meinung ist unbezweifelbar« als »Die Fürwahrhaltung ist begründet«. Diese Interpretation wird auch gestützt durch Descartes' Aussage, daß es genügt »sie [die Meinungen] alle zurückzuweisen, wenn ich in einer jeden irgendeinen Grund zu zweifeln antreffe.« Betrachten wir nun die drei derart verstandenen Argumente:

(i) Das erste Argument, welches wir das Argument vom Irrtum nennen wollen, vollzieht sich folgendermaßen: Descartes geht von der Annahme aus, daß »alles ..., was ich bisher am ehesten für wahr gehalten habe, ... den Sinnen oder der Vermittlung der Sinne« zu verdanken ist. Wir formulieren diese Annahme so:

| 1 | 1 | Jede Fürwahrhaltung über die Außenwelt muß durch die Sinne begründet sein. |

Die zweite Annahme ist verbatim aus dem Zitat übernommen:

| 2 | 2 | Die Sinne täuschen uns bisweilen. |

Gemäß der Einleitung ist begründet, was unbezweifelbar ist. Entsprechend begründet nur etwas, welches in unbezweifelbaren Fürwahrhaltungen mündet:

| 3 | 3 | Was uns zuweilen täuscht, begründet eine Fürwahrhaltung nicht. |

---

[23] R. Descartes: *Meditationen über die Grundlagen der Philosophie*, 8–13, A. Buchenau (Übers.), Hamburg (Meiner) 1993, 15–20.

Nun folgt aus den Annahmen in Zeilen 2 und 3:

| 2, 3 | 4 | Die Sinne begründen keine Fürwahrhaltungen. |

Und mit Annahme 1 dann die absurde Konklusion:

| 1, 2, 3 | 5 | Wir haben keine begründete Fürwahrhaltung über die Außenwelt. |

(ii) Das zweite Argument ist das Argument vom Traum (wie bei Descartes in der ersten Person Singular formuliert): Die erste Annahme des Argumentes übernehmen wir verbatim:

| 1 | 1 | Wachsein und Träumen können niemals durch sichere Kennzeichen unterschieden werden. |

Mit dem in der Einleitung formulierten Verständnis von Begründung:

| 2 | 2 | Um begründet auszuschließen, daß ich träume, benötige ich solche sicheren Kennzeichen. |

Aus Annahmen 1 und 2 folgt:

| 1, 2 | 3 | Ich kann nicht begründet ausschließen, daß ich träume. |

Descartes betrachtet in diesem Zusammenhang nun Propositionen wie »daß ich, mit meinem Winterrock angetan, am Kamin sitze«. Nun kann man nur dann »seine Zustimmung« zu der Proposition, daß »ich [jetzt] am Kamin sitze«, geben, falls diese unbezweifelbar ist. Aber die Proposition, am Kamin zu sitzen, ist nicht unbezweifelbar, denn daß dies so ist, könnte geträumt sein. Also, um die Unbezweifelbarkeit herzustellen (um begründet für wahr zu halten), daß ich jetzt am Kamin sitze, muß ich unbezweifelbar (begründet) ausschließen, daß ich träume. Wir nennen derartige Propositionen P und formulieren die vierte Annahme wie folgt:

| 4 | 4 | Wenn ich P begründet für wahr halte, dann muß ich begründet ausschließen, daß ich träume. |

Mit der Proposition in Zeile 3, daß wir die Traummöglichkeit eben nicht begründet ausschließen können, welche aus den Annahmen in Zeilen 1 und 2 folgt, erhalten wir dann per Modus tollendo tollens auf Zeile 4 angewendet die absurde Konklusion:

| 1, 2, 4 | 5 | Ich halte P nicht begründet für wahr. |

Es gilt noch den Definitionsbereich von P, d. h. die Reichweite des skeptischen Arguments, zu bestimmen. Alle Propositionen, derart, daß sie für P in Annahme 4 eingesetzt eine wahre Aussage ergeben, sind von dem skeptischen Argument betroffen, d. h. würden, gemäß dem Argument, nicht begründet für wahr gehalten werden. Darunter fallen mit Sicherheit alle Propositionen über die Außenwelt zu diesem Zeitpunkt. Wenn man davon ausgeht, daß begründete Fürwahrhaltung zu einem Zeitpunkt die Grundlage von begründeter Fürwahrhaltung zu anderen Zeitpunkten darstellt (z. B. ist eine Erinnerung nur dann begründet, wenn zu dem entsprechenden Zeitpunkt eine begründete Fürwahrhaltung bestand), betrifft dieses Argument begründete Fürwahrhaltung bezüglich der Außenwelt überhaupt.

(iii) Das dritte Argument ist das sogenannte Argument vom Dämonen. Dieses Argument ist ähnlich dem Argument vom Traum, konkludiert allerdings die Nichtexistenz von begründeter Fürwahrhaltung überhaupt und nicht »nur« von begründeter Fürwahrhaltung über die Außenwelt: Descartes geht von der Überzeugung aus, daß »es einen Gott gebe, der alles vermag«. Er bemerkt die Möglichkeit eines malevolenten Gottes, des Dämonen, der »bewirkt hat, daß es überhaupt keine Erde, keinen Himmel, kein ausgedehntes Ding, keine Gestalt, keine Größe, keinen Ort gibt und daß dennoch dies alles genau so, wie es mir jetzt vorkommt, bloß da zu sein scheint«. Darüber hinaus, könnte »auch ich mich täuschen, sooft ich 2 und 3 addiere oder die Seiten des Quadrats zähle«.

1   1   Es ist möglich, daß ein Dämon mich in all meinen Fürwahrhaltungen getäuscht hat, z. B. darüber, daß 2 + 3 = 5 ist, daß ich am Kamin sitze.

Wie bereits ausgeführt, ist eine Fürwahrhaltung begründet, wenn sie unzweifelhaft ist. Der mögliche Zweifel für »all meine Fürwahrhaltungen« besteht nun darin, daß ich von einem Dämonen getäuscht werden könnte. Diese Möglichkeit gilt es also auszuschließen, um begründet für wahr zu halten.

2   2   Um eine Fürwahrhaltung zu begründen, muß ich begründet ausschließen, daß ich vom Dämonen getäuscht werde.

Analog zu der Behauptung, daß es unmöglich sei, jemals »Wachsein und Träumen ... durch sichere Kennzeichen [zu] unterscheiden«, ist es auch unmöglich, durch »sichere Kennzeichen« zu unterscheiden, ob wir so in der Welt leben, wie wir uns dies für gewöhnlich denken, oder ob wir darin von einem Dämonen getäuscht werden. (Eine weitere Motivation für diese These wäre dies: Die Dämonen-Möglichkeit unzweifelhaft auszuschließen setzt voraus, daß man dabei nicht vom Dämonen getäuscht wird, und ist also unmöglich.)

3   3   Es ist nicht möglich, die Dämonen-Möglich-
                           keit begründet auszuschließen.

Aus den Annahmen 1, 2 und 3 folgt dann die absurde Konklusion.

1, 2, 3   4   Ich habe überhaupt keine begründete Für-
                           wahrhaltung.

Wir fassen zusammen: die Argumente (i) und (ii) konkludieren die Nichtexistenz von begründeter Fürwahrhaltung bezüglich der Außenwelt, und das Argument (iii) konkludiert die Nichtexistenz von begründeter Fürwahrhaltung überhaupt. Jede Meinung ist so gut wie jede andere – die absurde Konklusion.

2.4 Humes Argument gegen die Induktion

A. Zitat David Hume:

»Wird uns ein Körper von gleicher Farbe und Beschaffenheit wie die des früher gegessenen Brotes vorgelegt, so wiederholen wir ohne Bedenken diese Erfahrung und erwarten mit Gewißheit gleiche Nahrung und Kräftigung. Dieser Fortschritt im Geist oder im Denken ist es, von dem ich gern die Grundlage kennen möchte. Allseitig räumt man ein, daß es keine bekannte Verknüpfung gibt zwischen den sinnlichen Eigenschaften und den geheimen Kräften und daß folglich der Geist nicht durch etwas, das ihm von deren Natur bekannt wäre, zu einem solchen Schluß über ihren dauernden und regelmäßigen Zusammenhang geführt wird. Was die vergangene Erfahrung betrifft, so kann nur eingeräumt werden, daß sie uns unmittelbare und gewisse Belehrung über jene ganz bestimmten Gegenstände und jenen ganz bestimmten Zeitpunkt bietet, die zu ihrer Kenntnisnahme gelangten. Aber warum diese Erfahrung auf die Zukunft ausgedehnt werden sollte und auf andere Gegenstände, die, soviel wir wissen können, nur in der Erscheinung gleichartig sein mögen: dies ist die Hauptfrage, die ich betonen möchte. Das Brot, das ich früher gegessen, ernährte mich; das heißt, ein Körper von solchen sinnlichen Eigenschaften war zu jener Zeit mit solchen geheimen Kräften begabt. Folgt aber daraus, daß anderes Brot mich zu anderer Zeit auch ernähren muß und daß gleiche sinnliche Eigenschaften immer von gleichen geheimen Kräften begleitet sein müssen? Diese Folgerung scheint keineswegs notwendig. Wenigstens muß man anerkennen, daß hier eine vom Geist gezogene Folgerung vorliegt, daß hier ein bestimmter Schritt getan wird: ein Fortgang im Denken und eine Ableitung, die der Erklärung bedarf. Die zwei Sätze sind weit davon entfernt, dasselbe auszusagen: *Ich habe gefunden, daß ein solcher Gegenstand immer von einer solchen Wirkung begleitet gewesen ist, und: Ich sehe voraus, daß andere Gegenstände, die in der Erscheinung gleichartig sind, von gleichartigen Wirkungen begleitet sein werden.* Ich will gern zugeben, daß der eine Satz mit Recht aus dem anderen abgeleitet werden kann; ich weiß sogar, daß er immer so abgeleitet wird. Betont man aber, daß diese Ableitung durch eine Kette von Denkakten gewonnen wird, so bitte ich, mir diese Denkakte aufzuzeigen. Die Verknüpfung zwischen diesen Sätzen ist nicht intuitiver Art; es bedarf eines Mittelgliedes, das den Geist befähigt, solche Ableitung zu vollziehen, wenn sie in der Tat durch Gedankengänge und durch Begründung vollzogen sein sollte. Welcher Art dieses Mittelglied ist, das übersteigt, gestehe ich, mein Verständnis; und es liegt jenen ob, es aufzuweisen, die behaupten, daß es wirklich bestehe und der Ursprung unserer Schlußfolgerungen in bezug auf Tatsachen sei.

Diese negative Begründung muß sicherlich im Verlauf der Zeit völlig überzeugen, wenn recht viele scharfsinnige und fähige Philosophen ihre Forschungen in diese Bahnen lenkten und doch keiner je imstande wäre, irgendeinen verknüpfenden Satz oder vermittelnden Schritt zu entdecken, der den Verstand bei dieser Schlußfolgerung unterstützt. Aber da die Fragestellung noch neu ist, vertraut vielleicht nicht jeder Leser seinem eigenen Scharfsinn so weit, daß er den Schluß wagte: eine Begründung existiere deshalb nicht wirklich, weil sie sich seiner Nachforschung entzieht. Aus diesem Grunde ist es wohl erforderlich, eine schwierigere Aufgabe in Angriff zu nehmen und durch Aufzählung aller Zweige des menschlichen Wissens den Nachweis zu versuchen, daß keiner von ihnen eine solche Begründung liefern kann.

Alle Denkakte lassen sich in zwei Arten einteilen, nämlich in demonstrative Denkakte, d. h. solche, die Beziehungen zwischen Vorstellungen betreffen, und moralisch-gewisse Denkakte, d. h. solche, die Tatsachen und Dasein betreffen. Daß keine demonstrativen Begründungen in unserem Fall vorhanden sind, erscheint einleuchtend; denn es liegt kein Widerspruch darin, daß der Naturlauf wechsle und daß ein Gegenstand, der anscheinend Dingen gleicht, die wir durch Erfahrung kennengelernt haben, von andersartigen oder widerstreitenden Wirkungen begleitet sei. Kann ich mir nicht klar und deutlich vorstellen, daß ein Körper, der aus den Wolken fällt und in jeder Hinsicht dem Schnee ähnlich ist, doch wie Salz schmeckt oder sich wie Feuer anfühlt? Gibt es einen verständlicheren Satz als die Behauptung, daß alle Bäume im Dezember und Januar blühen und im

Mai und Juni welken werden? Nun enthält aber das, was verständlich ist und sich deutlich vorstellen läßt, keinen Widerspruch und kann durch keinerlei demonstrative Begründung oder abstrakten Gedankengang a priori je als falsch bewiesen werden.

Werden wir also durch Begründungen veranlaßt, vergangener Erfahrung zu vertrauen und sie zum Maßstabe unserer künftigen Urteile zu nehmen, so können diese Begründungen nur wahrscheinliche, d. h. solche sein, welche nach der obigen Einteilung Tatsachen und wirkliches Dasein betreffen. Daß es aber eine solche Begründung hier nicht gibt, muß einleuchten, wenn unsere Erklärung dieser Art von Vernunfttätigkeit als zuverlässig und befriedigend angesehen wird. Wir sagten, daß alle Begründungen, die das Dasein betreffen, auf der Beziehung von Ursache und Wirkung beruhen, daß unsere Kenntnis dieser Beziehung einzig aus der Erfahrung hergeleitet wird und daß endlich alle unsere Erfahrungsschlüsse von der Voraussetzung ausgehen, daß die Zukunft mit der Vergangenheit gleichförmig sein werde. Wer den Beweis dieser letzteren Voraussetzung durch wahrscheinliche Gründe, d. h. durch Gründe, welche das Dasein betreffen, zu führen versucht, muß sich ersichtlich im Kreise drehen und das für zugestanden nehmen, was gerade der in Frage stehende Punkt ist.«[24]

B. Rekonstruktion

Humes Gedankengang läßt sich wie folgt als Reductio-ad-absurdum-Argument rekonstruieren:

1	1	De facto wird aus der Proposition: »Alle Gegenstände A (z. B. Brot), die wahrgenommen worden sind, hatten auch die Eigenschaft B (z. B., waren auch nahrhaft)« gefolgert, daß allen Gegenständen A Eigenschaft B« zukommt; kurz gesagt: Aus »Alle observierten A waren B« wird gefolgert: »Alle A sind B.«

[24] D. Hume: *Eine Untersuchung über den menschlichen Verstand*, 4. Abschnitt, Teil 2, R. Richter (Übers.), Hamburg (Meiner) 1993, 44 ff.

2	2	Das Sukzedens ist nur dann begründet, wenn die Folgerung begründet ist, d. h., wenn Induktion [25] begründet ist.
3	3	Die Folgerung ist unbegründet (Induktion begründet nicht, oder Induktion ist unbegründet).
1, 2, 3	4	Es gibt keine begründete allgemeine Fürwahrhaltung, und insbesondere keine begründete Fürwahrhaltung über die Zukunft.

Die wesentliche Annahme ist offensichtlich Annahme 3. Hume führt zwei Argumente für diese an:

(i) Das erste Argument (?) ist scharfsinniger, als es auf den ersten Blick den Anschein haben mag. Es läßt sich am besten als Reductio-ad-absurdum-Argument im mathematischen Sinne, d. h. als indirekter Beweis einer Aussage, entwickeln. Wir beginnen mit der Negation der zu begründenden These, der Annahme in Zeile 3:

1'	1'	Induktion ist ein begründetes Schlußprinzip.

Nun haben »recht viele scharfsinnig und fähige Philosophen« erfolglos versucht »irgendeinen verknüpfenden Satz oder vermittelnden Schritt zu entdecken, der den Verstand bei dieser Schlußfolgerung unterstützt«. Wir verallgemeinern dies zu:

2'	2'	Bisher hat noch niemand die Begründung für die Induktion gehabt (»alle observierten Menschen sind derart, daß sie keine Begründung für die Induktion gehabt haben«).

Wir erkennen, daß die Proposition in Zeile 2' die Form des »Antezedens« in der Induktion hat, und zusammen mit der angenommenen Gültigkeit der Induktion in Zeile 1' ist dann das Sukzedens begründet:

1', 2'	3'	Niemand wird die Begründung der Induktion jemals haben (»alle Menschen« [Vergangenheit/Gegenwart/Zukunft] sind derart, daß sie keine Begründung für die Induktion haben): Die Induktion ist kein begründetes Schlußprinzip.

Doch das widerspricht unserer Annahme in Zeile 1:

1', 2'	4'	Widerspruch

---

[25] Es mag eingewendet werden, daß Hume den Begriff der Induktion nicht kennt. Wir gebrauchen »Induktion« hier jedoch nur als Namen für die von Hume betrachtete Folgerung von »Alle observierten A waren/sind B« zu »Alle A sind B«.

Wir folgern, daß eine der Annahmen 1' oder 2' falsch ist, und mit Annahme der Zeile 2', daß die Annahme in Zeile 1' falsch ist. Damit wäre indirekt die Proposition in Zeile 3 begründet:

2'   5' Es ist nicht wahr, daß die Induktion ein be-
        gründetes Schlußprinzip ist.

Also substituieren wir gemäß diesem Argument Annahme 3 durch Annahme 2'.

(ii) Das zweite Argument ('') ist ein Tertium-non-datur-Argument. Hume geht aus von der exhaustiven Disjunktion (das tertium non datur selbst wird von ihm nicht thematisiert), daß »alle Denkakte«, welche zur Begründung des induktiven Schlusses in Frage kommen, »sich in zwei Arten einteilen [lassen], nämlich in demonstrative Denkakte und moralisch-gewisse Denkakte«. Also

1''   1'' Induktion läßt sich nur entweder durch de-
        monstrative Denkakte oder durch moralisch-
        gewisse Denkakte begründen.

Er betrachtet zunächst die Möglichkeit, Induktion »demonstrativ« zu begründen. Dabei meint Hume offenbar eine Begründung der Annahmen und der Folgerungen der Induktion allein im Rekurs auf die gebrauchten Begriffe. Nun, so argumentiert Hume, wenn eine solche Begründung möglich ist, dann würde die Negation der Annahme der Induktion, daß »der Naturlauf wechsle«, bzw. die Negation der Folgerungen der Induktion, z. B. daß Schnee nach »Salz schmeckt«, einen Widerspruch darstellen. Dem ist aber nicht so (da derartige Behauptungen vorstellbar sind), und Hume folgert, daß Induktion nicht demonstrativ begründbar ist:

2''   2'' Induktion läßt sich nicht durch demonstra-
        tive Denkakte begründen.

Anschließend betrachtet er die Möglichkeit, Induktion durch moralisch-gewisse Denkakte zu begründen. Hume charakterisiert moralisch-gewisse Denkakte als von der Annahme ausgehend, daß »die Zukunft mit der Vergangenheit gleichförmig sein werde«. Nun folgt aus dieser Annahme, daß induktive Folgerungen (deduktiv) gültig sind. Unabhängig von der Frage, ob die Annahme richtig oder falsch ist (sie ist falsch), ist es, so zeigt Hume, zirkulär mit einem »Denkakt«, für dessen Gültigkeit die Annahme vorausgesetzt werden muß, welche bei der Betrachtung der Gültigkeit der Induktion gerade in Frage steht, Induktion zu begründen. Also:

3''   3'' Induktion läßt sich nicht durch moralisch-
        gewisse Denkakte begründen.

Aus den Propositionen 1'', 2'' und 3'' folgt dann:

1", 2", 3"   4"   Induktion ist unbegründbar (und damit unbegründet).

Gemäß diesem Argument substituieren wir Annahme 3 durch 1", 2",
3", also durch die Annahmen, auf Grund derer die Proposition aus
Zeile 3 gefolgert wird.

Das Humesche Argument konkludiert, daß wir keine begründete
Fürwahrhaltung allgemeiner Art haben, insbesondere nicht über die
Zukunft: Die Meinung, morgen geht die Sonne auf, ist genauso be-
gründet wie die, daß sie nicht aufgeht – die absurde Konklusion.

2.5 Wrights I-II-III-Argument

Es mag den Leser überraschen, einen kontemporären Philosophen in
der Sequenz Sextus Empiricus, Descartes, Hume anzutreffen. Nach
eigenen Angaben enthält das von ihm entwickelte skeptische Argument wesentlich neue Elemente. In jedem Fall, wie wir in der Diskussion feststellen werden, ist es ein überaus aufschlußreiches Argument.

A. Zitat Crispin Wright[26]:

»The burden of the second argument ... is that there is indeed no
evidence whatever for the existence of other consciousnesses, or of
the past, or of the material world ... The argument is best explained
by reflecting on the intuitive inadequacy of G. E. Moore's ›proof‹ of
the existence of the external world. Moore reasoned, in effect,

   II: I know I have a hand (while I hold it in front of my face, like this, in nor-
mal conditions, ... etc.)

   (therefore) III: I know that there is an external world (since a hand is a ma-
terial object, existing in space, etc.) ...

He [the sceptic] will contend that Moore's argument has not been
presented with sufficient explicitness. Proposition II does not express
a primitive conviction of Moore but is based on the experiences he
has as he contemplates (what he takes to be) his hand in (what he takes to be) appropriate circumstances. It is accordingly the product of
an inference from

---

[26]   Soweit dem Autor bekannt, ist dieses Argument noch nicht in die deutsche Sprache übersetzt wurden. Daher, wie auch an anderen Stellen, zitieren wir in engli-
scher Sprache.

I: = *some proposition describing in appropriate detail Moore's total field of experience for some time before and during the period when he feels he is holding up his hand before his face and thereby demonstrating a philosophical point to a lecture audience.*

The suggestion that interpolating proposition I better represents the basis of Moore's conviction – in general, the suggestion that perceptual knowledge is in some such way inferential – may be contested. But let it go for the moment. Then the sceptic will contend that Moore has misunderstood the character of the transition from I to II to III. Moore is thinking of the inference on the model of that from

Five hours ago Jones swallowed twenty deadly nightshade berries,
to: *Jones has absorbed into his system a fatal quantity of belladona,*
to: *Jones will shortly die.*

Here, the first line describes good but defeasible evidence for the second line, which entails the third; and the grounds afforded by the first line for the second are, intuitively, transmitted across the entailment. But contrast the example, with, for instance, the inference from

Jones has just written an ›X‹ on that piece of paper,
to: *Jones has just voted,*
to: *An election is taking place.*

Or consider that from

Jones has kicked the ball between the two white posts,
to: *Jones has scored a goal,*
to: *A game of football is taking place.*

In these two examples, as in the belladonna case, the first line provides defeasible evidence for the second, which entails the third. But in these cases the evidential support afforded by the first line for the second is itself conditional on the prior reasonableness of accepting the third line. In a situation in which people wrote crosses on paper in many other contexts besides elections, the knowledge that Jones had just done so might have no tendency whatever to support the belief that he had just voted. Notice, to stress, that the point is not that countervailing evidence against the third line might outweigh support provided for the second by knowledge of the first. It is that knowledge of the first does not begin to provide support for the second unless it is antecedently reasonable to accept the third. Typically, of course, the very observations which would confirm the first would also confirm the third – the scene in the polling booth and the type of paper, for instance, or the cheering crowd in the presence of two full teams on the football field. But that is a contingency. Ima-

gine, for instance, that you live in a society which holds electoral
›drills‹ as often as we hold fire drills, so that the scene you witness of
itself provides no clue whether a genuine election is going on or not.
In that case, unless you have some further information, the knowledge that Jones has just placed an ›X‹ on what looks like a ballot paper has no tendency whatever to support the claim that he has just
voted – it is not that it does supply evidence which, however, is mat-
ched or surpassed by contrary evidence that no election is taking
place.

The sceptic's contention is now that Moore's mistake consists in
assimilating the trio, I-II-III, to the belladonna example, when better
models of their relations are provided by the voting and football cases. It simply is not true that whenever evidence supports a hypothesis, it will also support each proposition which follows from it. The
important class of exceptions illustrated are cases where the support
afforded to the hypothesis is conditional upon its being independently reasonable to accept one in particular of its consequences. This,
the sceptic will contend, is exactly the situation of the proposition
that there is a material world, vis-à-vis the evidence afforded by our
senses for particular propositions about it; and of the proposition
that there are other consciousnesses vis-à-vis the evidence afforded
by others' behaviour and overt physical condition for particular propositions about their mental states; and of the proposition that the
world did not come into being an hour ago vis-à-vis the evidence afforded by our apparent memories and other purported traces for
particular propositions concerning states of the world more than one
hour ago. Once the hypothesis is seriously entertained that it is as
likely as not, for all I know, that there is no material world as ordina-
rily conceived, my experience will lose all tendency to corroborate the
particular propositions about the material world which I normally
take to be certain. It is the same, mutatis mutandis, once the possibility is seriously entertained that there are no other consciousnesses
besides my own, or that the world came into being one our ago.
There is hence no question of confirmation flowing downwards
from I to II and thence to III in the fashion which the Moorean
thought requires. Only if Moore already has grounds for III does I
tend to support II.

There is the rub. In the case of the voting and football examples
there is no difficulty in describing how independent evidence for the
respective third proposition might be gathered. But – the sceptic will
argue – it is utterly unclear how evidence might be amassed that there

is an external world, that there are other minds, or that the world has a substantial history at all, which is not evidence specifically for *particular* features of the material world, or for the states of consciousness of *particular* people, or for *particular* events in world history. Direct evidence for these very general propositions – group III propositions as I shall henceforward call them – is not foreseeable. And indirect evidence has just been ruled out by the sceptic's argument. It follows that they are beyond evidence altogether.

The second pattern of the sceptical argument thus involves the following contentions:

(a) All our evidence for particular propositions about the material world, other minds, etc., depends for its supportive status upon the prior reasonableness of accepting group III propositions.

(b) For this reason, group III propositions cannot be justified by appeal to such evidence.

(c) Such propositions cannot be justified any other way.

(d) Such propositions may be false.

If each of (a)–(d) is accepted, we seem bound to recognize that all our evidential commerce is founded upon assumptions for which we have no reason whatever, can get no reason whatever, and which may yet involve the very grossest misrepresentation of reality. How, then, can any of the relevant beliefs be reasonable, let alone amount to knowledge?

It should be noted that, although, in deference to Moore, the description of the second pattern of argument has largely proceeded in terms of the concept of knowledge, this was quite inessential. At no stage was the factive character of knowledge presupposed; instances of the argument will establish wholescale impossibilities of reasonable belief if they establish anything ... A relevant trio of propositions [against induction as a justifier of belief in general propositions] would be, for instance:

I. All observed As have been B;

II. All As, past, present, and future, are B;

III = some such proposition as that there are certain characteristics which are eternally associated in a dependable and stable way. (›The future will resemble the past.‹)«[27]

---

[27] C. Wright: *Facts and Certainty*, in: Proceedings of the British Academy, 71 (1985), 434–447.

B. Rekonstruktion

Wir beginnen mit einer abstrakten Darstellung des Arguments. Die Frage der Applikation des Arguments auf Erkenntnisbereiche wird anschließend behandelt. Wir betrachten einen Erkenntnisbereich, z. B. die Außenwelt, andere Geisteszustände. Es seien Kategorie-II-Propositionen diejenigen Propositionen des Erkenntnisbereichs, die wir für gewöhnlich glauben, zumindest meistens begründet für wahr zu halten, z. B. »Hier ist eine Hand« oder »Peter hat Schmerzen«. Kategorie-I- und Kategorie-III-Propositionen werden durch die Annahmen des folgenden Argumentes definiert:

1	1	Kategorie-II-Propositionen sind nur als nicht-deduktive Folgerung von Kategorie-I-Propositionen begründbar.
2	2	Kategorie-III-Propositionen sind nur als Folgerung von Kategorie-II-Propositionen begründbar.
3	3	Kategorie-I-Propositionen begründen Kategorie-II-Propositionen nur, falls Kategorie-III-Propositionen bereits begründet sind.
1, 2	4	Kategorie-III-Propositionen sind nur begründbar, falls Kategorie-I-Propositionen Kategorie-II-Propositionen begründen.
1, 2, 3	5	Kategorie-III-Propositionen sind nur begründbar, falls sie bereits begründet sind, d. h., sie sind unbegründet (Zirkel).
1, 2, 3	6	Kategorie-II-Propositionen sind unbegründbar (und damit unbegründet).

Die entscheidende Frage angesichts der Konklusion des Argumentes ist, ob die Annahmen auf Erkenntnisbereiche zutreffen. Wright argumentiert, daß das Argument auf die folgenden Erkenntnisbereiche zutrifft. Die entsprechenden Kategorien sind exemplarisch bestimmt: Außenwelt[28]:

Kategorie-I-Proposition:	Phänomenale Beschreibung meiner Hand vor meinen Augen
Kategorie-II-Proposition:	Ich habe eine Hand.
Kategorie-III-Proposition:	Es gibt eine externe Welt.

---

[28] Vergleiche mit G. E. Moore: *Beweis einer Außenwelt*, in: *Eine Verteidigung des Common Sense*, Frankfurt a. M. (Suhrkamp) 1969, 153–184.

Andere mentale Zustände[29]:

Kategorie-I-Proposition:	Jones' Schienbein ist sichtbar zersplittert; sein Gesicht ist verzerrt, und er schreit.
Kategorie-II-Proposition:	Jones hat Schmerzen.
Kategorie-III-Proposition:	Es gibt andere Geister.

Geschichte[30]:

Kategorie-I-Proposition:	Schriftstücke etc., die aussagen, daß Caesar im Jahre 49 v. Chr. den Rubikon überschritt
Kategorie-II-Proposition:	Caesar überschritt im Jahre 49 v. Chr. den Rubikon.
Kategorie-III-Proposition:	Die Welt begann nicht vor einer Stunde.

Generelle Aussagen (Zukunft)[31]:

Kategorie-I-Proposition:	Brot hat bisher ernährt.
Kategorie-II-Proposition:	Brot ernährt.
Kategorie-III-Proposition:	Es gibt Uniformität.

Das Argument konkludiert dann, daß wir keine begründete Fürwahrhaltung bezüglich der Außenwelt, der mentalen Zustände anderer, der Vergangenheit oder der Zukunft haben. Jede Meinung in diesen Erkenntnisbereichen ist so gut wie jede andere.

2.6 Zusammenfassung

In diesem Kapitel haben wir einige skeptische Argumente (unter Annahme ihrer Triftigkeit) als Reductio-ad-absurdum-Argumente im Sinne des ersten Kapitels rekonstruiert. Die absurde und nichtakzeptable Konklusion bestand jeweils darin, daß begründete Fürwahrhaltung, und damit Erkenntnis und Wissen, überhaupt oder in einzelnen Erkenntnisbereichen, wie der externen Welt oder der Vergangenheit, unmöglich bzw. nichtexistent ist, also, daß eine gegebene Fürwahrhaltung so glaubwürdig ist wie jede andere. Damit haben wir die Mög-

---

[29] Dieses Beispiel ist von Crispin Wright.

[30] Dieses Beispiel gebraucht eine Abwandlung der Russellschen Hypothese aus: B. Russell: *The Possibility of Knowledge*, in: The Athenaeum, 4652 (1919), 524 f. ND: J. G. Slater (Hg.): The Collected Papers of Bertrand Russell, London (Unwin Hyman) 1988, Band 9, 338 f.

[31] Dieses Beispiel ist adaptiert aus: D. Hume: *Eine Untersuchung über den menschlichen Verstand*, 4. Abschnitt, Teil 2, R. Richter (Übers.), Hamburg (Meiner) 1993, 44.

lichkeit, Epistemologie auf der Grundlage von Reductio-ad-absurdum-Argumenten zu betreiben, substantiiert.

Mit der Annahme, daß die betrachteten skeptischen Argumente repräsentativ sind für skeptische Argumente überhaupt, haben wir gezeigt, daß skeptische Argumente allgemein als Reductio-ad-absurdum-Argumente rekonstruiert werden können.[32] Wir gebrauchen im folgenden »skeptische Argumente« als synonym zu Reductio-ad-absurdum-Argumenten in im Kapitel 1 entwickelten Verständnis.[33] Entsprechend bezeichnen wir die im folgenden Kapitel auf der Grundlage von Reductio-ad-absurdum-Argumenten aufgebaute Methodik der Epistemologie als skeptische Methode.

---

[32] Die zehn Tropen z. B. werden von Raoul Richter, mit Verweis auf Bemerkungen anderer Philologen als »die Quintessenz der griechischen Skepsis« (R. Richter: Der Skeptizismus in der Philosophie, Leipzig [Verlag der Dürr'schen Buchhandlung] 1904, 31) beschrieben. Dies stützt auch die Behauptung, daß wir einen bestehenden Skepsis-Begriff ergründen und nicht etwa einen neuen definieren.

[33] Synonymität aufzuzeigen ist nicht leicht: Weder ist die Extension des Begriffs des skeptischen Arguments noch ist der Begriff der zulässigen Interpretation klar bestimmt. Jedenfalls scheint unser Vorgehen ausreichend motiviert. Siehe hierzu auch die Erläuterungen in Abschnitt 3.3.

3. DIE SKEPTISCHE METHODE

3.1 Formulierung und Begründung der skeptischen Methode

Unsere Situation ist derart, daß wir von einem mehr oder weniger reflektierten Standpunkt[1] ausgehen. Konfrontieren wir durch Selbstreflexion oder durch Aufweis eines Dritten nun ein anscheinend skeptisches Argument[2], dann sind alle im Argument gebrauchten Annahmen und Begriffe in Frage gestellt. Insbesondere stehen uns genau drei Reaktionen zu Gebote:

1. aufzeigen, daß das Argument innerhalb des Standpunktes entgegen dem ersten Eindruck nicht triftig ist, also doch kein skeptisches Argument ist;

2. aufzeigen, daß die Konklusion des Arguments innerhalb des Standpunktes entgegen dem ersten Eindruck nicht absurd, sondern akzeptabel ist, das Argument also doch kein skeptisches Argument ist;

3. Revision des Standpunktes, so daß das vorliegende skeptische Argument nicht mehr zu entwickeln ist.

Gemäß dem Prinzip der Konservation sind die Reaktionen 1 und 2 der Reaktion 3 vorzuziehen. Stehen Reaktionen 1 oder 2 zu Gebote, so hat die Beschäftigung mit dem Argument dazu beigetragen, daß wir uns unseres epistemologischen Standpunktes bewußter werden. Stehen die Reaktionen 1 und 2 nicht zu Gebote, ist die Revision des Standpunktes unvermeidlich. Die Revision des Standpunktes ist unbestimmt und erfordert Kreativität: Ein Reductio-ad-absurdum-Argument zeigt nur, daß im Standpunkt etwas nicht stimmt, und nicht, was nicht stimmt. Es ist zu betonen, daß in der »Lösung« des skeptischen Argumentes in der Form einer der Reaktionen 1 bis 3 nicht auf den Erkenntnisbegriff rekurriert werden muß. Ein skeptisches Argument kann also ex post durchaus ohne jedwede epistemo-

---

1 Wittgenstein schreibt: »Der Zweifel kommt nach dem Glauben« (Über Gewißheit, § 160, G. E. M. Anscombe/G. H. von Wright (Hg.), Frankfurt a. M. [Suhrkamp] 1992, 49). Dies begründet auch unsere Vorgehensweise im Zweischritt Zitat/Analyse und Deskription/Kritik.

2 Zur Erinnerung: Eine solche Konfrontation ist z. B. dies: Wenn ich für wahr halte, daß Dinge so sind, wie sie scheinen, dann konfrontiert mich die Erfahrung eines im Wasser gebrochenen, aber an der Luft geraden Ruders (siehe Tropus # 5) mit einem Problem.

logische Relevanz sein. Ein offensichtliches Beispiel für diesen Fall
wäre es, in dem skeptischen Argument ein non sequitur aufzuweisen.

Betrachten wir nun die Situation im Anschluß an die Anwendung
einer der Reaktionen 1 bis 3: Durch Zurückweisung einer Annahme
des Arguments relativ zu unserem ursprünglichen Standpunkt (Reaktionen 1 und 2) oder in unserem neuen Standpunkt (Reaktion 3) haben wir uns der durch das Argument konstituierten rationalen Verpflichtung auf die absurde Konklusion entledigt. Das genügt allerdings, wie Wright zeigt, noch nicht, um das skeptische Problem zu lösen.

Dies ist Wrights Aufweis skeptischer Argumente zweiten Grades[3]:
Sei $\{A1, ..., An\}$ die Menge skeptischer Annahmen (inklusive der Folgerungen) und Ks die absurde skeptische Konklusion, z. B. Ks = Es
gibt keine begründete Fürwahrhaltung. Wir nehmen an, daß das skeptische Argument: $\{A1, ..., An\} \Rightarrow$ Ks gültig[4] ist. Damit halten wir das
skeptische Argument konditional (begründet) für wahr:

1   1   Begründet [$\{A1, ..., An\} \Rightarrow$ Ks].

Mit Kontraposition erhalten wir:

1   2   Begründet [nonKs $\Rightarrow$ non$\{A1, ..., An\}$].

Die Gültigkeit der Kontraposition läßt sich am einfachsten durch eine Wahrheitstafel aufzeigen. Nun benötigen wir eine Version des sogenannten Transmissionsprinzips:

3   3   (Begründet [P $\Rightarrow$ Q]) $\Rightarrow$ (Begründet [P] $\Rightarrow$
                       Begründet [Q]).

Es scheint plausibel, wenn eine Proposition P eine Proposition Q begründet impliziert, daß, falls P begründet ist, auch Q begründet ist:
Es ist begründet, daß, wenn es regnet, die Erde naß ist. Nun habe ich
guten Grund anzunehmen, daß es regnet (z. B. sehe ich Passanten
mit offenem Regenschirm). Dann habe ich damit auch guten Grund
anzunehmen, daß die Erde naß ist. Anwendung des Transmissionsprinzips auf Zeile 2 ergibt:

1, 3   4   Begründet [nonKs] $\Rightarrow$ Begründet [non$\{A1,...,$
                       An$\}$].

Analog zu dem Schritt von Zeile 1 zu Zeile 2 erhalten wir dann:

1, 3   5   nonBegründet [non$\{A1, ..., An\}$] $\Rightarrow$ nonBe-
                       gründet [nonKs].

---

[3]   C. Wright: *Scepticism and Dreaming: Imploding the Demon*, Mind 100 (1991), 89.
[4]   D. h., Ks folgt logisch aus den Annahmen.

In Worten: Auf der Basis der Gültigkeit des skeptischen Arguments, des Prinzips der Transmission und der Propositionallogik folgt: Wenn wir keinen Grund gegen die skeptischen Annahmen haben, dann haben wir auch keinen Grund gegen die skeptische Konklusion, d. h., daß wir unsere mit der skeptischen Konklusion inkompatiblen Fürwahrhaltungen derselben vorziehen, ist willkürlich. Dies ist die (nichtakzeptable) skeptische Konklusion zweiten Grades.

Wright hat also gezeigt, daß wir *begründet* eine oder mehrere Annahmen des skeptischen Argumentes zurückweisen müssen, um nicht auf eine ähnlich nichtakzeptable skeptische Konklusion verpflichtet zu sein. In anderen Worten, die Behauptung »Ich halte die skeptische Annahme Ax nicht für wahr« hat, in Abwesenheit einer Begründung, zwar zur Folge, daß man nicht mehr auf die skeptische Konklusion des vorliegenden Argumentes, des skeptischen Arguments der ersten Stufe, rational verpflichtet ist, aber auf eine ebenfalls inakzeptable skeptische Konklusion, die sogenannte skeptische Konklusion zweiten Grades.

Wrights Ergebnis sollte eigentlich nicht überraschen. Ohne eine Begründung, warum eine Annahme, und nicht etwa eine beliebige andere Annahme des skeptischen Arguments, zu negieren ist, wäre die Entscheidung willkürlich, was absurd ist. Es gilt nun eine Begründungsmethode zu formulieren, welche den Skeptizismus der zweiten Stufe zufriedenstellt. In anderen Worten, es bedarf eines Kriteriums, um zwischen guten und schlechten bzw. zulässigen und unzulässigen Reaktionen auf skeptische Argumente zu unterscheiden.

In Fortführung des Ansatzes, Epistemologie auf der Grundlage von Reductio-ad-absurdum-Argumenten zu entwickeln, ist eine Reaktion auf ein skeptisches Argument begründet, genau dann wenn im durch die Reaktion erreichten Standpunkt kein skeptisches Argument zu entwickeln ist. Der »durch die Reaktion erreichte Standpunkt« ist der ursprüngliche Standpunkt im Falle der Reaktionen 1 und 2 und der neue Standpunkt im Falle der Revision des Standpunktes, also der Reaktion 3. Allerdings gilt, daß wir uns in dem Maße, in dem wir uns durch Anwendung der Reaktionen 1 und 2 unseres Standpunktes bewußter geworden sind, in einem zulässigen Sinne auch, daß es sich im Anschluß an die Reaktion um einen »neuen« Standpunkt handelt. Wir bezeichnen ferner eine Reaktion auf ein skeptisches Argument als eine »skeptische Reaktion« oder als »Skepsisreaktion« und einen Standpunkt, in dem kein skeptisches Argument entwickelt werden kann, als »skepsisresistent«. Damit können wir unser Kriterium kom-

pakter formulieren: Eine skeptische Reaktion ist begründet, genau
dann wenn der neue Standpunkt skepsisresistent ist.

Wrights Interpretation des Skeptizismus der zweiten Stufe könnte
verschieden relativ zur skeptischen Methode verstanden werden. Er
schreibt: »The sceptic's challenge cannot be met simply by describing
a more congenial scenario in which it [the sceptical argument] could
not be presented. The scenario has to be shown to be actual.«[5] Doch
gemäß unserer Behauptung ist ein solches Verständnis der Begründung eines Standpunktes nicht einsichtig. Auch Wright, in der Diskussion von Reaktionen auf das I-II-III-Argument, schreibt: »Three
principles have now been canvassed, each of which would entitle us
to grant the sceptic the correctness of his claim that there can be no
evidence whatsoever for group III propositions without any paradox
ensuing ... But of course, no strict proof has been offered of any of
them. It is hard to know what such a proof could be like.«[6] Um dann,
ähnlich der skeptischen Methode, zu konkludieren: »In other words:
the sceptic now has to show [der Skeptiker muß zeigen, daß] that the
convention in question, coming after the event as it were [der neue
Standpunkt], misrepresents the concept of fact which we actually
have or, by criteria we acknowledge, ought to have [nichtakzeptable
Konsequenzen enthält].«[7] Wright konzediert also die These, daß die
Begründung einer Reaktion auf ein skeptisches Argument, also eine
Antwort auf das skeptische Argument der zweiten Stufe, nicht direkt,
sondern wesentlich indirekt, nämlich als vergebliches Suchen nach
skeptischen Argumenten, zu denken ist.

Wir bemerken folgendes: Wie in Kapitel 1 festgelegt, betrachten
wir nur Gegenstands- bzw. Problemkonstitution der Epistemologie
durch Reductio-ad-absurdum-Argumente. Ohne derartiges Problem
sollten wir daher Erkenntnis eben so denken, wie wir sie denken, und
unser (vielleicht unbewußter) epistemologischer Standpunkt ist begründet. Damit ist die Begründung des neuen Standpunktes, nämlich
Abwesenheit skeptischer Argumente, identisch gedacht mit der des
Ausgangsstandpunkts. Und das sollte auch so sein, da die Eigenschaft, Ausgangs- oder neuer Standpunkt zu sein, zufällig ist.

Unser Begriff von Begründung einer skeptischen Reaktion oder,
allgemeiner, eines Standpunktes, ist wesentlich zeitlich. Der Standpunkt ist begründet durch Abwesenheit skeptischer Argumente.

---

[5]   C. Wright: *Facts and Certainty*, Proceedings of the British Academy, 71 (1985), 442.
[6]   C. Wright: *Facts and Certainty*, Proceedings of the British Academy, 71 (1985), 460.
[7]   C. Wright: *Facts and Certainty*, Proceedings of the British Academy, 71 (1985), 460.

Doch Abwesenheit skeptischer Argumente ist nur bis zu diesem Zeitpunkt feststellbar und Begründung damit in genau diesem Sinne zeitlich. Es mag das Bedürfnis beim Leser bestehen, diese Zeitlichkeit, insbesondere das Element des Zufalls beim Auffinden skeptischer Argumente, zu eliminieren. Doch auch hier trifft zu, daß das Vorhandensein eines Bedürfnisses die Möglichkeit seiner Erfüllung nicht beweist.

Eine weitere Konsequenz unseres Verständnisses von Begründung besteht darin, daß es gilt, skeptische Argumente möglichst stark zu machen, also im Falle einer erfolgreichen Reaktion auf ein skeptisches Argument dieses triftiger zu reformulieren zu versuchen. Diese Konsequenz hat, wie wir in Teil II sehen werden, einen hohen praktischen Stellenwert.

Es ist wichtig zu betonen, daß die skeptische Methode als eine Ausarbeitung der Idee, ausgehend von Reductio-ad-absurdum-Argumenten Epistemologie zu betreiben, zu verstehen ist. Die skeptische Methode operiert mit der Arbeitshypothese, daß Reductio-ad-absurdum-Argumente für die Epistemologie gegenstandskonstituierend sind. Das Ziel ist es, *eine* Möglichkeit der Epistemologie zu entwickeln und durchzuführen, oder, in anderen Worten, *ein* Modell der Epistemologie zu entwickeln.

Wir fassen zusammen: Gemäß der skeptischen Methode ist unser epistemologischer Standpunkt begründet durch fortwährende immanente Kritik. Skeptische Argumente sollten gesucht werden, und skeptische Reaktionen sollten skeptisch hinterfragt werden. Wir haben es mit einem iterativen Verfahren zu tun: (1) Suche nach skeptischen Argumenten im Standpunkt, (2) Reaktion auf skeptisches Argument, (3) Suche nach skeptischem Argument im »neuen« Standpunkt ... Damit ist die Vorgehensweise für den zweiten Teil der Arbeit gekennzeichnet. Wir unterscheiden heuristisch zwischen der Skepsis der ersten Stufe, der Formulierung eines skeptischen Argumentes, und der Skepsis der zweiten Stufe, der Formulierung eines skeptischen Argumentes in bezug auf die Reaktion auf das skeptische Argument der ersten Stufe. Unser Standpunkt ist begründet bei Abwesenheit (trotz Suche) eines skeptischen Argumentes. Die Beweislast fällt, in diesem nicht offensichtlichen Sinne, auf uns.

Ein Modell, wie die skeptische Methode zu denken ist, läßt sich durch Betrachtung des folgenden bekannten Paradoxes aufzeigen: In einem Dorf lebt ein Barbier, der genau diejenigen Dorfbewohner rasiert, die sich nicht selber rasieren. Dieser Barbier rasiert sich nun entweder selber oder nicht. Wir nehmen an, daß er sich selber rasiert.

Dann folgt, daß, da er nur denjenigen rasiert, der sich nicht selber rasiert, er sich nicht selber rasiert. Nehmen wir nun an, er rasiere sich nicht selber. Dann folgt, da er eben diejenigen rasiert, die sich nicht selber rasieren, daß er sich selber rasiert. Es folgt also, daß der Barbier sich rasiert, genau dann, wenn er sich nicht rasiert. Anders ausgedrückt, als Folge der Überlegung sind wir rational auf eine notwendigerweise falsche Aussage verpflichtet: P genau dann, wenn nonP.

Dieses Argument läßt sich folgendermaßen darstellen:

1	1	Der Babier rasiert genau diejenigen Dorfbewohner, die sich nicht selber rasieren.
2	2	Entweder rasiert sich der Barbier selbst, oder er tut es nicht [P ∨ nonP].
3	3	P
1, 3	4	nonP
1, 3	5	Widerspruch
1	6	P ⇒ Widerspruch.
7	7	nonP
1, 7	8	P
1, 7	9	Widerspruch
1	10	nonP ⇒ Widerspruch.
1	11	[P ∨ nonP] ⇒ Widerspruch.
1, 2	12	Widerspruch

In dieser Darstellungsform ist nun deutlich zu erkennen, auf der Grundlage welcher Annahmen wir rational auf die offenbar absurde/nichtakzeptable Konklusion, nämlich den formalen Widerspruch, verpflichtet sind: Annahme 1, P oder nonP (eine Tautologie) und die Gültigkeit propositionallogischer Folgerungen. Die letzten beiden Annahmen sind nicht zu negieren. So bleibt als einziger Ausweg, um nicht mehr auf den Widerspruch verpflichtet zu sein, die Negation der Annahme 1. Es ist also nicht wahr, daß der Barbier genau diejenigen Dorfbewohner rasiert, die sich nicht selber rasieren. Und das Argument für die Negation der Annahme 1 ist, daß dieser Standpunkt keine nichtakzeptablen/absurden Konsequenzen hat – das Ergebnis des Skeptizismus der zweiten Stufe. (Oder hat jemand schon einmal ein solches Dorf gesehen?) Damit wäre die Entwicklung der skeptischen Methode zum Abschluß gebracht. Bevor wir in den folgenden zwei Abschnitten uns der Erläuterung der skeptischen Methode zuwenden, interpretieren wir philosophische Redewendungen in der skeptischen Methode.

Wir befinden uns im »paradiesischen Zustand der Fraglosigkeit«, falls wir uns keines skeptischen Argumentes in unserem Standpunkt bewußt sind. Werden wir uns eines solchen Argumentes bewußt, dann ist unser Standpunkt »unter kritischem Vorzeichen nicht mehr zu explizieren«, und das Ziel ist dann, »den Zustand der Fraglosigkeit auf Zeit/bis auf weiteres wiederherzustellen«, also einen vorerst skepsisresistenten Standpunkt einzunehmen. Darüber hinaus ist »etwas so nicht zu denken/zu verstehen«, falls in einem solchen Verständnis ein skeptisches Argument besteht. »Einen Standpunkt/eine Theorie kritisch zu hinterfragen« bedeutet zu versuchen, in ihm/ihr skeptische Argumente zu entwickeln.

3.2   Betrachtung zweier Mißverständnisse

Es ist angezeigt, Auffassungen, die inkompatibel mit der skeptischen Methode sind, zu widerlegen oder in diese zu inkorporieren. Ich erkenne zwei Reaktionen auf skeptische Argumente, die inkompatibel sind mit der skeptischen Methode.[8] Hierbei ist zu betonen, daß diese Reaktionen nicht etwa gescheiterte Reaktionen auf ein skeptisches Argument sind – das wäre der Gegenstand des zweiten Teiles dieser Arbeit. Vielmehr handelt es sich um Verständnisse skeptischer Argumente, die mit der skeptischen Methode als Methode in Konflikt stehen.

Die erste Reaktion ist geschichtlich gesehen sehr beliebt. Wir wollen sie als den Ad-hominem-Fehler bezeichnen. So argumentiert Aristokles von Messene gegen global skeptische Argumente[9], wie z. B. Agrippas Trilemma (siehe 2.2): »When he puts forward clever arguments of this sort, we should like to ask him whether he knows that things are as he says or rather speaks from ignorance. For if he does not know, why should we believe him? And if he does know, then he is perfectly silly – for he asserts that everything is unclear and at the same time says that he knows all this.«[10] Diese Einsicht, so wird

---

8   Eine dritte Reaktion ist tragisch, jedoch unfruchtbar: »The poet Philetas of Kos reportedly grew thin and finally died, c. 270 BC, of brooding about the liar paradox« (J. Leiber: *Paradoxes*, London [Duckworth] 1993, 20).

9   Ein skeptisches Argument ist global, wenn es die Unmöglichkeit begründeter Fürwahrhaltung überhaupt konkludiert. Demgegenüber ist ein skeptisches Argument lokal, wenn es die Unmöglichkeit begründeter Fürwahrhaltung in einem Erkenntnisbereich, z. B. der Außenwelt, konkludiert.

10   Eusebius: *Preparation for the Gospel*, IV, xviii 12, in: J. Annas/J. Barnes (Übers.): The Modes of Scepticism, Cambridge (CUP) 1985, 44.

dann gefolgert, löse das durch das skeptische Argument konstituierte Problem. Bevor wir diese Folgerung betrachten, untersuchen wir zunächst, worin die Einsicht denn besteht.

Aristokles untersucht die Position eines Vertreters der These: »Es gibt keine begründete Fürwahrhaltung«, also eines Vertreters der Konklusion eines global skeptischen Argumentes. Wir nennen diesen Vertreter, was wir aus gutem und im folgenden erörterten Grunde bisher nicht taten und nach diesem Abschnitt auch (weitestgehend) nicht tun werden, den Skeptiker. Der Skeptiker kann diese These entweder begründet oder unbegründet für wahr halten. In letzterem Falle ist die Position nicht glaubwürdig. In ersterem Falle (vielleicht als Folge seines Argumentes) behauptet der Skeptiker etwas notwendigerweise Falsches: Wir betrachten die Aussage P, P = Ich halte begründet für wahr, daß es keine begründete Fürwahrhaltung gibt. Entweder ist P wahr oder falsch. Wir nehmen an, die Aussage P sei wahr. Dann hat der Skeptiker keinen Grund dafür, für wahr zu halten, daß es keine begründete Fürwahrhaltung gibt, denn »daß es keine begründete Fürwahrhaltung gibt« ist ja eine, und P ist daher falsch. Wir nehmen an, P wäre falsch. Dann folgt trivialerweise, daß P falsch ist. Also ist die Aussage P des Skeptikers notwendigerweise falsch, und, da er sich dessen spätestens nach diesem Aufweis bewußt ist, kann er die These, daß es keine begründete Fürwahrhaltung gibt, nicht mehr begründet für wahr halten.

Betrachten wir die Konklusion der globalen Skepsis und eine dem Aristokles ähnlichen Gedankengang, wobei wir allerdings nicht auf den Skeptiker selbst Rekurs nehmen. Wir wollen wissen, ob es überhaupt denkbar ist, daß die Konklusion durch skeptische Argumente oder sonstwie begründet ist. Wir beginnen mit der Annahme der global-skeptischen Konklusion:

1	1	Es gibt keine begründete Fürwahrhaltung.

Dann untersuchen wir die Implikationen der Annahme, daß die Konklusion selbst begründet ist. Wir gehen also den indirekten Weg:

2	2	»Es gibt keine begründete Fürwahrhaltung« ist begründet.

Mit der Annahme 2 haben wir dann allerdings eine begründete Fürwahrhaltung, nämlich die skeptische Konklusion selbst. Also:

2	3	Es gibt eine begründete Fürwahrhaltung.
1, 2	4	Widerspruch
1	5	»Es gibt keine begründete Fürwahrhaltung« ist unbegründet.

Eine noch klarere Darstellung:

6     $1 \Rightarrow 1$ ist unbegründet.

Aus der Annahme der global skeptischen Konklusion folgt also per Reductio ad absurdum, daß, entgegen dem dafür vorgebrachten Argument, die global skeptische Konklusion unbegründet ist. Das skeptische Argument kann die Konklusion als These notwendigerweise nicht begründen. Die These, daß es keine begründete Fürwahrhaltung gibt, ist unbegründbar.

Das Ergebnis, daß die These »Es gibt keine begründete Fürwahrhaltung« notwendigerweise unbegründet ist, ist analog zu dem Phänomen, daß Thesen über eine Totalität mit negativem Selbstbezug notwendigerweise falsch sind. Als Beispiel betrachten wir die These: »Alle Aussagen sind falsch«:

1	1	Alle Aussagen sind falsch.
2	2	»Alle Aussagen sind falsch« ist wahr.
2	3	Es gibt eine Aussage, die wahr ist.
1, 2	4	Widerspruch
1	5	»Alle Aussagen sind falsch« ist falsch.

Bevor wir uns nun den Implikationen der notwendigen Unbegründbarkeit global skeptischer Konklusionen zuwenden, betrachten wir die analoge Frage bezüglich lokal skeptischer Konklusionen. Wir gebrauchen die skeptische Konklusion bezüglich Fürwahrhaltungen der Vergangenheit als repräsentativ relativ zu den übrigen Konklusionen lokaler Skepsis:

1	1	Es gibt keine begründete Fürwahrhaltung bezüglich der Vergangenheit.
2	2	»Es gibt keine begründete Fürwahrhaltung bezüglich der Vergangenheit« ist begründet.
3	3	Die Fürwahrhaltung: »Es gibt keine begründete Fürwahrhaltung bezüglich der Vergangenheit« ist begründet« ist selber eine Fürwahrhaltung über die Vergangenheit.

Mit Annahmen 2 und 3 haben wir dann allerdings:

2, 3	4	Es gibt eine begründete Fürwahrhaltung bezüglich der Vergangenheit.
1, 2, 3	5	Widerspruch
1, 3	6	»Es gibt keine begründete Fürwahrhaltung bezüglich der Vergangenheit« ist unbegründet.

Wir sehen, daß wir in dem Fall der lokalen Skepsis eine zusätzliche Annahme (Annahme 3) treffen müssen, um die Unbegründbarkeit der durch das Argument prima facie begründeten lokalen skeptischen

Konklusion aufzuzeigen. Diese zusätzliche Annahme werden wir nicht thematisieren.

Damit wäre die von Aristokles angeführte Unbegründbarkeit der global skeptischen Konklusion ausreichend diskutiert. Wenden wir uns nun Aristokles' Folgerung zu, daß damit das durch das skeptische Argument konstituierte Problem gelöst sei.

Der Skeptiker vertritt die These, daß es keine begründete Fürwahrhaltung gibt, als Konklusion des von ihm vorgebrachten Arguments. Eine These mit Argument zu vertreten impliziert für wahr zuhalten, daß diese begründet ist. Nun haben wir gezeigt, und dem muß der Skeptiker zustimmen, daß die These prinzipiell unbegründbar ist. Es folgt, daß der Skeptiker sowohl für wahr hält, daß die These begründet ist, als auch, daß sie dies nicht ist, seine Fürwahrhaltungen also inkohärent sind. Und, wenn die Fürwahrhaltungen des Skeptikers inkohärent sind, dann sollten wir diese nicht teilen. Gemäß Aristokles befinden wir uns also in einem Streitgespräch mit dem Skeptiker. Durch Aufzeigen der Unhaltbarkeit der skeptischen Position durch Aufweis der Inkohärenz haben wir dann gegen den Skeptiker »gewonnen«, und das durch das skeptische Argument konstituierte Problem ist gelöst.

Bedauerlicherweise, in dem Fall, daß das skeptische Argument ein Problem konstituiert, sind wir der Skeptiker: Wenn das skeptische Argument uns überzeugt, dann sind wir rational auf die skeptische Konklusion verpflichtet. Der Aufweis, daß die skeptische Konklusion notwendigerweise unbegründet ist, zeigt dann auf, daß wir sowohl rational auf dessen Begründet- und dessen Unbegründetsein verpflichtet sind und damit einen inkohärenten Standpunkt vertreten. Anders ausgedrückt, folgt aus Aristokles' Einsicht[11], daß die Konklusion nicht akzeptabel ist und Reaktion 2 (Konklusion ist akzeptabel) damit nicht zu Gebote steht. Die Konklusion als These zu vertreten wäre dann negativer Dogmatismus.

Das von skeptischen Argumenten konstituierte Problem zu verstehen, als ob ein Gegner, der Skeptiker, uns von einer absurden These zu überzeugen versucht, ist also unhaltbar. Da die Rede von »Der Skeptiker macht dies und jenes« dieses irreführende adversäre Verständnis suggeriert, sehe ich, obwohl sie allgemein üblich ist, wei-

---

[11]   So es denn eine ist: Daß die Konklusion nicht akzeptabel ist, ist offensichtlich genug.

testgehend davon ab.[12] Der Dialog des Skeptikers mit dem Anti-
Skeptiker ist ein Dialog von uns mit uns selbst.[13] Es bestätigt sich also, daß skeptische Argumente im interessanten Fall unsere Annahmen gebrauchen.[14] Der Skeptiker, so wir denn diese Fiktion gebrauchen wollen, ist also ein immanenter Kritiker unseres Standpunktes,
wie das in der skeptischen Methode auch vorgesehen ist. Er hinterfragt und prüft unseren Standpunkt, ohne selber Position zu beziehen.

Damit gehen wir zur Betrachtung der zweiten Reaktion über. Der
berühmteste Vertreter der zweiten Reaktion ist George Edward
Moore. Moore schreibt: »Ich kann jetzt z. B. beweisen, daß zwei
menschliche Hände existieren. Wie? Indem ich meine beiden Hände
hochhebe, mit der rechten Hand eine bestimmte Geste mache und
sage ›Hier ist eine Hand‹, und dann hinzufüge, wobei ich mit der linken Hand eine bestimmte Geste mache, ›Hier ist noch eine‹. Und
wenn ich, indem ich dies tue, ipso facto die Existenz von Außendin-
gen bewiesen habe, werden sie alle einsehen, daß ich es auch auf eine
Vielzahl von anderen Weisen tun kann: Es ist überflüssig, noch weiter
Beispiele anzuhäufen.«[15]

In Hinblick auf skeptische Argumente schreibt Moore:
»Nay more: I do not think it is rational to be as certain of any one of
these four propositions [premisses of a sceptical argument], as of the

---

12 Ein Beispiel für die Gefahr des Gebrauchs des Skeptikers in der Diskussion
    skeptischer Argumente ist folgendes: »Many sceptics might be willing to grant
    that we do have knowledge of such propositions as ›there is a pain, here and
    now«« (P. Klein: *Epistemic Compatibilism and Canonical Beliefs*, in: M. D. Roth/
    G. Ross (Hg.): Doubting, Dordrecht [Kluwer Academic Publishers] 1990, 100).
    Unsere Beziehung zu skeptischen Argumenten läßt sich nicht als Verhandlung
    modellieren.

13 Vergleiche dies mit der Äußerung des Fremdlings in Platons Sophistes: »Denken
    also und Aussage sind dasselbe; nur daß das erstere ein Gespräch der Seele in-
    nerhalb mit sich selbst ohne sprachliche Äußerung ist, weshalb es denn eben die-
    sen Namen von uns erhielt: denken« (Platon: *Sophistes*, 263 e, O. Appelt [Übers.],
    Hamburg [Meiner] 1993, 119).

14 Damit ist die folgende Kritik Richters völlig verfehlt: »Denn alle konsequenten
    Zweifler sind auch immer so inkonsequent gewesen, ihre Ansichten mit Hilfe der
    logischen Normen zu beweisen« (R. Richter: *Der Skeptizismus in der Philosophie und
    seine Überwindung*, Leipzig [Verlag der Dürr'schen Buchhandlung] 1908, 121).

15 G. E. Moore: *Beweis einer Außenwelt*, in: Eine Verteidigung des Common Sense,
    Frankfurt a. M. (Suhrkamp) 1969, 178.

proposition that I do know that this is a pencil.«[16] Moore führt also ein Reductio-ad-absurdum-Argument gegen die Annahmen des skeptischen Argumentes an: Die skeptischen Annahmen implizieren eine Proposition, die inkompatibel ist mit der Fürwahrhaltung, daß ich begründet für wahr halte, daß das hier ein Bleistift ist oder daß hier eine Hand ist. Diese Fürwahrhaltung ist aber evidenter als jede einzelne der skeptischen Annahmen und daher deren Konjunktion. Also stimmt etwas nicht in den Annahmen eines jeden skeptischen Argumentes. Es ist zu betonen, daß Moore keine Diagnose durchführt, was in den Annahmen falsch ist. Er behauptet also, daß das skeptische Argument befriedigt ist, falls die Annahmen eine Proposition implizieren, die inkompatibel ist mit einer Fürwahrhaltung, welche eine höhere Evidenz hat als die Annahmen des Arguments. Anders ausgedrückt, Moore betrachtet das skeptische Argument als befriedigt, falls die skeptische Konklusion absurd ist.

Moores Reaktion ist analog zu dem Versuch zu sehen, Zenons Paradox der Bewegung durch Umherhüpfen zu »lösen«, und damit ein Mißverständnis des Problems: Daß wir umherhüpfen und Bewegung also möglich ist, ist bereits vorausgesetzt, falls Zenons Beweis der Unmöglichkeit der Bewegung überhaupt ein Problem konstituiert. Moore affirmiert also lediglich, daß die skeptische Konklusion absurd ist, und damit die Inkohärenz und Unhaltbarkeit des entsprechenden Standpunktes.

3.3 Vergleich der skeptischen Methode mit anderen Methoden

In Übereinstimmung mit der Systematik dieser Arbeit (und der skeptischen Methode) wenden wir den Zweischritt Zitat – Analyse zur Darstellung des Vergleichs der skeptischen Methode mit anderen Methoden an. Wir betrachten die anderen Methoden in grob chronologischer und damit unter systematischen Gesichtspunkten willkürlicher Reihenfolge. Die jeweiligen Textabschnitte werden der Übersicht wegen mit dem Namen des zitierten Philosophen tituliert. Wir betrachten (in dieser Reihenfolge): Sokrates, Platon, Aristoteles, Sextus Empiricus, Descartes, Kant, Schulze, Goethe, Hegel, Hartmann, Heiss, Nozick, Rhees. Dabei verfolgen wir keinerlei philologische Ziele. Dies manifestiert sich in dem liberalem Gebrauch von Sekundärquellen. Es würde der Diskussion dieses Abschnittes zu Recht

---

[16]   G. E. Moore: *Four Forms of Scepticism*, in: Philosophical Papers, London (George Allen & Unwin) 1970, 226.

vorgeworfen, daß wir den betrachteten Philosophen »keine Gerechtigkeit« widerfahren lassen.

Was nun ist dann der zu erwartende Ertrag eines solchen Vorgehens? Oftmals werden wir erkennen, daß diese anderen Methoden im wesentlichen Anwendungen der skeptischen Methode darstellen. So erhalten wir synonyme Formulierungen der skeptischen Methode. Derartige synonyme Formulierungen mögen dem Leser den Zugang zu der skeptischen Methode erleichtern, da sie verschiedene und vielleicht auch bereits bekannte Begrifflichkeiten beinhalten. Zudem ist den betrachteten Philosophen eine überlegene Eloquenz nicht abzustreiten. Damit wäre begründet, daß ein derartiges Vorgehen zwar wiederholend, aber nicht redundant ist. Darüber hinaus, und wichtiger, stellt die Auseinandersetzung mit anderen Methoden einen fruchtbaren Rahmen dar, die skeptische Methode weiter zu entwikkeln und bisher unberücksichtigte Fragen zu beantworten. Es kann allerdings nicht genug betont werden, daß Zitate, die die Thesen der skeptischen Methode affirmieren, auch von berühmten Philosophen, überhaupt keinen Grund für dieselbigen darstellen: Repetition und Autorität sind argumentativ neutral.

Der Übersicht halber seien die in diesem Abschnitt relevanten Thesen kurz vorgestellt. Zunächst beinhaltet dies die in Kapitel 1 vertretene These:

These der Immanenz und der Negativität: Es ist denkbar, Epistemologie auf der Grundlage von Reductio-ad-absurdum-Argumenten zu entwickeln; äquivalent: Epistemologie ist immanent und indirekt durchführbar.

In Kapitel 2 haben wir dann aufgezeigt, daß die betrachteten skeptischen Argumente als Reductio-ad-absurdum-Argumente rekonstruiert werden können. In Abschnitt 3.1 haben wir die möglichen Reaktionen auf ein skeptisches Argument (zur Erinnerung: = Reductio-ad-absurdum-Argument) aufgelistet:

These von der Reaktion: Auf ein skeptisches Argument läßt sich nur auf drei Weisen reagieren: (i) Zurückweisung der Triftigkeit des Arguments, (ii) Aufweisung der Akzeptierbarkeit der Konklusion, (iii) Revision des Standpunktes.

Wir haben die Frage der Begründung einer Reaktion auf ein skeptisches Argument untersucht und als Konsequenz der Aufgabenstellung, eine Epistemologie als immanente Methode, d. h. gemäß der These der Immanenz, zu entwickeln, wie folgt beantwortet:

These der Iterativität oder These der Kontinuität: Die Begründung eines Standpunktes (und damit auch eines revisionierten Standpunktes) besteht in der Abwesenheit trotz Suche von skeptischen Argumenten; eine Reaktion auf ein skeptisches Argument ist begründet, falls der so entwickelte Standpunkt (zur Zeit) skepsisresistent ist.

Das ist soweit nichts Neues. In diesem Abschnitt werden wir darüber hinaus noch weitere Thesen betrachten. Zunächst ist das die sogenannte These der Motivation:

These der Motivation: Die skeptische Methode soll angewendet werden; insbesondere soll aktiv nach skeptischen Argumenten gesucht werden.

Darüber hinaus thematisieren wir die Reichweite der skeptischen Methode:

These von der Reichweite der skeptischen Methode: Die skeptische Methode ist nicht nur eine mögliche Methode der Epistemologie, sondern auch der Philosophie.

Die letzte These, oder genauer: Gruppe von Thesen, ist weitergehender und spekulativerer Natur als die vorgenannten Thesen. Der Autor vermutet jedoch ihre Richtigkeit. Wir fassen diese Gruppe von Thesen zusammen unter den Titel »Thesen der Identifikation«:

Thesen der Identifikation:
• skeptische Argumente sind Reductio-ad-absurdum-Argumente.
• Skepsis/Skeptizismus ist die skeptische Methode.
• Epistemologie ist Anwendung der skeptischen Methode.
• Philosophie ist Anwendung der skeptischen Methode.

Die Thesen der Identifikation können nun entweder deskriptiv oder normativ verstanden werden. Würden sie als deskriptive Thesen verstanden, würde behauptet werden, daß de facto alle bisherigen skeptischen Argumente nur als Reductio-ad-absurdum-Argumente (in unserem im Kapitel 1 entwickelten Sinne) verstanden werden können, alle bisherigen Verständnisse von Skepsis/Skeptizismus, Epistemologie und Philosophie unter die skeptische Methode subsumiert werden können, und ebenso für die Zukunft. Die These der Identifikation ist als deskriptive These verstanden, als eine empirische These über den Gebrauch der Begriffe »skeptische Argumente«, »Skepsis«, »Epistemologie« und »Philosophie« für alle Zeit. Ein derart auf dem Modell der empirischen Wissenschaften aufgebautes Verständnis einer Begriffsexplikation ist, wie Stegmüller zeigt, nicht aufrechtzuerhalten. Allgemein gilt, daß es »niemals eine Apriori-Garantie dafür geben kann, durch ... [eine Begriffsexplikation] einen zunächst nicht präzisen Begriff – handelt es sich doch um mehr oder weniger vage Bedeutungen von Alltagsworten – völlig auszuschöpfen, so daß keine neue Begriffskonstruktion denkbar wäre, die einerseits der ursprünglichen Bedeutung des Terminus hinreichend ähnlich ist, um die Verwendung desselben Namens als gerechtfertigt erscheinen zu lassen, und für die andererseits die Aussagen nicht gelten, welche für ... [die Begriffsexplikation] Geltung besitzen.«[17] Relevanterweise wendet Stegmüller diese allgemeine Einsicht auf den Begriff der Skepsis/des Skeptizismus an: »Es ist immer denkbar, einen Begriff der ›Skepsis‹ zu konstruieren, für den alle Ergebnisse der Diskussion nicht gelten, die für ... [unsere Explikation] der Skepsis Geltung besitzen. Daß dies immer möglich ist, beruht darauf, daß es auf keinen Fall ein Kriterium dafür geben kann, die Bedingungen des ›hinreichend ähnlich‹ in der obigen Formulierung zu fixieren, d. h., jene Bedingungen anzugeben, die erfüllt sein müssen, damit man überhaupt noch von ›Skepsis‹ sprechen kann. Dies ist deshalb ausgeschlossen, weil genaue Bedingungen für einen Relationsbegriff wie ›ähnlich‹ nur angebbar sind, wenn man die beiden Relata präzise fassen kann. Für das eine Relatum, das Explicandum ›Skepsis‹ in seiner aus der philosophischen Tradition genommenen Bedeutung, trifft dies aber nicht zu. Die Auseinandersetzung mit der Skepsis kann also aus demselben Grunde nie zu einem definitiven Ergebnis gelangen, aus welchem man von einer vorgelegten Begriffsexplikation nie sagen kann, daß sie die ›wahre‹, ›richtige‹, ›einzig zutreffende‹ sei.«[18] In Übereinstimmung mit der These Stegmüllers schreibt Albrecht in seiner philosophiehistorischen Untersuchung des Skepsis-Begriffs, daß es »ebenso viele verschiedene Begriffe des Skeptizismus wie Bücher zu diesem Thema, meist sogar mehrere Begriffe bei ein und demselben Autor«[19], gibt. Ähnliches gilt für die Begriffe der Philosophie, der Epistemologie und des skeptischen Arguments. In einem deskriptiven Verständnis sind die Thesen der Identifikation damit nicht nur, wie Stegmüller zeigt, unbegründbar, sondern darüber hinaus de facto schlichtweg falsch. Aus der deskriptiven Perspektive heraus kann es also nur die Aufgabe sein zu zeigen, daß die Begriffe in einer zulässigen Weise verwendet werden. So haben wir in Kapitel 1 unser Epistemologie-Verständnis ausgehend von klassischen Fragestellungen entwickelt und in Kapitel 2 un-

---

[17] W. Stegmüller: *Metaphysik, Wissenschaft, Skepsis*, Frankfurt a. M. (Humboldt-Verlag) 1954, 309.

[18] W. Stegmüller: *Metaphysik, Wissenschaft, Skepsis*, Frankfurt a. M. (Humboldt-Verlag) 1954, 309 f.

[19] M. Albrecht: *Skepsis; Skeptizismus*, in: J. Ritter/K. Gründer (Hg.): Historisches Wörterbuch der Philosophie, Darmstadt (Wissenschaftliche Buchgesellschaft) 1989, Band 6, 967.

seren Gebrauch des Skepsisbegriffs auf der Grundlage klassischer Manifestationen von Skepsis, den skeptischen Argumenten, aufgebaut. Im folgenden betrachten wir weitere klassische Epistemologie-, Philosophie- und Skepsis-Verständnisse. Die deskriptive Interpretation der Thesen der Identität behauptet aber mehr als die Zulässigkeit unseres Begriffgebrauchs und ist somit zu verwerfen.

Das richtige Verständnis der Thesen der Identifikation ist normativ: Skeptische Argumente sollten als Reductio-ad-absurdum-Argumente verstanden werden; Skepsis/Skeptizismus sollte als die skeptische Methode verstanden werden; Epistemologie sollte als Anwendung der skeptischen Methode verstanden werden, und Philosophie sollte als Anwendung der skeptischen Methode verstanden werden. Die normativ verstandenen Thesen der Identifikation lassen sich auf drei Weisen begründen: (i) durch prinzipielle Überlegungen; (ii) durch Subsumieren von plausiblen anderen (Philosophie-, Epistemologie-, Skepsis-)Verständnissen und (iii) durch Zurückweisen nicht subsumierbarer solcher Verständnisse. Wir haben in Abschnitt 3.2 bereits zwei nicht subsumierbare Skepsis-Verständnisse zurückgewiesen. Im folgenden versuchen wir u. a. gemäß der drei Ansätze die Thesen der Identifikation zu begründen. Es sei gesagt, daß die angeführten »Begründungen« für diese Thesen mitnichten Beweischarakter haben, sondern eher als Plausibilisierung der Vermutung dienen.

Sokrates

Die sokratische Methode wird in Platons Sophistes wie folgt beschrieben: »Sie fragen sie aus in den Dingen, über die einer etwas Rechtes zu sagen glaubt, der doch nichts sagt. Dabei forschen sie die Meinungen der unsicher Schwankenden leichtlich aus, bringen sie im Laufe des Gesprächs miteinander in Beziehung und richten sie auf denselben Fragepunkt; dadurch weisen sie auf, daß diese Meinungen in bezug auf dieselben Gegenstände in der gleichen Hinsicht und dem gleichen Sinn nach einander widersprechen. Wenn jene nun das erfahren, werden sie unwillig gegen sich selbst und milder gegen die andern und auf diese Art von ihren hohen und hartnäckigen Ansichten über sich selbst befreit, welches die erfreulichste aller Entledigungen ist für den, der sie mit anhört, die zuverlässigste für den, dem sie zuteil wird. Denn, mein Lieber, die Reinigenden glauben, ... daß die Seele nicht eher von den ihr beigebrachten Erkenntnissen Nutzen haben könnte, bis durch prüfende Zurechtweisung einer den Zurechtzuweisenden beschämt, die den Erkenntnissen hinderlichen Meinungen ihm fortnimmt und ihn rein darstellt als jemanden, der nur zu wissen glaubt, was er weiß, mehr aber nicht.«[20]

Wir bemerken zunächst, daß es sich bei der sokratischen Methode um ein immanentes Verfahren zum Auffinden von Widersprüchen handelt. Sokrates kommt hierbei die Funktion zu, die skeptischen Argumente innerhalb eines Standpunktes zu entwickeln. Unter dem Namen des Parmenides wird Sokrates entsprechend der Titel »Gott der Widerlegungskunst« zugeschrieben.[21]

Diese Lesart der sokratischen Methode wird bekräftigt durch Waldenfels: »Der Elenchos richtet sich gegen falsche Ansichten, indem er ihre innere Widersprüchlichkeit oder einen Widerspruch zu einer andern offenkundigen Wahrheit aufweist.«[22]

»Die indirekte Widerlegung bleibt zwar eine Widerlegung, das heißt, sie zielt ab auf einen Widerspruch gegen die aufgestellte These; doch sie beschreitet den indirekten Weg derart, daß die Aussage des Gegners zunächst angenommen wird. In dieser formalen Struktur erkennt man leicht die dramatische Grundkonzeption der frühen Dialoge wieder. Der Gegner erhält zunächst das Wort, Sokrates hält sich bescheiden wartend zurück, bis der Partner sich so weit vorgewagt hat, daß seine Blößen hinreichend sichtbar geworden sind. Die Mittel der Widerlegung wechseln im einzelnen je nach Qualität und Gutwilligkeit des zu Widerlegenden.«[23]

In diesem Kommentar ist das richtige Verständnis des Skeptikers, in der Person des Sokrates, treffend beschrieben. Er betrachtet ausschließlich die Fürwahrhaltungen seines Gesprächspartners. Dabei ist der Skeptiker durchaus kreativ in der Entdeckung der Reductio ad absurdum. Entgegen der skeptischen Methode spielt in der sokratischen Methode auch die »Gutwilligkeit« des zu Untersuchenden eine Rolle. Das weist darauf hin, daß die sokratische Methode allein in der Kommunikation zwischen Menschen ihre Anwendung findet. Die skeptische Methode hingegen abstrahiert hiervon und spricht von Standpunkten im Vergleich zu Personen. Dieser Unterschied scheint Fokussierung auf das Wesentliche zu sein.

---

[20] Platon: *Sophistes*, 230 b, in: B. Waldenfels (Übers.): Das Sokratische Fragen, Meisenheim am Glan (Verlag Anton Hain) 1961, 58.

[21] Diese Interpretation aus Platon: *Sophistes*, 216 b, findet sich in B. Waldenfels: *Das Sokratische Fragen*, Meisenheim am Glan (Verlag Anton Hain) 1961, 54.

[22] B. Waldenfels: *Das Sokratische Fragen*, Meisenheim am Glan (Verlag Anton Hain) 1961, 72.

[23] B. Waldenfels: *Das Sokratische Fragen*, Meisenheim am Glan (Verlag Anton Hain) 1961, 64.

Das obige Platon-Zitat mag den Eindruck erwecken, daß der sokratische Dialog den von Sokrates Befragten in einen zeitlos skepsisstabi-
len Standpunkt entläßt. Der Befragte wird im Anschluß an den Dialog dargestellt als jemand, »der nur zu wissen glaubt, was er weiß,
mehr aber nicht«, wobei »wissen« hierbei als sicheres/endgültiges
Wissen zu verstehen ist. Damit würde Sokrates, in der Sprache der
skeptischen Methode, im Skeptizismus der ersten Stufe stehenbleiben. Die sokratische Methode wäre nicht iterativ.

Entgegen dieser Interpretation schreibt Waldenfels: »[Das Verhältnis des Menschen zur Wahrheit] wird begriffen als die Abfolge
dreier Stufen; auf der Anfangsstufe ein vermeintliches Wissen, anders
gesagt, ein unwissendes Nichtwissen; dann ein wissendes Nichtwissen, eben die Aporie, in der Selbsteinschätzung und tatsächliches
Wissen zur Übereinstimmung kommen; schließlich das Wissen selbst
als Besitz des Gesuchten ...; die Selbstbesinnung, die in der Aporie
erwacht, gewärtigt die Gefahr eines Abgleitens in bloßes Scheinwis-
sen und greift bewußt aus nach dem Ziel des Erkennens, das allerdings nie voll zu erreichen ist, wenn anders sich das menschliche Erkennen seinem Wesen nach als ein Suchen bestimmen läßt.«[24]

Eine ähnliche und auch in anderen Aspekten weiterführende
Kommentierung der sokratischen Methode bezüglich der Frage der
Iterativität leistet Ilting: »›Aporie‹ dient auch hier noch zur Bezeichnung einer menschlichen Situation und bedeutet jetzt die Erfahrung
seiner selbst, zu der man durch das Philosophieren gebracht wird: die
Erfahrung der ›Ausweglosigkeit‹, wenn es einem nicht mehr gelingt,
sich mit seinem vermeintlichen Wissen in einem philosophischen
Gespräch zu bewähren ... Dieser Übergang aus einem naiven, unreflektierten Selbstverständnis, das sich ohne Schwierigkeit in der Um-
gangssprache artikuliert, zu einer spezifisch philosophischen Selbster-
fahrung – die sokratische Aporie – wird in den Platonischen Dialogen mit zahlreichen Metaphern und Vergleichen beschrieben: als ein
Umherirren, als eine Irrfahrt zur See, als ein Schiffbruch, als Sprach-
losigkeit, als Schwindelgefühl oder als Lähmung. In der sokratischen
Philosophie gilt dieser Verlust einer naiven Selbstsicherheit und Un-
befangenheit als eine unerläßliche Bedingung jenes Wissens des
Nichtwissens, in der die wahre ›menschliche Weisheit‹ besteht: die
Einsicht, daß der Mensch weder ein Wesen ist, das ohne Wissen von
sich selbst existiert, noch ein Wesen, das die Bedingungen seines

---

[24]   B. Waldenfels: *Das Sokratische Fragen*, Meisenheim am Glan (Verlag Anton Hain)
        1961, 15.

Handelns und Lebens jemals vollkommen erkennen und durchschauen könnte. Die Erfahrung der Aporie wird so als der Beginn der Einsicht in die aporetische Verfassung menschlichen Daseins gedeutet.«[25]

Die »aporetische Verfassung menschlichen Daseins« ist hierbei synonym zu der Richtigkeit des iterativen Elements in der skeptischen Methode. Wir finden also in der sokratischen Methode die Auffassung, daß durch die Aporien die Kontinuierlichkeit sokratischen Fragens aufgezeigt ist. Entsprechend läßt sich Sokrates' »Ich weiß nur, daß ich nichts weiß«[26], mit seinem infalliblen Wissens-Begriff, als Formulierung der Nichtabschließbarkeit des Suchens interpretieren.

Bemerkenswert ist, daß, wie in der skeptischen Methode, in der sokratischen Methode von einem, oder besser, dem bestehenden und daher unter Umständen unreflektierten, Standpunkt ausgegangen wird. Der Vertreter dieses Standpunktes, also der Dialogpartner, wird infolge der sokratischen Methode dann u. a. in einen Zustand der (geistigen) »Lähmung« versetzt. Unabhängig von der Interpretation dieser Metaphern in der skeptischen Methode stellt sich die Frage, warum ein Dialogpartner sich in die Gefahr begibt, einen solchen meidenswerten Zustand einnehmen zu müssen (und nicht etwa die These der Motivation negiert). Die Frage ist also, was motiviert den Dialogpartner, am Gespräch teilzunehmen, bzw. den Vertreter eines Standpunktes, die skeptische Methode konsequent anzuwenden und kontinuierlich und aktiv nach skeptischen Argumenten zu suchen? Die Frage zu beantworten ist für die fest in der Dialogform verankerte sokratische Methode von essentieller Wichtigkeit. Der Dialogpartner hat die Option, den Dialog zu beenden. In der skeptischen Methode ließe sich fragen, warum ein Mensch den Dialog mit sich selbst praktizieren sollte, auf die Gefahr hin, den »paradiesischen« Zustand der Fraglosigkeit zu verlieren, und warum er, nach Einsicht eines skeptischen Problems, dieses nicht einfach ignoriert.

Es lassen sich zwei Fälle unterscheiden: (i) Der Dialogpartner ist unwillig, seinen Standpunkt sokratischem Fragen zu unterziehen, oder, in diesem Zusammenhang mit gleicher Wirkung: Er erkennt die

---

[25] K. H. Ilting: *Aporie*, in: H. Krings/M. Baumgartner/C. Wild (Hg.), Handbuch Philosophischer Grundbegriffe, München (Kösel Verlag) 1972, Band 1, 111.

[26] Eigentlich (und auch nicht paradox): »während ich, meiner Unwissenheit mir bewußt, mir auch nicht einbilde, etwas zu wissen« (Platon: *Apologie des Sokrates*, 21, O. Appelt [Übers.], Hamburg [Meiner] 1993, 30).

Probleme innerhalb seines Standpunktes nicht; (ii) der Dialogpartner ist sich des Problems innerhalb seines Standpunktes bewußt, aber ignoriert es.

Den ersten Fall beschreibt Sokrates wie folgt: »Denn das ist eben das Arge am Unverstande, daß er, ohne schön und gut und vernünftig zu sein, doch sich selbst ganz genug zu sein dünkt. Wer nun nicht glaubt, bedürftig zu sein, der begehrt auch das nicht, dessen er nicht zu bedürfen glaubt.«[27]

Den Mangel an Motivation eines solchen Menschen, am sokratischen Dialog teilzunehmen, führt Sokrates auf Ignoranz als Folge von Selbstgenügsamkeit zurück. Dies scheint also ein eher pädagogisches Problem zu sein. Eine Lösung dieses Problems erbringt Sokrates nicht – abgesehen von der durchaus einsichtigen Diagnose des Ursprungs einer solchen Haltung, die es ermöglicht, einem solchen Menschen den Vorwurf der Ignoranz zu machen. Nicht alle Menschen lassen sich jedoch dadurch aus der Ruhe bringen.

Barry Stroud erkennt auch heutzutage die weite Verbreitung dieser unbegründeten Geisteshaltung: »... scepticism in philosophy has been found uninteresting, perhaps even a waste of time, in recent years. The attempt to meet, or even to understand, the sceptical challenge to our knowledge of the world is regarded in some circles as an idle academic excercise, a wilful refusal to abandon outmoded forms of thinking in this new post-Cartesian age. When this attitude is not based on ignorance or a philistine impatience with abstract thought it often rests on the belief that we already understand quite well just how and why traditional philosophical scepticism goes wrong. One aim of this book is to suggest that that comfortable belief is not true.«[28]

Stroud führt drei Erklärungen an für Desinteresse an skeptischen Argumenten: (i) spießbürgerlicher Unwille zum abstrakten Denken; (ii) Ignoranz; (iii) den Glauben, die skeptische Problematik verstanden zu haben – eine Form der Selbstgenügsamkeit (mir genügt, was ich bereits verstehe).

Entgegen der unerfreulichen Diagnose im ersten Fall, erkennt Sokrates im zweiten Fall eine Eigenschaft der menschlichen Psyche, die auf das Erkennen des skeptischen Problems die Einsicht der Not-

---

[27] Platon: *Symposion*, 204 a, F. Schleiermacher (Übers.), Reinbek bei Hamburg (Rowohlt) 1968, Band 2, 233.
[28] B. Stroud: *The Significance of Philosophical Scepticism*, Oxford (Clarendon Press) 1984, viii.

wendigkeit, in einer der skeptischen Methode gemäßen Weise zu reagieren, folgen läßt: »*Sokrates:* Glaubst du nun, er würde jemals den Versuch gemacht haben, nach dem zu forschen oder das zu lernen, was er glaubt zu wissen, ohne es doch zu wissen, wenn er nicht zuvor in Verlegenheit gebracht worden wäre durch das erweckte Gefühl seines Nichtwissens und von Sehnsucht nach dem Wissen ergriffen worden wäre?«[29]

Waldenfels kommentiert, daß gemäß Sokrates mit »dem Bewußtsein der Unwissenheit ... sich ein Sehnen [verbindet]; es aktualisiert sich in einer Bemühung, in einem Suchen und Lernen.«[30] Wir erinnern uns zudem (siehe erstes Zitat) daran, daß der Zurechtzuweisende im Anschluß an die Einsicht der eigenen Aporie »beschämt« ist.

Unsere Psyche ist also der skeptischen Methode, zumindest nach Einsicht des skeptischen Problems, förderlich. So weit, so gut. Es ist allerdings wichtig, die Reichweite dieser psychologischen, also empirischen, Einsicht richtig einzuschätzen. Selbst wenn sich das »Bewußtsein der Unwissenheit« bei der Mehrheit der Menschheit nicht mit einem »Sehnen«, welches sich in einem »Suchen und Lernen« aktualisiert, verbindet, sondern mit einem »Ignorieren« des skeptischen Problems, bleibt es doch immer noch richtig zu sagen, daß es sich damit auseinanderzusetzen gilt. Die angenehme Eigenschaft der menschlichen Psyche hat praktische, aber keine theoretische Bedeutung. Es ist richtig, daß jemand, den der Vorwurf der Irrationalität nicht beunruhigt, uns mit einem praktischen Problem, mit ihm in einen Dialog zu treten, konfrontiert. Das Hauptanliegen der skeptischen Methode ist allerdings logisch und nicht psychologisch. Darin liegt eine Stärke gegenüber der fest auf dem Dialog basierenden sokratischen Methode.

Die sokratische Methode nimmt in der Beschreibung ihrer Funktion Rekurs auf medizinische/psychologische Redewendungen. So schreibt Waldenfels: »Der inneren Zerrissenheit setzt Platon das Ideal der Homologie entgegen, das Bild der inneren Übereinstimmung und Harmonie ... Im Gorgias ist die Rede von der Unstimmigkeit mit sich selbst, die Sokrates dem Kallikles zum Vorwurf macht. An gleicher Stelle charakterisiert Platon das Gutsein der Seele damit, daß ihr Ordnung und Anstand innewohnen; Ordnung und Anstand aber bewirken Gerechtigkeit und Besonnenheit, die Gesundheit der Seele (vgl.

---

[29] Platon: *Menon*, 84 c, O. Appelt (Übers.), Hamburg (Meiner) 1993, 45.

[30] B. Waldenfels: *Das Sokratische Fragen*, Meisenheim am Glan (Verlag Anton Hain) 1961, 15.

503 d–504 e) ... Die Besonnenheit besteht ›in der Freundschaft und im Zusammenklang eben dieser (drei Seelenteile), wenn das Herrschende mit dem Beherrschten darüber eines Sinnes ist, daß das Vernünftige herrschen soll, und sie nicht miteinander im Streit liegen‹ ... Und so ist die Tugend selbst eine Gesundheit, Schönheit und ein Wohlbefinden der Seele. Das Böse entsteht andererseits durch ... den Aufruhr eines Teils gegen das Ganze, es ist eine Krankheit, eine Häßlichkeit und Schwäche der Seele.«[31]

Sokrates begreift sich selber als Hebamme: »Er kann keine Gedanken gebären, aber er beherrscht statt dessen die Kunst, anderen bei der ›Entbindung‹ von den Gedanken zu helfen, die sie in sich tragen.«[32] (In diesem Vergleich kommt auch das Immanente der sokratischen Methode zum Ausdruck.)

Der Rekurs auf die Medizin ist ebenfalls zentral im (in Kapitel 4 betrachteten) Pyrrhonismus: »[280] Der Skeptiker will aus Menschenfreundlichkeit nach Kräften die Einbildung und Voreiligkeit der Dogmatiker durch Argumentation heilen. Wie nun die Ärzte für die körperlichen Leiden verschieden kräftige Heilmittel besitzen und den Schwererkrankten die starken unter ihnen verabreichen, den Leichterkrankten dagegen die leichteren, so stellt auch der Skeptiker verschieden starke Argumente auf [281] und benutzt die schwerwiegenden, die das Leiden der Dogmatiker, die Einbildung, nachhaltig beheben können, bei den stark vom Übel der Voreiligkeit Befallenen, die leichteren dagegen bei denen, deren Leiden der Einbildung nur oberflächlich und leicht heilbar ist und von leichteren Überzeugungsmitteln behoben werden kann.«[33]

Derartige medizinische Terminologie ließe sich wie folgt auf die skeptische Methode anwenden: Das skeptische Argument diagnostiziert eine Inkohärenz in unserem Standpunkt. Die Revision stellt die möglicherweise notwendige Therapie dar. Doch auch hier gilt die Betonung des Logischen in der skeptischen Methode: Es ist eine hinreichende Motivation für die skeptische Methode, einen kohärenteren Standpunkt einzunehmen. Das mag allerdings in Anbetracht der medizinischen Analogie etwas blaß erscheinen. In dem gleichen Maße ist

---

[31] B. Waldenfels: *Das Sokratische Fragen*, Meisenheim am Glan (Verlag Anton Hain) 1961, 92.

[32] A. Hügli/P. Lübcke (Hg.): *Platon*, Philosophielexicon, Reinbek bei Hamburg (Rowohlt) 1983, 453.

[33] Sextus Empiricus: *Grundriß der pyrrhonischen Skepsis*, [280], M. Hossenfelder (Übers.), Frankfurt a. M. (Suhrkamp) 1993, 299.

der sokratische Dialog lebendiger und natürlicher als die abstraktere skeptische Methode.

Die bisherige Diskussion hat gezeigt, daß die sokratische Methode als Anwendung der skeptischen Methode in Dialogform interpretiert werden kann. Nun beschäftigen sich die sokratischen Dialoge vor allem mit ethischen/moralischen Fragen.[34] Wir erinnern uns, daß wir die skeptische Methode in Anbetracht der Frage, wie Epistemologie zu verstehen sei, entwickelt haben. Damit scheint eine Erweiterung der Reichweite der skeptischen Methode auch auf derartige Fragestellungen angezeigt.

Waldenfels geht darüber hinaus und vertritt die These der Identifikation von Philosophie und Anwendung der skeptischen Methode: »Uns geht es zunächst um den fruchtbaren Augenblick der Aporie, in dem sich dieser Übergang vollzieht, um den Augenblick, von dem jedes Philosophieren auszugehen hat und zu dem es immer wieder zurückfinden muß, um die Haltung der Ratlosigkeit, mit der Sokrates ein jedes Gespräch eröffnet und die er auch in seinen Mitmenschen erzeugt.«[35]

Waldenfels beschließt seine Untersuchung der sokratischen Methode mit der folgenden Bemerkung: »Ein Denken, in dem die Frage nicht mehr lebendig ist, ist erstorben; ein Denken, das sich nicht für weitere Fragen offenhält, sieht seinem Ende entgegen.«[36]

Dies ist eine schöne Formulierung der Thesen der skeptischen Methode, daß (i) in der Epistemologie ein genuines Problem konstituiert sein muß und (ii) daß das unkritische Einnehmen eines Standpunktes, im Vergleich zu einem ständigen Verbessern-Wollen des Standpunktes, ohne Zukunft ist. Damit bekräftigt Waldenfels den iterativen Prozeß zwischen dem Skeptizismus der ersten und der zweiten Stufe.

---

[34] »We are told by Aristoteles that Socrates confined himself to ethical questions« (R. Kraut: *Socrates*, in: R. Audi (Hg.), The Cambridge Dictionary of Philosophy, Cambridge [CUP] 1995, 750).

[35] B. Waldenfels: *Das Sokratische Fragen*, Meisenheim am Glan (Verlag Anton Hain) 1961, 12 f.

[36] B. Waldenfels: *Das Sokratische Fragen*, Meisenheim am Glan (Verlag Anton Hain) 1961, 154.

Platon

Platon versucht insbesondere mit den Theorien der Anamnesis und der Ideen eine abschließende Antwort auf sokratische Fragen zu erbringen. So läßt er seinen Sokrates folgendes sagen: *»Sokrates:* So verstehe denn auch folgendes: Unter dem zweiten Abschnitt des Denkbaren meine ich das, was der denkende Verstand unmittelbar selbst erfaßt mit der Macht der Dialektik [= dem sokratischen Fragen[37]], indem er die Voraussetzungen nicht als unbedingt Erstes und Oberstes ansieht, sondern in Wahrheit als bloße Voraussetzungen, d. h. Unterlagen, gleichsam Stufen und Aufgangsstützpunkte, damit er bis zum Voraussetzungslosen vordringend an den wirklichen Anfang des Ganzen gelange, und wenn er ihn erfaßt hat, an alles sich haltend, was mit ihm in Zusammenhang steht, wieder herabsteige, ohne irgendwie das sinnlich Wahrnehmbare dabei mit zu verwenden, sondern nur die Begriffe selbst nach ihrem eigenen inneren Zusammenhang, und mit Begriffen auch abschließe.«[38]

Platons Absicht, die sokratische Methode zu einem Abschluß zu bringen, sei ferner durch folgenden Kommentar von Ilting belegt: »Schon in den sogenannten ›sokratischen‹ oder ›aporetischen‹ Frühdialogen läßt Platon erkennen, daß ihm eine Überwindung der aporetischen Situation, mit der diese Dialoge enden, durchaus möglich erscheint. Nachdem in den mittleren Dialogen die Ideenlehre zum Mittelpunkt der Platonischen Philosophie geworden ist, wird die aporetische Situation vielmehr als Durchgangsstadium beschrieben, das zwischen dem alltäglichen Selbstverständnis des Menschen und der Hinwendung zu den Ideen liegt. In der Anschauung der Idee des Guten scheint jetzt das Ziel erreicht, zu dem der Mensch auf dem Wege war, als er in die Aporie geriet.«[39]

Interessant ist hierbei insbesondere, daß sich Platon der sokratischen Methode, d. h., wie wir bei der obigen Besprechung feststellten, der skeptischen Methode in Dialogform, zur Begründung seiner positiven Theorien bedient. Die Überwindung der Aporien ist also,

---

[37] »Dialektik ist für Platon eine Methode, Positionen zu problematisieren und schließlich durch die Bewegung des Gesprächs zwischen den Teilnehmern (Frage – Antwort) den Widerstreit der Meinungen zu überwinden: sie ist der Weg zur Erkenntnis der Wirklichkeit (der Ideen)« (A. Hügli/P. Lübke [Hg.]: *Dialektik*, Philosophielexicon, Reinbek bei Hamburg [Rowohlt] 1983, 133).

[38] Platon: *Der Staat*, 511 b, O. Appelt (Übers.), Hamburg (Meiner) 1993, 267.

[39] K. H. Ilting: *Aporie*, in: H. Krings/M. Baumgartner/C. Wild (Hg.), Handbuch Philosophischer Grundbegriffe, München (Kösel Verlag) 1972, Band 1, 111f.

analog zur Resistenz gegen skeptische Argumente der ersten Stufe, die eigentliche Stütze dieser Theorien. Diese Theorien setzt er nicht wiederum dem sokratischen Fragen aus. In der Terminologie der skeptischen Methode berücksichtigt er also nicht das skeptische Argument der zweiten Stufe und versteht seine Methode damit als nichtiterativ. Waldenfels formuliert diesen Sachverhalt in der Frage, »ob Platon hier gegen Sokrates steht derart, daß er in seinen frühen Werken die Waffen geschmiedet hat, die sich in seinen reifen Jahren gegen ihn selbst richten müssen«[40]. Unter Annahme der Bewertung dieser Theorien durch Hartmann, daß die »Metaphysik der Ideen dagegen ... zu allen Zeiten ein Trugbild der Träumer geblieben [ist]«[41], folgt, daß eine skeptische Befragung des von Platon so geschaffenen Standpunktes indiziert gewesen wäre (und ist).

Aristoteles

Aristoteles betont, wie auch in Kapitel 1 bei der Entwicklung des Verständnisses der Epistemologie festgestellt und in der skeptischen Methode enthalten, die Notwendigkeit der Problemkonstitution in der gesamten Philosophie: »Für die gesuchte Wissenschaft ist es notwendig, daß wir zuerst die Punkte durchgehen, über die man zuvor Zweifel aufwerfen muß. Das sind einmal die abweichenden Ansichten, die manche hierüber gehabt haben, und dann ist es das, was etwa, davon abgesehen, von den Früheren übergangen worden ist. Wer mit gutem Erfolg forschen will, muß richtig zu zweifeln wissen. Denn die nachfolgende Einsicht ist die Lösung der vorausgehenden Zweifel, und man kann keinen Knoten lösen, den man nicht kennt. Der Zweifel aber im Denken zeigt diesen Knoten an. Denn insofern das Denken zweifelt und in Verlegenheit ist, ergeht es ihm nach Art der Gefesselten: in beiden Fällen kommt man nicht vom Flecke. Man muß also vorher alle Schwierigkeiten betrachtet haben, teils aus dem genannten Grunde, teils weil diejenigen, welche suchen, ohne vorher zu zweifeln, Leuten gleich sind, die nicht wissen, wohin sie gehen sollen, teils auch noch, weil man nicht weiß, ob man etwa das Gesuchte wirklich gefunden hat oder nicht. Denn das Ziel ist im letzte-

---

[40] B. Waldenfels: *Das Sokratische Fragen*, Meisenheim am Glan (Verlag Anton Hain) 1961, 148.

[41] N. Hartmann: *Systematische Selbstdarstellung*, in: Kleinere Schriften von Nicolai Hartmann, Abhandlungen zur Systematischen Philosophie, Berlin (De Gruyter) 1955, Band 1, 3 ff.

ren Falle nicht bekannt, wohl aber im ersteren, wenn man vorher gezweifelt hat.«[42]

Die Methode des Aristoteles wird aufschlußreich thematisiert
durch Ilting: »Damit verbindet sich bei Aristoteles die Einsicht, daß
der Sinn philosophischer Thesen sich nur von der Problemdiskussion
her, auf die jene Thesen eine Antwort zu geben suchen, erschließt.
Erst in der aporetischen Situation einer Problemdiskussion wird man
sich über das Ziel klar, zu dem der Weg philosophischen Denkens
hinführen soll; wer diese Situation überhaupt nicht kennengelernt
hat, gleicht denjenigen, die sich auf die Suche gemacht haben, ohne
zu wissen, was das Ziel ist.

Diese Einsicht bestimmt die Methode und die Methodologie des
Aristoteles im ganzen. Mit einer ausführlichen Darlegung der Probleme beginnen die meisten seiner Abhandlungen, und in keiner
Schrift fehlen solche Erörterungen ganz. Häufig haben diese Darle-
gungen den Charakter einer Besprechung der Lehren seiner Vorgän-
ger; aber es gibt auch aporetische Abhandlungen, in denen die Probleme eines Sachgebiets ohne doxographischen Hintergrund erörtert
werden. In den ersten Metaphysikbüchern hat Aristoteles sogar beide
Formen nacheinander angewandt, und das sogenannte Aporien-Buch
(Met. B) überspannt das Ganze der aristotelischen Metaphysik.

Ihre Begründung erhält diese Methode in der Methodologie des
Aristoteles. Sie wird von dem Gegensatz dessen, was uns in unserem
gewöhnlichen Welt- und Selbstverständnis vertraut ist, und dessen,
was ›an sich‹ erster Gegenstand des Erkennens ist, beherrscht. Das
Erkennen wird als eine Bewegung vom ›für uns‹ Ersten zum ›an sich‹
Ersten beschrieben. Im Zusammenhang dieser Methodologie ... fällt
nun bei Aristoteles der Aporetik die Aufgabe zu, die jeweils nächsten
Ziele auf dem Weg des philosophischen Erkennens auszumachen
und zu bestimmen.«[43]

Im zweiten Abschnitt in Iltings Zitat wird die zentrale Bedeutung
der Aporetik anhand der Struktur aristotelischer Werke nachgewiesen. Diese Struktur entspricht der der skeptischen Methode. Ein ent-
scheidender Unterschied zwischen der aristotelischen und der skeptischen Methode könnte in die Rede von dem Fortschreiten vom »für
uns« Ersten zum »an sich« Ersten, im dritten Abschnitt, gelesen wer-

[42] Aristoteles: *Metaphysik*, Drittes Buch (B), 995, E. Rolfes (Übers.), Leipzig (Meiner) 1920, 39.
[43] K. H. Ilting: *Aporie*, in: H. Krings/M. Baumgartner/C. Wild (Hg.), Handbuch
Philosophischer Grundbegriffe, München (Kösel Verlag) 1972, Band 1, 113.

den. Die Rede von »an sich« Erstem suggeriert die Abwesenheit der Iterativität in der aristotelischen Methode. Doch diese Rede ließe sich in die skeptische Methode aufnehmen, falls das »an sich« Erste in einem nächsten Schritt wiederum nur als ein »für uns« Erstes verstanden wird, gemäß dem Verständnis eines Fortschreitens zu tieferen und nicht offensichtlichen Einsichten. Diese Lesart der aristotelischen Methode als ein Verständnis der Philosophie als ein kontinuierliches, nicht zum Abschluß kommendes Unterfangen, wird gestützt durch die Rede von »jeweils nächsten Zielen« im letzten Satz.

Gegen diese Lesart schreibt Sextus Empiricus: »[1] Wenn jemand eine Sache sucht, dann ist der zu erwartende Erfolg entweder ihre Entdeckung oder die Verneinung ihrer Entdeckung und das Eingeständnis ihrer Unerkennbarkeit oder die Fortdauer der Suche. [2] Das ist vielleicht auch der Grund, weshalb hinsichtlich der philosophischen Forschungsgegenstände die einen behauptet haben, sie hätten das Wahre gefunden, während die anderen erklären, es lasse sich nicht erkennen, und die dritten noch suchen. [3] Und zwar gefunden zu haben glauben die Dogmatiker im engeren Sinne, z. B. *Aristoteles*, Epikur, die Stoiker und einige andere. Für unerkennbar erklärten die Dinge Kleitomachos, Karneades und andere Akademiker. Die *Skeptiker* aber suchen noch. [Meine Kursivsetzung, T. K.]«[44] Substituieren wir »Skeptiker« durch »Anwender der skeptischen Methode«, formuliert Sextus Empiricus darüber hinaus eine treffende Charakterisierung der skeptischen Methode.

In Kapitel 1 stellten wir fest, daß Epistemologie nur im Rekurs auf Probleme in unserem Erkenntnisbegriff zu verstehen ist. Ilting erweitert diese These auf die gesamte Philosophie mit Bezug auf Aristoteles, indem der »Sinn philosophischer Thesen ... nur von der Problemdiskussion her« zu verstehen ist. Aristoteles gebraucht ein Analogieargument für diese These: Er vergleicht das Philosophieren ohne Problem mit einem ziellosen Suchen, d. h. einem Suchen ohne Gesuchtes. Dies sei unmöglich, so argumentiert Aristoteles pragmatisch mit Hinweis auf ein fehlendes Erfolgskriterium, da der Suchende dann nie wüßte, ob er gefunden hätte. Es ließe sich wohl auch argumentieren, daß ein Suchen ohne Gesuchtes ein hölzernes Eisen darstellt: Im Begriff des Suchens ist ein, wie unscharf auch immer, Gesuchtes bereits mitgedacht. Es ist also plausibel, daß ein Suchen ohne Ziel unmöglich ist. Per analogiam ist dann auch Philosophieren

---

44 Sextus Empiricus: *Grundriß der pyrrhonischen Skepsis*, [1], M. Hossenfelder (Übers.), Frankfurt a. M. (Suhrkamp) 1993, 93.

ohne Problem unmöglich. Das Ziel der Philosophie mit Problemen ist dann als die Lösung dieser Probleme verstanden.

Wie in Kapitel 1 beschrieben, stellen skeptische Argumente eine Möglichkeit der Problemkonstitution dar. Wir betrachten das Zitat des Aristoteles zwecks Formulierung einer prinzipiellen Überlegung zur Stützung der Vermutung, daß skeptische Argumente die einzige Möglichkeit der Problemkonstitution darstellen, also der These der Identifikation von Epistemologie/Philosophie und Anwendung der skeptischen Methode. Gemäß Aristoteles ist es »für die gesuchte Wissenschaft notwendig ... Zweifel [aufzuwerfen]«, und die »nachfolgende Einsicht ist die Lösung der vorausgehenden Zweifel«. Nun steht ein Zweifel gegen eine vertretene Behauptung oder zumindest in einem Spannungsverhältnis mit anderen Fürwahrhaltungen. Vertritt man aber, schreibt Aristoteles, anstatt einer endoxen Behauptung eine »paradoxe Behauptung ..., ist es nötig, die Gründe kurz zu nennen, um den Eindruck der Geschwätzigkeit und der Unglaubwürdigkeit zu vermeiden«[45]. Unbegründete Zweifel sind also uninteressant.[46] Eine Begründung für einen Zweifel läßt sich in der Form eines Argumentes darstellen. Und ein solches Argument ist ein skeptisches Argument in unserem Sinne. Die »Lösung der vorausgehenden Zweifel« ist dann als die Auflösung des skeptischen Arguments intepretierbar. Ein weiterer Gedankengang zur Stützung der Vermutung ist dieser. In Abwesenheit eines Aufweises, daß wir unsere Erkenntnis nicht so denken sollen, wie wir sie uns denken, sollten wir Erkenntnis eben so denken, wie wir dies tun. Die Konklusion eines solchen Aufweises steht also im Widerspruch mit unserem Erkenntnisbegriff, und der Aufweis muß immanent geführt werden, um uns zu überzeugen, daß wir Erkenntnis so nicht denken sollten. Damit ist ein solcher Aufweis ein skeptisches Argument in unserem Sinne und die Thematisierung des Erkenntnisbegriffs nur durch diese, d. h. gemäß der skeptischen Methode, zu verstehen.

Zum Abschluß betrachten wir noch die These der Motivation der skeptischen Methode im aristotelischen Kontext. Aristoteles bezeichnet das Glück als »jenes, um dessentwillen alles andere unternommen

---

[45]   Aristoteles: *Rhetorik ad Alexander*, 1430 a 40 b 6, in: P. Probst: Paradox, in: J. Ritter/K. Gründer (Hg.): Historisches Wörterbuch der Philosophie, Darmstadt (Wissenschaftliche Buchgesellschaft) 1989, Band 7, 83.

[46]   Dies ist auch ein Grund dafür, daß unser Begriff von Skeptizismus diejenigen Verständnisse ausgrenzt, in denen Skepsis sich nicht in Argumenten manifestiert.

wird«[47]. Insbesondere »ist der philosophische Mensch ... in höchstem Maße glücklich«[48]. Unter Annahme sowohl dieser beiden Thesen als auch der These, daß die skeptische Methode eine Methode der Philosophie ist, hätten wir ein Argument, welches die These der Motivation der skeptischen Methode konkludiert: Die Anwendung der skeptischen Methode führt zum Glück, und daher sollte diese angewendet werden.

Dies wäre ein schönes Argument für die skeptische Methode, wenn wir denn an die Konklusion glaubten, daß die Anwendung der skeptischen Methode das höchste Glück darstellt. Doch diese Konklusion ist nicht plausibel. Annas und Barnes vermuten sogar, daß die Anwendung der skeptischen Methode eher zu Depression und Neurosen führt als zum Glück.[49] Somit steht dieses Argument der skeptischen Methode nicht zu Gebote.

Die Frage stellt sich nun, ob die Überzeugung, daß die skeptische Methode in bezug auf Glückseligkeit (zumindest) neutral ist, dieser entgegensteht. Warum etwas tun, was dem Glück nicht förderlich ist? Als Antwort reicht, wie in der Besprechung der sokratischen Methode (und in Kapitel 4) behauptet, der Verweis auf das Logische in der skeptischen Methode aus: Einen Widerspruch im eigenen Standpunkt stehenzulassen, entweder durch Nichtsuchen oder durch Ignoranz des Gefundenen, ist nicht zulässig. Wenn unsere Standpunkte aporetisch sind und die angezeigte Reaktion nicht zum Glück führt, dann heißt das nicht, daß wir nicht derart reagieren sollten, sondern daß wir Pech gehabt haben. So ist dann nun einmal unsere Situation in der Welt.

Indem wir behaupten, daß die skeptische Methode angewendet werden soll, obgleich sie, zumindest prima facie, nicht dem Glücke förderlich ist, negieren wir (prima facie) das Prinzip, daß »die Eudaimonie das höchste Ziel des Strebens ist«. Doch dieses Prinzip ist nicht nur plausibel, sondern hat den Status einer Tautologie. Wir können dieses Prinzip jedoch akkomodieren (also das skeptische Argument gegen die skeptische Methode zurückweisen), indem wir von der Annahme, daß der Wissende glücklicher ist als der Ignorante, eudaimonistisch für die skeptische Methode argumentieren.

---

[47] Aristoteles: *Nikomachische Ethik*, 1097 a, Franz Dirlmeier (Übers.), Berlin (Akademie-Verlag) 1956, Band 6, 12.

[48] Aristoteles: *Nikomachische Ethik*, 1179 a, Franz Dirlmeier (Übers.), Berlin (Akademie-Verlag) 1956, Band 6, 235.

[49] J. Annas/J. Barnes: *The Modes of Scepticism*, Cambridge (CUP) 1985, 171.

Epiktet

Epiktet charakterisiert Philosophie so: »Vernimm du meine Lebens-grundsätze, zeige du mir die deinen, und so sage dann, du seist mir begegnet. Laßt uns einander widerlegen, wenn ich einen schlechten Grundsatz habe, befrei mich von ihm; hast du einen solchen, so stell ihn zur Erörterung. Das bedeutet, einem Philosophen zu begeg-nen.«[50]

Philosophie handelt also von der Suche nach skeptischen Argu-menten und der Formulierung von neuen, davon »freien« Standpunk-ten. Damit können wir das plausible Philosophieverständnis von Epiktet unter die skeptische Methode subsumieren und die Vermu-tung der Identifikation von Philosophie und Anwendung der skepti-schen Methode stützen.

Sextus Empiricus

Skeptische Argumente werden bei Sextus Empiricus, in Überein-stimmung mit der These vom Wesen skeptischer Argumente, als Re-ductio-ad-absurdum-Argumente eines Standpunktes und somit als Methode immanenter Kritik verstanden. Wir betrachten zwei Sekun-därquellen:

A. »Their [the sceptic's] style of philosophising was ad hominem. Typically, they would take hold of one of the doctrines of a dogmatic philosopher ... and attempt to reduce it to absurdity. ›If you Stoics are right‹, they would argue, ›and such-and-such is the case, then we can-not know the truth about so-and-so. You Stoics are committed by your own principles to scepticism‹ ... The propositions about animals on which his First Mode depends are propositions which have com-mended themselves to his non-sceptical opponents or patients: that is why the Pyrrhoneers cull their examples from the work of the dog-matists. Sextus himself, being already a sceptic does not and cannot believe in the truth of the propositions he advances. But that is no objection to his procedure: it is the non-sceptic who needs argumen-tative treatment, and the non-sceptic to whom the premises must commend themselves.«[51]

---

[50] Epiktet: *Diatribe*, III 9, 13, B. Waldenfels (Übers.): Das Sokratische Fragen, Mei-senheim am Glan (Verlag Anton Hain) 1961, 55.
[51] J. Annas/J. Barnes: *The Modes of Scepticism*, Cambridge (CUP) 1985, 14, 45.

B. »In his critique of the various Dogmatic philosophies Sextus con-
structs arguments using their terminology and many of their premises. But when we read his whole account, as contrasted with the bits
and pieces usually quoted by historians, it gradually becomes clear
that he is by no means really adopting this terminology and these
premises as his own; indeed, he does not even grant that they are meaningful. Instead, he proceeds dialectically: using the Dogmatist's own
vocabulary, principles, and logic, he seeks to draw conclusions that
the Dogmatist will find unacceptable« ... »instead he [the sceptic] is
drawing consequences, uncomfortable for the Dogmatists, from the
definitions they offer and the theories and factual claims to which
they subscribe.« ... »In all cases he is working within the framework of
what the opponents say; for the sake of the argument he uses their
concepts on a temporary basis, or he uses the loose intuitive notions
(prolepsis) common to all mankind.«[52]

Diese Zitate über Sextus Empiricus charakterisieren treffend das
immanente Element in der skeptischen Methode.[53] Es zeigt sich, daß
die skeptischen Argumente von Sextus insbesondere relativ zum Wis-
sensstand seiner Zeit zu betrachten sind. Damit wären auch unglaublich falsche Annahmen der Tropen (z. B. »wie die Bienen aus Stieren
[entstehen] [41]«[54]) zu erklären. Das bedeutet allerdings nicht, wie wir
gesehen haben und noch sehen werden, daß zumindest einige der
Tropen in kontemporären Standpunkten nicht wenigstens prima facie
triftig wären. Der Gedanke liegt nahe, die Methode des Sextus Empiricus mit der skeptischen Methode zu identifizieren. Dieser Gedanke
ist jedoch falsch: Wir weisen in Abschnitt 4.2 die Reaktion von Sextus
Empiricus auf seine eigenen skeptischen Argumente als unhaltbar
zurück.

Descartes

Descartes konkludiert seine Überlegungen in der ersten Meditation
mit den folgenden Worten: »So will ich denn annehmen, nicht der

---

[52] B. Mates: *The Skeptic Way: Sextus Empiricus's Outlines of Pyrrhonism*, Oxford (OUP)
      1996, 17, 23, 26.

[53] Für ein repräsentatives Beispiel der Anwendung von Sextus' Methodik siehe:
      Sextus Empiricus: Grundriß der pyrrhonischen Skepsis, [65] ff., M. Hossenfelder
      (Übers.), Frankfurt a. M. (Suhrkamp) 1993, 108 ff.

[54] Sextus Empiricus: Grundriß der pyrrhonischen Skepsis, [41], M. Hossenfelder
      (Übers.), Frankfurt a. M. (Suhrkamp) 1993, 103.

allgütige Gott, die Quelle der Wahrheit, sondern irgendein böser Geist, der zugleich allmächtig und verschlagen ist, habe all seinen Fleiß daran gewandt, mich zu täuschen; ich will glauben, Himmel, Luft, Erde, Farben, Gestalten, Töne und alle Außendinge seien nichts als das täuschende Spiel von Träumen, durch die er meiner Leichtgläubigkeit Fallen stellt; micht selbst will ich so ansehen, als hätte ich keine Hände, keine Augen, kein Fleisch, kein Blut, überhaupt keine Sinne, sondern glaubte nur fälschlich das alles zu besitzen.«[55]

Descartes gibt also vor, aufgrund der von ihm in der ersten Meditation betrachteten Argumente auf diese absurden Thesen rational verpflichtet zu sein. Die Argumente gelten somit für ihn in seinem Ausgangsstandpunkt als triftig. Die folgende Formulierung zu Beginn der zweiten Meditation läßt darauf schließen, daß er zudem auch deren Nichtakzeptabilität erkennt:

»Die gestrige Betrachtung hat mich in so gewaltige Zweifel gestürzt, daß ich sie nicht mehr vergessen kann, und doch sehe ich nicht, wie sie zu lösen sind; sondern ich bin wie bei einem unvorhergesehenen Sturz in einen tiefen Strudel so verwirrt ...«[56]

Damit ist Descartes dann einem Reductio-ad-absurdum-Argument, also einem skeptischen Problem in unserem Sinne, ausgesetzt. Descartes reagiert auf das skeptische Problem, wie auch in unserer skeptischen Methode, durch Aufweis eines Standpunktes, in welchem die Argumente nicht mehr zu entwickeln sind: »denn daraus, daß Gott kein Betrüger ist, folgt jedenfalls, daß ich mich in solchen Fällen nicht täusche«[57]. Diesen Aufweis führt Descartes, berühmterweise, mittels cogito, ergo sum, klaren und distinkten Ideen und Gottesbeweis. Es könnte interpretiert werden, daß Descartes, entgegen der skeptischen Methode, seine Reaktion auf die skeptischen Argumente nicht indirekt, d. h. durch skeptisches Hinterfragen des neu geschaffenen Standpunktes, sondern positiv, d. h. von anerkannten Wahrheiten ausgehend, begründet. Zweifelsohne ist dies Descartes' Selbstverständnis. Gehen wir aber von Gassendis Ergebnis der Zirkularität des cartesischen Aufweises aus[58], so scheitert der direkte Ansatz und

[55] R. Descartes: *Meditationen über die Grundlagen der Philosophie*, 15, A. Buchenau (Übers.), Hamburg (Meiner) 1993, 19.

[56] R. Descartes: *Meditationen über die Grundlagen der Philosophie*, 16, A. Buchenau (Übers.), Hamburg (Meiner) 1993, 20.

[57] R. Descartes: *Meditationen über die Grundlagen der Philosophie*, 115 f., A. Buchenau (Übers.), Hamburg (Meiner) 1993, 80.

[58] Walker kommentiert Gassendi: »From Gassendi's point of view the person who fails to take skepticism seriously is Descartes: radically to doubt the senses, and

stellt kein Gegenbeispiel für unsere Vermutung, daß eine Reaktion auf ein skeptisches Argument nur indirekt, nämlich durch Skepsisresistenz, begründet werden kann. Es wäre daher ehrlicher aufzuzeigen, daß in demjenigen Standpunkt, welcher den Glauben an einen benevolenten Gott (der »neue« Standpunkt) enthält, die skeptischen Argumente aus der ersten Meditation nicht mehr zu entwickeln sind. Denn diese Implikation des Glaubens an Gott begründet denselbigen (zumindest bis zum Erscheinen des Theodizee-Problems als eines »neuen« skeptischen Argumentes).[59]

Bekannterweise versteht Descartes die Ergebnisse seiner Meditationen nicht wiederum als Ausgangspunkt für weitere »Meditationen«, d. h. im Sinne des iterativen Elements der skeptischen Methode. So schreibt Descartes zu Beginn der Entwicklung des »neuen/ alten« Standpunktes: »Nichts als einen festen und unbeweglichen Punkt verlangte Archimedes, um die ganze Erde von ihrer Stelle zu

---

then to accept certain intellectual truths because they are so compellingly clear and distinct, is to miss the point in a manner that is simply perverse. True, Descartes does attempt a kind of vindication of his reliance on clear and distinct ideas, but Gassendi was among those of his critics who saw his argument for a God who is never a deceiver as blatantly circular: No defense of reason by relying on reason will be an adequate counter to skepticism« (R. Walker: *Gassendi and Skepticism*, in: M. F. Burnyeat (Hg.): The Skeptical Tradition, Berkeley (UCP) 1983, 320 f.). Der cartesische Zirkel ist klarer formuliert von J. Van Cleve: »The problem of the Cartesian Circle arose for Descartes because he appeared to commit himself to each of the following propositions:

(1) I can know (be certain) that (p) whatever I perceive clearly and distinctly is true only if I first know (am certain) that (q) God exists and is not a deceiver.

(2) I can know (be certain) that (q) God exists and is not a deceiver only if I first know (am certain) that (p) whatever I perceive clearly and distinctly is true.

Obviously, if (1) and (2) are both true, I can never be certain of either p or q. To be certain of either I would already have to be certain of the other« (in: J. Van Cleve: *Foundationalism, Epistemic Principles, and the Cartesian Circle*, in: The Philosophical Review, 88 [1979], 55 f.).

[59] Anderen skeptischen Argumenten ließe sich mutatis mutandis begegnen. Z. B. könnte man sagen, daß die Kategorie-III-Propositionen im I-II-III-Argument durch die Güte Gottes wahr wären oder daß in Agrippas Trilemma der infinite Regreß durch religiöse Wahrheiten aufgehalten würde. Wir erkennen jedoch über das Theodizee-Problem hinaus zwei weitere hinreichende skeptische Probleme der zweiten Stufe: (i.) Eine jede theologische, oder treffender: eine jede Position ist wählbar, und somit besteht kein Grund, einen gütigen Gott dem Dämonen Descartes' vorzuziehen; (ii.) wie können wir an etwas glauben, wenn wir uns der Willkür dieses Entscheids bewußt sind?

bewegen, und so darf auch ich Großes hoffen, wenn ich nur das ge-
ringste finde, das sicher und unerschütterlich ist.«[60]

Kant

Kant bemerkt in einem Brief an Garve, daß die Genese seines philosophischen Systems in der Betrachtung von Antinomien, also Reductio-ad-absurdum-Argumenten, zu verorten ist: »Nicht die Untersuchung vom Dasein Gottes, der Unsterblichkeit etc. ist der Punkt
gewesen, von dem ich ausgegangen bin, sondern die Antinomie der
reinen Vernunft: ›Die Welt hat einen Anfang – sie hat keinen Anfang
etc. bis zur vierten: Es ist Freiheit im Menschen – gegen den: Es ist
keine Freiheit, sondern alles ist in ihm Naturnotwendigkeit‹; diese war
es, welche mich aus dem dogmatischen Schlummer zuerst aufweckte
und zur Critik der Vernunft selbst hintrieb, um das Scandal des
scheinbaren Widerspruchs der Vernunft mit ihr selbst zu beheben.«[61]
Nun kann die Genese eines Gedankens oder eines Systems von Gedanken durchaus aus Zufälligkeiten bestehen. Wichtiger ist, daß Kant
die Begründung für die Transzendentalphilosophie gemäß der skeptischen Methode, oder, genauer gesagt, gemäß der skeptischen Methode der ersten Stufe, durchführt. So schreibt er: »Findet sich nun,
wenn man annimmt, unsere Erfahrungserkenntnis richte sich nach
den Gegenständen als Dingen an sich selbst, daß das Unbedingte ohne Widerspruch gar nicht gedacht werden könne; dagegen, wenn man
annimmt, unsere Vorstellungen der Dinge, wie sie uns gegeben werden, richte sich nicht nach diesen, als Dingen an sich selbst, sondern
diese Gegenstände vielmehr, als Erscheinungen, richten sich nach unserer Vorstellungsart, der Widerspruch wegfalle; und daß folglich das
Unbedingte nicht an Dingen, sofern wir sie kennen, (sie uns gegeben
werden,) wohl aber an ihnen, sofern wir sie nicht kennen, als Sachen
an sich selbst, angetroffen werden müsse: so zeigt sich, daß, was wir
anfangs nur zum Versuche annahmen, gegründet sei.«[62]

---

[60] R. Descartes: *Meditationen über die Grundlagen der Philosophie*, 17, A. Buchenau
       (Übers.), Hamburg (Meiner) 1993, 21.
[61] I. Kant: *Brief an Garve 21. Sept. 1798*. Siehe auch: I. Kant: *Prolegemena zu einer jeden
       künftigen Metaphysik, die als Wissenschaft wird auftreten können*, Vorrede, 14–16,
       R. Malter (Hg.), Stuttgart (Reclam) 1989, 12.
[62] I. Kant, Kritik der reinen Vernunft, B XX, R. Schmidt (Hg.), Hamburg (Meiner)
       1990, 22.

Kant vergleicht hierbei den Standpunkt vor mit dem nach der kopernikanischen Wende.[63] Aus der Tatsache, daß ersterer einem Reductio-ad-absurdum-Argument ausgesetzt ist, gegen das zweiterer immun ist, folgert er die Begründung des zweiteren, also der kopernikanischen Wende.

Ebenso bewertet Robert Heiss das Ausschalten des Widerspruchs als das eigentlich systembegründende Element der Kantischen, wie auch der Descartesschen und der Husserlschen, Theorie. »Die Ursprungsgegebenheit, von der wirklich die Methode ihren Ausgang nimmt, ist der Widerspruch. Er tritt in verschiedenen Formen auf: bei Descartes im Zweifel an allem, bei Kant in den Verstandeswidersprüchen und bei Husserl als Widerspruch der psychologistischen Logik.«[64]

Insbesondere ist gemäß Heiss eine epistemologische/philosophische Theorie («Methode«) als Reaktion auf eine vorhergehende zu verstehen. »Der negative Tatbestand, daß eine philosophische Arbeit mißlungen ist und die Kritik dieses Versagens ist jeweils die Grundlage für den Einsatz einer neuen philosophischen Methode.«[65] »Descartes will seine Methode, das Dasein Gottes durch die natürliche Vernunft zu beweisen, abgehoben wissen vom theologischen und religiösen Erkennen Gottes. Kant setzte seine neue Fragestellung der alten metaphysischen gegenüber und ist sich seiner kopernikanischen Wendung genau bewußt. Husserl hebt die phänomenologische Einstellung aus der Vernichtung der psychologistischen Fragestellung heraus.«[66]

Wir erkennen also eine historische Sequenz »Standpunkt – Problem – neuer Standpunkt ...« Aus dieser Sequenz läßt sich ein induktives Argument für das iterative Element in der skeptischen Methode entwickeln: Gegeben seien ein skeptisches Argument und zwei Standpunkte $S1$ und $S2$. Das skeptische Argument sei triftig innerhalb von $S1$, aber nicht innerhalb von $S2$. Wir beginnen mit $S1$ und revidieren unseren Standpunkt zu $S2$ angesichts des skeptischen Arguments. Da $S1$ nicht »fehlerfrei« war, wir $S1$ jedoch bis zur Einsicht in das skeptische Argument für wahr gehalten haben, folgern wir induktiv, daß

---

[63] Bezüglich der Bezeichnung »kopernikanische Wende« siehe I. Kant: *Kritik der reinen Vernunft*, Vorrede zur zweiten Auflage, B XVI–B XX, R. Schmidt (Hg.), Hamburg (Meiner) 1990, 19–22.

[64] R. Heiss: *Logik des Widerspruchs*, Berlin (De Gruyter) 1932, 19.

[65] R. Heiss: *Logik des Widerspruchs*, Berlin (De Gruyter) 1932, 49.

[66] R. Heiss: *Logik des Widerspruchs*, Berlin (De Gruyter) 1932, 15.

auch S2 nicht fehlerfrei sein könnte. Die induktive Basis würde sich unter konsequenter Anwendung der skeptischen Methode, oder des entsprechenden philosophiehistorischen Studiums, vergrößern. Nun streben wir einen fehlerfreien Standpunkt an, und somit stellen wir den Standpunkt S2 zur Disposition, d. h., wir nehmen ihn nur provisorisch ein (eben unter der Proviso, daß wir uns keines skeptischen Problems bewußt sind) und suchen aktiv nach skeptischen Argumenten.

Ein weiteres induktives Argument für das iterative Element in der skeptischen Methode und für die These der Motivation läßt sich per analogiam aus der Fruchtbarkeit von Paradoxa in anderen Forschungsbereichen entwickeln.[67] So führten Russells Paradox und andere mengentheoretische Paradoxa zu einer grundsätzlichen Umgestaltung der Mengentheorie, und das Sorites-Paradox führte zur Untersuchung der Semantik der Unschärfe und der Fuzzy-Logik.[68] Ein interessantes Dokument in diesem Kontext ist ein Brief Freges an Russell: »Jedenfalls ist Ihre Entdeckung [Mengenantinomie] sehr merkwürdig und wird vielleicht einen großen Fortschritt in der Logik zur Folge haben, so unerwünscht sie auf den ersten Blick auch scheinen mag.«[69] Quine schreibt allgemeiner: »Catastrophe may lurke ... in the most innocent-seeming paradox. More than once in history the discovery of paradox has been the occasion for major reconstruction at the foundations of thought.«[70]

---

[67] Ausformuliert ist das Argument dies: (i) das Auffinden von Paradoxa ist fruchtbar in Forschungsbereichen A, B, C (und diese sollten daher aktiv gesucht werden); (ii) das Auffinden von Paradoxa ist fruchtbar in Forschungsbereichen (und diese sollten daher aktiv gesucht werden) (die induktive Konklusion); (iii) Epistemologie ist ein Forschungsbereich (die Annahme der Analogie); ∴ (iv) das Auffinden von Paradoxa ist fruchtbar in der Epistemologie (und diese sollten daher gesucht werden). Die Konklusion (iv) läßt sich auch ohne Rekurs auf die Induktion als reines Analogie-Argument entwickeln: (i)' Das Auffinden von Paradoxa ist fruchtbar in Forschungsbereich A (und diese sollten daher gesucht werden); (ii)' Epistemologie ist analog zu Forschungsbereich A; ∴ (iv) das Auffinden von Paradoxa ist fruchtbar in der Epistemologie (und diese sollten daher gesucht werden).

[68] Quelle: S. Blackburn (Hg.): *Paradox*, The Oxford Dictionary of Philosophy, Oxford (OUP) 1994, 276.

[69] G. Frege: *Brief Freges an Russell vom 22.6.1902*, im Auszug veröffentlicht bei H.D. Sluga: Frege und die Typentheorie, in: Logik und Logik-Kalkül. Festschrift für W. Britzelmayer, München 1962, 205.

[70] W. V. O. Quine: *Paradox*, Scientific American, 206 (1962), ND: W. V. O. Quine: The Ways of Paradox and other essays, New York (Random House) 1966, 3.

Die skeptische Methode ist eine Methode der Epistemologie (Philosophie). Es erhebt sich nun die methodische Frage, ob die skeptische Methode, oder zumindest eine wesentliche These derselben, induktiv legitimiert werden kann. Ein möglicher Einwand ist sogleich zurückzuweisen: Die Induktion steht zur Legitimation der skeptischen Methode nicht zur Verfügung, da durch skeptische Argumente die Legitimation der Induktion als begründendes Prinzip zurückgewiesen wird. In diesem Einwand wird übersehen, daß die skeptischen Argumente gegen die Induktion nur deshalb ein Problem konstituieren, weil wir an die Induktion glauben. Ansonsten könnten wir die skeptische Konklusion bezüglich der Induktion akzeptieren. Da wir dies nicht tun, bleibt die Induktion als Begründungsmethode zulässig. Ein prima facie treffenderer Einwand rekurriert auf den normativen Charakter von Methodologien. Die skeptische Methode zeigt an, wie Epistemologie betrieben werden sollte (oder genauer, ohne die These der Identifikation: Sie gibt ein Modell an, wie Epistemologie betrieben werden könnte). Nun sind die Prämisse und die Konklusion einer Induktion Aussagen deskriptiver Natur. Die normativen Aussagen der skeptischen Methode können daher nicht induktiv begründet werden. So weit, so bündig. Im Rückgriff auf die Diskussion der deskriptiven/normativen Interpretation der These der Identifikation zu Beginn dieses Abschnittes lassen sich zwei Dinge sagen.

Zunächst bemerken wir, daß die deskriptive Konklusion, wie z. B. »Epistemologische Theorien scheitern«, die *Zulässigkeit*[71] der skeptischen Methode als Methode der Epistemologie stützt. Darüber hinaus, und wichtiger, ist es plausibel, von der induktiven (also deskriptiven) Folgerung von »Epistemologische Theorien sind in der Vergangenheit gescheitert« zu »Epistemologische Theorien werden auch in der Zukunft scheitern« normativ zu schließen, daß wir nicht den Anspruch der Endgültigkeit an eine epistemologische Theorie stellen sollten, sondern gemäß der These der Iterativität verfahren sollten. Der zweite Punkt läßt sich auf die These der Motivation erweitern: Die in der skeptischen Methode rekonstruierbare historische Entwicklung der Epistemologie ist als ein Fortschreiten von schlechteren zu besseren epistemologischen Theorien zu betrachten. Per Induktion ist es rational, dies auch für die Zukunft zu erwarten, und daraus folgt, daß wir die skeptische Methode anwenden sollten. Es gilt jedoch zu betonen, daß die entscheidende normative Legitimation der skeptischen Methode in der problemkonstituierenden Funktion

---

[71] Siehe oben.

skeptischer Argumente besteht. Unberührt von dieser Diskussion bleibt die Konklusion des zweiten »induktiven« Argumentes, nämlich, daß skeptische Argumente gesucht werden sollten, da sich dieses (siehe Fußnote) als reines Analogie-Argument entwickeln läßt.

Entgegen der Konklusion der induktiven Argumente und insbesondere der These der Iterativität, enthält das kantische Selbstverständnis den Glauben, einen Abschluß skeptischen Fragens erreicht zu haben: »Da es mir nun mit der Auflösung des Humischen Problems [siehe Abschnitt 2.4] nicht bloß in einem besonderen Falle, sondern in Absicht auf das ganze Vermögen der reinen Vernunft gelungen war: so konnte ich sichere, obgleich immer nur langsame Schritte tun, um endlich den ganzen Umfang der reinen Vernunft, in seinen Grenzen sowohl als seinem Inhalt, vollständig und nach allgemeinen Prinzipien zu bestimmen, welches denn dasjenige war, was Metaphysik bedarf, um ihr System nach einem sicheren Plan aufzuführen.«[72]

Kant meint den »Skandal der Philosophie und allgemeinen Menschenvernunft, das Dasein der Dinge außer uns ... bloß auf Glauben annehmen zu müssen«[73] durch einen »genugtuenden Beweis«[74] abgewendet zu haben. »Genugtuend« wird bei ihm im Sinne von »ein für allemal« verstanden, da dieser Beweis jedem, »dem es einfällt, es [das Dasein der Dinge außer uns] zu bezweifeln«[75], entgegenzustellen ist. Kant betont also das Sichere an seinem so entwickelten Standpunkt und damit eben das Verständnis, daß eine skeptische Kritik desselben nicht vorgesehen ist. Kant gebraucht also nicht das iterative Element in der skeptischen Methode.

Goethe

Goethe bewertet die Funktion des Paradoxons aufschlußreich: Resultate sind es, »die, wenn wir nicht ihre Veranlassung wissen, als paradox erscheinen, uns aber nötigen, vermittelst eines umgekehrten Findens und Erfindens rückwärtszugehen und uns die Filiation solcher

---

[72] I. Kant: *Prolegomena zu einer jeden künftigen Metaphysik, die als Wissenschaft wird auftreten können*, Vorrede, 14–16, R. Malter (Hg.), Stuttgart (Reclam) 1989, 12.

[73] I. Kant: *Kritik der reinen Vernunft*, B XXXIX, R. Schmidt (Hg.), Hamburg (Meiner) 1990, 33.

[74] I. Kant: *Kritik der reinen Vernunft*, B XXXIX, R. Schmidt (Hg.), Hamburg (Meiner) 1990, 33.

[75] I. Kant: *Kritik der reinen Vernunft*, B XXXIX, R. Schmidt (Hg.), Hamburg (Meiner) 1990, 33.

Gedanken von weither zu vergegenwärtigen«[76]. Entsprechend wird in der skeptischen Methode eine absurde Konklusion gefolgert, um Einsicht über die Annahmen und damit mittelbar über unseren Standpunkt zu gewinnen. Goethe steuert zudem eine psychologische Antwort auf die Frage bei, wie die Motivation zum aktiven Suchen skeptischer Argumente zu denken ist: »Der Geist des Widerspruchs und die Lust zum Paradoxon steckt in uns allen.«[77]

Dieses für die skeptische Methode günstige psychologische Moment wird wie folgt, und wenig überzeugend, zu neutralisieren versucht: »Indessen giebt es Gelehrte, auch Philosophen, welche förmlich darauf ausgehn, paradoxe Sätze aufzustellen, um sich dadurch auszuzeichnen, in der Meinung, die Paradoxie sei eine Probe der Genialität. Diese Paradoxie-Sucht, die, wenn sie an Narrheit oder Wahnsinn streift, auch Paradoxomanie heißt, ist allerdings tadelnswerth, weil sie aus bloßem Dünkel hervorgeht. Man soll also zwar die Paradoxie nicht scheuen, wo sie sich ungesucht darbietet; man soll aber auch nicht danach haschen, weil man sich dadurch lächerlich macht.«[78]

Schulze

Gottlob Ernst Schulze hält ein eloquentes Plädoyer für die These der Iterativität: »Zur zweiten Hauptpartey gehören diejenigen Philosophen, welche nie die Alleinherrschaft irgend eines sichtbaren Oberhauptes in der philosophischen Welt anerkennen, sondern in Sachen der Philosophie sich einzig und allein den Ansprüchen der zwar unsichtbaren, aber in allen im Nachdenken geübten Menschen wirksamen Vernunft unterwerfen wollten. Charakteristisch ist bey dieser Partey der Glaube an die nie aufhörende Perfektabilität der philosophierenden Vernunft, als einen der edelsten und unverkennbarsten Vorzüge des menschlichen Geistes.«[79]

Zudem weist er auf die Unzulässigkeit eines Arguments im Rekurs auf die Autorität eines Philosophen hin und erinnert damit an

---

[76] J. W. Goethe: *Wilhelm Meisters Wanderjahre I*, 3. Hamburger Ausgabe 8, 1967, 125.

[77] J. W. Goethe: *Dichtung und Wahrheit II*, 3. Hamburger Ausgabe 8, 1967, 350.

[78] W. T. Krug (Hg.): *Paradox*, Allgemeines Handwörterbuch der Philosophischen Wissenschaften, Stuttgart (Frommann Verlag) 1832/1969, 152 f.

[79] G. E. Schulze: *Aenesidemus oder über die Fundamente der von dem Herrn Prof. Reinhold in Jena gelieferten Elementar-Philosophie nebst einer Vertheidigung des Skepticismus gegen die Anmaßungen der Vernunftkritik*, Vorwort, Brüssel (Impression Anastaltique, Culture et Civilisation) 1969 (Erstveröffentlichung [anonym] 1792), a3.

das Primat auf Vernunfteinsicht basierender Argumente in der Philosophie. Dies mag als Platitüde gesehen werden. Das Weitverbreitet-Sein der Mißachtung dieser Regel indiziert jedoch ihre Darstellung.

Hegel

Hegel affirmiert die These der Identität von Philosophie und Anwendung der skeptischen Methode: »... die Bestimmung des wahren Verhältnisses des Skeptizismus und der Philosophie ... [besteht in der] Einsicht, daß mit jeder wahren Philosophie der Skeptizismus selbst aufs innigste eins ist ...; Der Skeptizismus, der in seiner reinen expliziten Gestalt im Parmenides auftritt, ist aber in jedem echten philosophischen System implicite zu finden, denn er ist die freie Seite einer jeden Philosophie ...«[80] Dem Skeptizismus kommt gemäß Hegel die Funktion des Auffindens skeptischer Argumente zu: »Da jede echte Philosophie diese negative Seite hat oder den Satz des Widerspruchs ewig aufhebt, so kann, wer Lust hat, unmittelbar diese negative Seite herausheben und sich aus jeder einen Skeptizismus darstellen.«[81] Für Hegel besteht die »geistreiche Reflexion ... im Auffassen und Aussprechen des Widerspruchs«[82]. Der Widerspruch ist »wesentlich und nothwendig«[83]. »Diesen Prozeß des Gegensatzes, Widerspruches und der Lösung des Widerspruches durchzumachen ist das höhere Vorrecht lebendiger Naturen; was von Hause aus nur affirmativ ist und bleibt, ist und bleibt ohne Leben.«[84]

Somit überrascht auch nicht die Ähnlichkeit zwischen der Hegelschen Dialektik, verstanden als sich wiederholender Dreischritt von

---

80 G. W. F. Hegel: *Verhältnis des Skeptizismus zur Philosophie. Darstellung seiner verschiedenen Modifikationen und Vergleichungen des neuesten mit dem alten*, in: Kritisches Journal der Philosophie, 2 (1802), ND: E. Moldenhauer/K. M. Michel (Hg.): Hegel Werke, Frankfurt a. M. (Suhrkamp) 1970, Band 2, 227, 229.

81 G. W. F. Hegel: *Verhältnis des Skeptizismus zur Philosophie. Darstellung seiner verschiedenen Modifikationen und Vergleichungen des neuesten mit dem alten*, in: Kritisches Journal der Philosophie, 2 (1802), ND: E. Moldenhauer/K. M. Michel (Hg.): Hegel Werke, Frankfurt a. M. (Suhrkamp) 1970, Band 2, 229.

82 G. W. F. Hegel: *Wissenschaft der Logik*, H. Glockner (Hg.), Stuttgart (Frommann Verlag) 1958, Band 4, 549.

83 G. W. F. Hegel: *Enzyklopädie der philosophischen Wissenschaften im Grundrisse*, H. Glockner (Hg.), Stuttgart (Frommann Verlag) 1956, Band 6, 45.

84 G. W. F. Hegel: *Vorlesungen über die Aesthetik*, H. Glockner (Hg.), Stuttgart (Frommann Verlag) 1953, Band 12, 142.

These, Antithese und Synthese[85], und der skeptischen Methode. Wir erkennen, daß die offene Sequenz Thesis → Antithesis → Synthesis → Synthesis = Thesis → Antithesis ... in der skeptischen Methode interpretierbar ist als Ausgangsstandpunkt → skeptisches Argument → »neuer« Standpunkt → »neuer« Standpunkt = Ausgangsstandpunkt → skeptisches Argument etc. In dieser Interpretation besteht dann kein Unterschied des Dreischritts zur skeptischen Methode. Ist das Kriterium für eine(n) erfolgreiche(n) Thesis/Standpunkt die Abwesenheit einer Antithesis/eines skeptischen Argumentes, wie dies in der skeptischen Methode gedacht ist, dann ist es prinzipiell zu keinem Zeitpunkt möglich, den endgültigen Standpunkt als solchen zu erkennen, da die Erfüllung des Kriteriums nur bis zu ebendiesem Zeitpunkt und insbesondere nicht darüber hinaus feststellbar ist. Der Prozeß ist damit, in Übereinstimmung mit der These der Iterativität, nicht abschließbar.

Russell

Russell kennzeichnet Philosophie wie folgt: »Das wesentliche Charakteristikum der Philosophie, das sie zu einem von der Wissenschaft unterscheidbaren Gebiet macht, ist die *Kritik*. Sie untersucht kritisch die Prinzipien, von denen man in der Wissenschaft und im täglichen Leben Gebrauch macht; sie findet die Inkonsequenzen heraus, die vielleicht in diesen Prinzipien verborgen sind, und sie akzeptiert sie nur dann, wenn sich nach kritischer Untersuchung kein Grund herausgestellt hat, aus dem man sie verwerfen sollte.«[86]
In der Philosophie werden gemäß Russell die Prinzipien des alltäglichen Lebens und der Wissenschaft auf Kohärenz untersucht und sind begründet, soweit nach aktiver Suche keine Inkohärenz festge-

---

[85] Zur Zuschreibung des Dreischrittes zu Hegel betrachte man: i) »Hegel hat die Dialektik nie als universale formale Methode, etwa im Sinne des oft zitierten Dreischrittes (These – Antithese – Synthese: Terminologie von Fichte) vertreten; im Gegenteil: er ist einer der schärfsten Kritiker eines solchen Formalismus.« (L. B. Puntel: *Dialektik*, in: W. Brugger (Hg.), Philosophisches Wörterbuch, Freiburg (Herder) 1976, 65); (ii) »Die schon kurz nach Hegels Tod entstandene Ansicht, Hegels Dialektik baue auf dieser Triade auf, ist also ein Mythos« (A. Hügli/P. Lübcke (Hg.): *Dialektik*, Philosophielexikon, Reinbek bei Hamburg [Rowohlt] 1983, 133). Wir beschäftigen uns gemäß diesen Zitaten also nicht mit der historischen Position Hegels.
[86] B. Russell: *Probleme der Philosophie*, E. Bubser (Übers.), Frankfurt a. M. (Suhrkamp) 1967, 132.

stellt werden konnte. Wir können dies in der Terminologie der skeptischen Methode reformulieren: In der Philosophie werden gemäß Russell Standpunkte (eine zulässige Verallgemeinerung von »Prinzipien«) skeptischen Fragen ausgesetzt, und der jeweilige Standpunkt ist begründet, soweit nach aktiver Suche kein skeptisches Argument in ihm formulierbar ist. Mit anderen Worten: Die Philosophie ist dadurch ausgezeichnet, daß sie die skeptische Methode anwendet. Diese plausible Charakterisierung der Philosophie ist also unter die skeptische Methode zu subsumieren und unterstützt damit die Vermutung, daß Philosophie als Anwendung der skeptischen Methode durchgeführt werden sollte.

Hartmann

Aufbauend auf die aristotelische Methodik entwickelt Nicolai Hartmann die Epistemologie als Problemwissenschaft: »Worin besteht nun eigentlich das Metaphysische, das den Kernpunkt des engeren Erkenntnisproblems ausmachen soll? Es muß eine Methode geben, mit der man sich seiner inhaltlich versichern kann ...

Daraus geht aber schon hervor, daß die Problemanalyse neben der Analyse des Phänomens einen zweiten vorbereitenden Teil bilden muß, der eine ganz andere Aufgabe zu verfolgen hat. Hier gilt es das Fragwürdige am Phänomen herauszuarbeiten, die Punkte festzustellen, die zum philosophischen Verständnis erst der Theorie bedürfen ... Aristoteles darf als Klassiker der Aporetik, d. h. der reinen Problemwissenschaft, gelten. Seine Methode, die Probleme vor ihrer theoretischen Behandlung und unabhängig von möglichen Lösungsversuchen rein in sich selbst zu untersuchen, das Unbegriffene vom Begriffenen zu scheiden, Schwierigkeiten und Widersprüche der vorliegenden Phänomene um ihrer selbst willen herauszuarbeiten, darf hier unmittelbar als Vorbild dienen. ...

Gleich der Phänomenologie steht auch die Aporetik noch grundsätzlich diesseits aller Theorie, diesseits der Standpunkte und ihrer Metaphysik. Das Metaphysische wird als solches erst durch ihre Arbeit erkannt. Aber sie ist nicht mehr deskriptiv. Sie vergleicht, prüft, sondiert das Gegebene, stellt die in ihm enthaltenen Unstimmigkeiten fest und gibt ihnen die Schärfe der Paradoxie, die allem Widerstreit im Tatsächlichen anhaftet. Um die Überwindung der Widersprüche hat sie sich nicht zu bekümmern, das ist Sache der Theorie. Und sie löst ihre Aufgabe um so vollständiger, je schroffer sie die gedankliche Unwegsamkeit des Widersprechenden hervortreten läßt; wie denn die

3. DIE SKEPTISCHE METHODE

Wortbedeutung von ›Aporie‹ eben die ›Weglosigkeit‹ ist, das Stocken oder Versagen der Methode vor dem Tatsächlichen. Im Wiederanbahnen des Weges besteht dann die weitere Bearbeitung des Problems; alle Theorie ist Pfadfindung, Schöpfung neuer Methode. Aporetik aber führt nur bis an diesen Punkt heran; sie führt bis zur Schwelle der Theorie, überschreitet sie aber niemals. Sie schreitet vom Gegebenen zum Aufgegebenen fort. Die formulierten Aufgaben aber überläßt sie unberührt der Theorie, die in und mit ihnen ihre Direktiven empfängt.«[87]

Hartmanns Methodik der Epistemologie besteht aus den drei Teilen Phänomenanalyse, Aporetik und Theorie.

Die Phänomenanalyse könnte charakterisiert werden als das Sichbewußt-Machen des Erkenntnisbegriffs und anderer relevanter Begriffe und Fürwahrhaltungen. Die Aporetik ist die Lehre des Auffindens von Paradoxien in dem durch die Phänomenanalyse Gegebenen, also die Lehre des Auffindens von Reductio-ad-absurdum-Argumenten innerhalb eines Standpunktes (These der Immanenz). Im Einklang mit der These der skeptischen Methode, daß aktiv nach skeptischen Argumenten gesucht werden sollte, vertritt Hartmann die These, daß diese Paradoxien »um ihrer selbst willen« herauszuarbeiten sind. Damit ist das iterative Element der skeptischen Methode auch in der Hartmannschen Methodik enthalten. Ebenso folgt aus diesem Verständnis, daß es einer Motivation zum Aufsuchen von Paradoxien nicht bedarf. Freilich ist dies lediglich eine unbegründete Behauptung. Hartmann teilt unsere Vermutung von der Identifikation von Philosophie und Anwendung der skeptischen Methode, wenn Philosophie

---

[87] N. Hartmann: *Grundzüge einer Metaphysik der Erkenntnis*, Berlin (De Gruyter) 1949, 36 ff. Bei dem Scharfsinn Hartmanns ist sein mit unserem sehr verschiedenes Skepsisverständnis bemerkenswert: »Die Skepsis meinte, dem natürlichen Realitätsbewußtsein die Beweislast zuschieben zu dürfen. Tatsächlich ist es umgekehrt. Das natürliche Realitätsbewußtsein bedarf keines Beweises, es gehört eben zum Phänomen und ist als solches jederzeit aufzeigbar. Die Skepsis erst entfernt sich vom Phänomen, setzt sich in Gegensatz zu ihm. Ihr also fällt die Beweislast zu. Sie hat zu zeigen, wie der Schein der Realität als ein notwendiger entsteht. Dazu müßte sie aufdecken, was hinter dem Schein steht. Von der Möglichkeit solchen Aufzeigens aber hat sie sich durch ihre eigene These abgeschnitten« (N. Hartmann: *Systematische Selbstdarstellung*, in: Kleinere Schriften von Nicolai Hartmann, Abhandlungen zur Systematischen Philosophie, Berlin [De Gruyter] 1955, 19). Hartmann versteht den Skeptiker als einen negativen Dogmatiker und übersieht damit die fruchtbare Rolle, die dem Skeptiker in seiner Methode der Epistemologie zukommt. Richtigerweise weist er den Skeptiker als negativen Dogmatiker, wie wir in Abschnit 3.2 zeigen, zurück.

ohne Aporetik nicht zu verstehen ist und der Gegenstand der Aporetik darin besteht, »Unstimmigkeiten die Schärfe der Paradoxie« zu geben. Ein substantieller Unterschied zwischen der Phänomenanalyse und der Aporetik gegenüber dem negativen Teil der skeptischen Methode besteht darin, daß in letzterer eine Phänomenanalyse im Zustand der Fraglosigkeit nicht angezeigt ist, sondern diese eben die Aporetik voraussetzt. So werden wir uns unseres Standpunktes auch nur durch skeptische Argumente bewußt. Die Phänomenanalyse ist in der skeptischen Methode damit Teil der Aporetik.

Hartmanns Begriff der Theorie entspricht dem Gegenstand des positiven Teiles der skeptischen Methode, d. h. der Reaktion auf ein skeptisches Argument mit einer der drei Optionen. Hartmann betont hierbei das kreative Element in dem Auffinden eines neuen Standpunktes (also der Reaktion 3), indem er dieses als Schöpfung tituliert. Wir haben bereits im Zusammenhang mit der sokratischen Methode darauf hingewiesen, daß die Psychologie für die skeptische Methode eigentlich unwesentlich ist. Nun ist es de facto aber so, daß die Rezeption der skeptischen Methode durchaus von der Psychologie der Rezipienten beeinflußt wird. Daher wollen wir anhand von Bemerkungen Hartmanns zwei relevante psychologische (und eine nicht-psychologische) Betrachtung(en) anstellen.

Hartmann setzt der skeptischen Methode drei Momente entgegen: »Drei Momente sind es, die hier verunklärend wirken: 1. die natürliche Ungeduld, Lösungen um jeden Preis zu sehen, 2. der instinktive Glaube, Probleme, die man nicht lösen kann, seien philosophisch unfruchtbar, und 3. die Verwechslung der Problemgehalte mit Problemstellungen und die Verkennung des objektiven Sinnes unabweisbarer Fragen.«[88]

Das erste (psychologische) Moment wirkt der Einsicht in die Richtigkeit der These von der Iterativität entgegen. Es besteht die Tendenz, eine Reaktion auf ein skeptisches Argument nicht wiederum und ehrlich skeptischen Fragen auszusetzen, auf die Gefahr hin, dessen Unvertretbarkeit zu erkennen. Eine Lösung auf Zeit, oder vielleicht auch nur eine vermeintliche Lösung, wird somit als endgültige Lösung angesehen.

Das zweite (psychologische) Moment erläutert Hartmann so: »Die Bearbeitung solcher Fragen, die nicht restlos beantwortbar sind, ist

---

[88] N. Hartmann: *Systematische Selbstdarstellung*, in: Kleinere Schriften von Nicolai Hartmann, Abhandlungen zur Systematischen Philosophie, Berlin (De Gruyter) 1955, Band 1, 5.

weit entfernt, unfruchtbar zu sein. Es ist ein Irrtum, zu meinen, nur ›Lösungen‹ brächten die Einsicht weiter – der unvermeidliche Irrtum der Anfänger und Adepten. Im allgemeinen ist es sogar durchaus umgekehrt: die vermeintlichen Lösungen sind die spekulativen Irrtümer. Die unverdrossene Bearbeitung der Probleme als solcher dagegen, die ihrer Sache nicht um Lohn dient – um den Lohn metaphysischer Befriedigung –, ist das eigentlich Wertvolle, Haltbare, Bleibende im gedanklichen Gut der Philosophiegeschichte.«[89]

Dieses Moment kann als der Antipode zu dem obigen, dem voreiligen Stehenbleiben bei Lösungen, verstanden werden. Hier wird unrichtigerweise angesichts eines scheinbar unlösbaren Problems die Unfruchtbarkeit der Arbeit an demselben gefolgert. In der Anwendung der skeptischen Methode bedeutet das, daß ein triftiges Argument mit absurder Konklusion ignoriert wird, je triftiger das Argument und je absurder die Konklusion, d. h., je schwerwiegender das skeptische Problem ist. Hartmann versucht, diesen »Instinkt« mit einem Appell an die Ratio außer Kraft zu setzen, indem er die Fruchtbarkeit gerade solcher Probleme aufzeigt.

Interessanter vielleicht als die psychologischen Momente ist das nichtpsychologische Moment. Dies kommentiert Hartmann so: »Am breitesten aber sind die Quellen des Irrtums im dritten Punkte. Von hier auch ist am meisten Desorientierung ausgegangen. Man meint immer, Probleme seien doch Menschenwerk, es stehe doch in der Macht des Menschen, sie zu stellen oder nicht zu stellen. Wonach man nicht fragt, das geht einen nichts an; womit man nicht weiterkommt, das gibt man eben auf. Das klingt bündig und klar. Ganz anderes aber lehrt die Erfahrung, die das philosophische Denken in seiner Geschichte macht. Die Fragen drängen sich auf, ganz ohne Rücksicht auf Lösbarkeit und Unlösbarkeit. Weist man sie ab, so kehren sie in anderer Form wieder. Sie lassen dem Menschen keine Ruhe. Er kann sich nicht beliebig ihrer entschlagen. Es ist wie mit dem Stein auf dem Felde, den der Riese vergeblich in den Himmel wirft, daß er nicht auf der Erde liege; er fällt zurück, liegt immer wieder da.

Wenn es nur um unsere Problemstellungen oder -fassungen ginge, das wäre ein ander Ding. Aber es geht nicht darum. Es geht letzten Endes immer um die Rätselhaftigkeit der Welt, wie sie einmal ist. Diese Rätselhaftigkeit ist nicht vom Menschen geschaffen und nicht

---

89   N. Hartmann: *Systematische Selbstdarstellung*, in: Kleinere Schriften von Nicolai Hartmann, Abhandlungen zur Systematischen Philosophie, Berlin (De Gruyter) 1955, Band 1, 6.

von ihm zu beheben. Er kann die Welt, wie sie ist, nicht umschaffen, muß sie hinnehmen, wie sie sich ihm darbietet. Und was sie ihm an Rätseln aufgibt, damit muß er sich auseinandersetzen. Er kann freilich diese Rätsel ignorieren, kann an ihnen vorbeileben; nicht jeder braucht ja Philosoph zu sein. Aber er kann, wenn überhaupt er auf sie aufmerksam wird, sie nicht ändern. ...

Das Aufkommen der Fragen ist an bestimmte Bedingungen, an gewisse Einstellung, an einen besonderen Stand des Wissens gebunden. Das bedeutet nicht, daß der Mensch sie sich eines Tages ausdenkt. Er wird vielmehr durch das So-Sein der Welt in bestimmtem Reifezustand seines Weltbegreifens unausweichlich auf sie hingedrängt. Auch in der Problemstellung als solcher also ist durchaus nicht unbegrenzte Freiheit.«[90]

Hartmann betont die wichtige Einsicht, daß skeptische Probleme nicht willkürlich erzeugt sind. Vielmehr handelt es sich um tatsächliche logische Probleme innerhalb des betrachteten Standpunktes. Ein Korrolar hiervon ist auch, daß skeptische Argumente nicht beliebige Kreationen sind. Es handelt sich beim Formulieren von skeptischen Argumenten um ein Entdecken, und nicht um ein Erfinden. Damit ist das Ignorieren skeptischer Argumente keine ratsame Reaktion, und vergleichbar mit dem Ignorieren eines Hindernisses im Straßenverkehr, auch wenn die Folge im ersteren Fall, nämlich der Vorwurf, irrational zu sein (ist das die einzige Folge?), wohl weniger abschreckend ist als im zweiteren Fall.[91]

Hartmann versteht die Probleme im Vergleich zu der skeptischen Methode allerdings nicht in dem Maße standpunktrelativ. So unterscheidet er an anderer Stelle zwischen »künstlichen Aporien, selbstgemachten Schwierigkeiten«[92] und überzeitlichen, standpunktinvarianten Problemen. Erstere »finden wir [in allen Zeiten]. Sie sind geschichtlich daran kenntlich, daß sie mit der Preisgabe des Vorurteils,

[90] N. Hartmann: *Systematische Selbstdarstellung*, in: Kleinere Schriften von Nicolai Hartmann, Abhandlungen zur Systematischen Philosophie, Berlin (De Gruyter) 1955, Band 1, 6 ff.

[91] Die Reaktion auf skeptische Argumente, bei der der Vorwurf der Irrationalität hingenommen wird, ist Gegenstand von Kapitel 4.

[92] N. Hartmann: *Systematische Selbstdarstellung*, in: Kleinere Schriften von Nicolai Hartmann, Abhandlungen zur Systematischen Philosophie, Berlin (De Gruyter) 1955, Band 1, 8.

auf dem sie beruhten, spurlos verschwinden.«[93] Ein Problem ohne Standpunkt, wie im zweiteren Fall vorausgesetzt, ist, gleich einem skeptischen Argument ohne Annahmen, nicht zu verstehen.

Heiss

Heiss geht von der These aus, daß die »Grenzenlosigkeit des Fragens [eine] Bedingung der Philosophie [ist]«[94]. Hingegen »lehrt uns [die Methode], unsere Fragen systematisch zu stellen. In allen Fällen wissenschaftlicher Methode kann man daher beobachten, daß die Methode bestimmte Fragen vermeiden will und vermeidet. Fragen, die nicht aus der Methode heraus gestellt werden können, lehnt der Wissenschaftler für seinen Forschungsbereich ab.«[95] Selbst wenn es eine Methode gibt, »die alle Gegenstände umfaßt, sie wird nie z. B. sich selbst als Gegenstand umfassen«[96]. Es folgt dann: »So oft ein Philosoph die Philosophie auf eine bestimmte Methode festgelegt zu haben glaubte, hat man auch schon behauptet, daß damit der philosophische Gegenstand verloren sei.«[97]

Die Bedingung der Grenzenlosigkeit des Fragens für die Philosophie ist eine gültige Bedingung. Um dem Vorwurf zu entgehen, daß durch Festlegung der Epistemologie oder, mit der These von der Reichweite, der gesamten Philosophie auf die skeptische Methode der philosophische Gegenstand bereits verloren sei, müssen wir zeigen, daß die skeptische Methode alle (philosophischen) Gegenstände und insbesondere sich selbst umfaßt. Es ist nicht sofort einsichtig, wie man aufweisen kann, daß die skeptische Methode alle (philosophischen) Gegenstände (abgesehen hier von sich selbst) umfaßt und keine Fragen vermeidet. Es scheint jedoch plausibel aus der Tatsache, daß die skeptische Methode ohne Rekurs auf spezifische Inhalte darstellbar ist (wir benötigen lediglich Begriffe wie Standpunkt, Akzeptanz, Argument etc.), zu folgern, daß die skeptische Methode diese Bedingung erfüllt.

93 N. Hartmann: *Systematische Selbstdarstellung*, in: Kleinere Schriften von Nicolai Hartmann, Abhandlungen zur Systematischen Philosophie, Berlin (De Gruyter) 1955, Band 1, 8.
94 R. Heiss: *Logik des Widerspruchs*, Berlin (De Gruyter) 1932, 14.
95 R. Heiss: *Logik des Widerspruchs*, Berlin (De Gruyter) 1932, 14.
96 R. Heiss: *Logik des Widerspruchs*, Berlin (De Gruyter) 1932, 6.
97 R. Heiss: *Logik des Widerspruchs*, Berlin (De Gruyter) 1932, 2.

Vielleicht interessanter, da spezifischer, ist die Thematik der Selbstbezüglichkeit der skeptischen Methode. Wie ist es zu verstehen, daß
die skeptische Methode »sich selbst umfaßt«? Soviel ist klar: Eine
Methode, innerhalb derer keine Bedingungen angebbar sind, die das
Scheitern der Methode implizieren, die sich in diesem Sinne also selber immunisiert, umfaßt sich nicht selbst. Ebenso eine Methode, die
die eigenen Annahmen nicht thematisieren kann. Wie nun ist das
Scheitern der skeptischen Methode durch die skeptische Methode zu
denken? Ein solches Scheitern der skeptischen Methode bestünde in
dem Aufweis inakzeptabler Konsequenzen der Thesen der skeptischen Methode, also in der Entwicklung eines skeptischen Argumentes gegen die skeptische Methode. Wir sind in der Besprechung der
Eudaimonie bei Aristoteles bereits einem Ansatz eines skeptischen
Arguments gegen die skeptische Methode begegnet: Mit der Annahme, daß (i) die Eudaimonie das höchste Ziel des Strebens ist und daß
(ii) die Anwendung der skeptischen Methode zu Depressionen und
insbesondere nicht zur Eudaimonie führt, folgt (im Widerspruch zur
These der Motivation), daß (iii) die skeptische Methode nicht angewendet werden sollte. Wir wiesen dieses skeptische Argument durch
Negation der Annahme (ii) zurück, da der Wissende glücklicher ist
als der Ignorante. Diese Konkretisierung eines skeptischen Argumentes gegen die skeptische Methode, d. h. der (Selbst-)Kritik/des Schei-
terns der skeptischen Methode, ist also nicht erfolgreich. Ein erfolgreiches skeptisches Argument gegen die skeptische Methode gebraucht lediglich die Annahmen der Thesen der skeptischen Methode
selbst (Selbstanwendung der skeptischen Methode im engen Sinne)
und darüber hinaus nur nichtsubstantielle Annahmen, d. h. Annahmen, deren Negation in der skeptischen Methode nicht kohärenterweise vertreten werden können (z. B. Prinzipien der Propositionallogik).[98] Die (derzeitige) Abwesenheit eines erfolgreichen skeptischen
Argumentes gegen die skeptische Methode berührt allerdings nicht,
und das ist hier wesentlich, den erbrachten Aufweis der prinzipiellen
Möglichkeit der Selbstkritik und damit der Selbstbezüglichkeit der
skeptischen Methode. Darüber hinaus gilt, daß es gemäß der skeptischen Methode (These der Iterativität) angezeigt ist, einen solchen
Selbstwiderspruch zu suchen (und die skeptische Methode entweder
zu verbessern oder zu verwerfen). Auch in diesem Sinne thematisiert
sich die skeptische Methode selbst. Wir können zusammenfassen,

---

[98] Bezüglich der Unterscheidung zwischen substantiellen und nichtsubstantiellen
Annahmen siehe auch Abschnitt 6.4.

daß die skeptische Methode die Hesssche Bedingung, »sich selbst zu umfassen«, erfüllt.

Aus der Diskussion folgt, daß die skeptische Methode in einem Sinne nicht die oben eingeführte Bedingung der Philosophie, alle Gegenstände zu umfassen, erfüllt: Alle Standpunkte, in denen die Thesen der skeptischen Methode nicht gelten, sind außerhalb der Reichweite der skeptischen Methode (eine Folge der These der Immanenz). Es ist allerdings plausibel zu negieren, daß ein Standpunkt, der sich kontinuierlicher Befragung auf Kohärenz entzieht, als ein philosophischer Standpunkt zu werten ist.

Die Thesen der skeptischen Methode sind in der Konjunktion richtig verstanden als eine Metatheorie: Gegenstand der skeptischen Methode ist es, epistemologische Theorien (und andere philosophische Theorien) zu thematisieren. Sie offeriert eine Erklärung, wie eine solche Theorie zu denken und wie zu begründen ist. Die Metatheorie selbst ist begründet gedacht, wie auch die Theorie qua Skepsisresistenz (zu diesem Zeitpunkt), und dieses (Gültigkeits-)Kriterium ist Teil der Metatheorie selbst. In diesem Sinne begründet sich die skeptische Methode selbst. Die Metatheorie ist ihre eigene Meta-Metatheorie.

Angesichts eines drohenden Begründungsregresses, z. B. ausgehend von der Frage »Warum begründet Skepsisresistenz die skeptische Methode?«, bestehen zwei mögliche Reaktionen (ein infiniter Regreß ist nicht zulässig). In der ersten Reaktion wird darauf verwiesen, daß die Begründung der skeptischen Methode durch Skepsisresistenz in der skeptischen Methode vorgesehen ist: Die skeptische Methode ist eine philosophische (Meta-)Theorie und somit auf sich selber anwendbar; es folgt, daß die skeptische Methode als begründet durch Skepsisresistenz, also gemäß der skeptischen Methode, gedacht wird. Diese Argumentation ist zirkelhaft: Die Begründung der skeptischen Methode ist begründet, falls die skeptische Methode begründet ist. (Und die skeptische Methode ist begründet, falls die Begründung der skeptischen Methode begründet ist.) Nun ist ein derartig zirkelhaftes Vorgehen auf den ersten Blick wenig überzeugend. Nozick jedoch argumentiert, daß mehr nicht zu haben ist: »Die Philosophen forcieren oder wiederholen eine Frage, gewöhnlich eine über Rechtfertigung, soweit, daß sie keine akzeptable tiefere Antwort finden können. Indem sie versuchen ... das schon erreichte Prinzip oder die schon erreichte Position zu rechtfertigen, scheitern sie, oder sie führen in versteckter Weise gerade das Resultat wieder ein, daß erreicht werden sollte. Woraufhin dann eine Krise der Philosophie oder der

Vernunft ausgerufen wird: Man hat etwas Irrationales erreicht, das nicht weiter gerechtfertigt werden kann. Die Vernunft wurde gezwungen anzuhalten. Aber was haben sie erwartet? Entweder die Kette ... oder die Rechtfertigung ... geht unendlich weiter, oder sie geht in einen Zirkel über, oder sie erreicht einen Endpunkt, und zwar entweder einen einfachen Punkt oder eine Schlinge, die sich selbst subsumiert. Welches Resultat würde nicht eine Krise konstituieren? Es scheint plausibel zu sein, daß die Philosophie die tiefsten Wahrheiten zu enthüllen sucht, ... rechtfertigende Prinzipien zu finden sucht, die so tief sind, daß nichts anderes sie liefert, doch tief genug, um sich selbst einzuschließen. Diese zu erreichen sollte ein Ziel der Philosophie sein. Wenn also diese Situation in einem Problembereich auftritt, dann sollten wir statt einer Krise einen Triumph ankündigen.«[99] Wir erkennen, daß die skeptische Methode so »tief« ist, daß nichts anderes sie rechtfertigt, und »tief genug, um sich [über den Zirkel mit dem Kriterium der Skepsisresistenz] selbst einzuschließen«. Die skeptische Methode erfüllt somit Nozicks Bedingungen für einen »Triumph«. Gemäß der skeptischen Methode gilt es nun Nozicks Bedingungen für einen Triumph in der Philosophie kritisch zu untersuchen, d. h. zu versuchen, inakzeptable Konsequenzen zu folgern. Alan Musgrave[100] behauptet, daß gemäß Nozick »Es ist rational, alles zu glauben, was von Tim Koehne geschrieben wurde«, einen philosophischen Triumph darstellt, was jedoch bedauerlicherweise nicht der Fall ist und eine Reductio ad absurdum von Nozicks Bedingungen darstellen würde. Diese Behauptung ist jedoch falsch. Zwar ist das Prinzip »tief genug, um sich selbst einzuschließen«, jedoch ist es keinesfalls »so tief«, daß nichts anderes eine Rechtfertigung liefert, sondern vielmehr denken wir uns die Richtung der Begründung derart, daß überzeugende schriftliche Behauptungen des Autors das Prinzip stützen, wohingegen eine nicht überzeugende schriftliche Behauptung des Autors das Prinzip widerlegt (also nicht etwa im Sinne einer Selbstimmunisierung des Prinzips); oder auch: Das Prinzip steht im Widerspruch mit dem »tieferen« Prinzip des Fallibilismus. Damit ist Musgraves Einwand nicht stichhaltig, und in Abwesenheit eines skeptischen Arguments in Nozicks Standpunkt ist die Zirkel-

---

99   R. Nozick: *Philosophical Explanations*, Oxford (Clarendon Press) 1981, 137 f., in: A. Musgrave: Alltagswissen, Wissenschaft und Skeptizismus, H. und G. Albert (Übers.), Tübingen (J. C. B. Mohr [Paul Siebeck]) 1993, 304.

100 A. Musgrave: *Alltagswissen, Wissenschaft und Skeptizismus*, H. und G. Albert (Übers.), Tübingen (J. C. B. Mohr [Paul Siebeck]) 1993, 304.

haftigkeit der Selbstbegründung der skeptischen Methode zulässig. Die zweite mögliche Reaktion besteht darin, den Begründungsregreß durch Entscheidung abzubrechen. In diesem Verständnis sind unsere Resultate rein hypothetischer Natur: Unter der Annahme, daß das Kriterium der Skepsisresistenz für die skeptische Methode gültig ist, sollten wir so Epistemologie betreiben (die Ebene der Metatheorie) und so Erkenntnis denken (die Ebene der Theorie). Auch wenn die Resultate unserer Untersuchung in diesem Verständnis nicht uninteressant sind, so stören doch zwei Dinge: Erstens besteht ein Element der Willkür – wir hätten »rein hypothetisch« auch von einem anderen Kriterium ausgehen können. Zweitens ist das Kriterium der Skepsisresistenz somit außerhalb der Reichweite der skeptischen Methode, welche damit nicht »allumfassend« ist. Die Reaktion im Rekurs auf zirkelhaftes Argumentieren ist daher vorzuziehen.

Nozick

Nozick charakterisiert einen Gegenstandsbereich der Philosophie: »Many philosophical problems are ones of understanding how something is or can be possible. How is it possible for us to have free will, supposing that all actions are causally determined? Randomness, also, seems no more congenial; so, how is free will (even) possible? How is it possible that we know anything, given the facts the skeptic enumerates, for example, that it is logically possible we are dreaming or floating in a tank with our brain being stimulated to give us exactly our current experiences and even all our past ones? How is it possible that motion occurs, given Zeno's arguments? How is it possible for something to be the same thing from one time to another, through change? How is it possible for subjective experiences to fit into an objective physical world? How can there be stable meanings (Plato asked), given that everything in the world is changing? How is it possible for us to have synthetic necessary knowledge? (This last question, Kant's, shows, if none did earlier, that the question's presupposition that the item is possible may be controversial or even false, in which case the question would be withdrawn.) The teleological problem of evil also takes this form: how is evil possible, supposing the existence of an omnipotent omniscient good God? One central question of twentieth century philosophy has been: how is language possible? And let us not omit from our list: how is philosophy possible?

The form of these questions is: how is one thing possible, given (or supposing) certain other things? Some statements r1, ..., rn are assumed or accepted or taken for granted, and there is a tension between these statements and another statement p; they appear to exclude p's holding true. Let us term the ri apparent excluders (of p). Since the statement p also is accepted, we face the question of how p is possible, given its apparent excluders ...

Given the (apparent) incompatibility between the apparent excluders and p, there are two ways to continue to maintain (the possibility of) p. First, one of the apparent excluders can be denied, or there can be a denial of their conjunction all together. To save the possibility of p, it is not necessary to prove the denials, only to show we need not accept one of the apparent excluders or their conjunction. Second, each of the apparent excluders can continue to be maintained, while their apparent incompatibility with p is removed, either by close scrutiny showing the reasoning from them to not-p to be defective, or by embedding them in a wider context or theory that specifies how p holds in the face of these apparent excluders.

To rebut an argument for not-p from specific apparent excluders removes a reason for thinking p cannot hold, and so counts as a kind of explanation of how p can be possible. This task is unending, for as knowledge advances, or seems to, new apparent excluders come to the fore, and hence new questions arise about the possibility of p – ›If we know that whenever a new apparent excluder comes along, we will try to show that p remains standing, wouldn't it be more economical simply to prove p once and for all?‹ This proposal misconstrues the need. A proof of p will give us the conviction that p is true, but it need not give us understanding of how p can be true (given the apparent excluder). Even when the argument from an apparent excluder does not lead us to deny p or to doubt its truth, it still may leave us puzzled as to how p can be true. Typically, the arguments of the epistemological skeptic do not lead us to conclude we don't have knowledge; but they do leave us wondering how we can know what we do. A proof that p is true, however, need not show how p is compatible with the apparent excluders, or show which apparent excluder is false – it need not mention them at all. So the task of showing how p is possible cannot be done once and for all by a proof that p. What a proof can do – show us that p is true – is not what we need, for we already believe this. Why isn't it enough to know that p is true, why do we also need to understand how it can be true? To see how p can be true (given these apparent excluders) is to see how

things fit together. This philosophical understanding, finding harmony in apparent tension and incompatibility, is, I think, intrinsically valuable ...
The (possible) explanation of p from them is put forward tentatively, subject to withdrawal in the face of difficulties or alternative, better explanations, perhaps using deeper principles that also would explain other things.«[101]
Nozick beschreibt einen Gegenstandsbereich der Philosophie als wie folgt konstituiert: Eine Menge von Aussagen {r1, ..., rn} wird akzeptiert und steht in Spannung mit einer ebenfalls akzeptierten Aussage p. Diese Situation läßt sich in der skeptischen Methode reformulieren: Es besteht ein innerhalb unseres Standpunktes (prima facie) triftiges Argument mit absurder Konklusion.[102] In Anbetracht dieser Situation stehen gemäß Nozick zwei Reaktionen zur Verfügung: (i) Eine der ri wird negiert; d. h. (in der skeptischen Methode), das skeptische Argument ist nicht triftig, also Reaktion 1. Die Negation wird gemäß Nozick nicht direkt begründet werden, sondern vielmehr ist zu untersuchen, ob wir denn ri akzeptieren müssen, d. h., ob die Negation von ri inakzeptable Konsequenzen enthält – also der Skeptizismus der zweiten Stufe. (ii) Die Annahme der Inkompatibilität von {r1, ..., rn} und p, also in unserem Schema insbesondere der Begründung von nonp durch {r1, ..., rn} zurückweisen (d. h. Reaktion 2: aufzeigen, daß die Konklusion des Arguments innerhalb des Standpunktes entgegen dem ersten Eindruck nicht absurd, sondern akzeptabel ist). Wir erkennen also, daß diese Art von Gegenstandskonstitution der Philosophie unter die skeptische Methode subsumiert werden kann. Nun sind derartige Unmöglichkeitsaufweise nicht die einzige Möglichkeit von Reductio-ad-absurdum-Argumenten, und damit ist die skeptische Methode von größerer Reichweite. Damit akkomodieren wir auch die Vermutung der These der Identifikation von Philosophie und Anwendung der skeptischen Methode (p) und Nozicks Einschränkung der Reichweite derartiger Problemstellungen auf »many philosophical problems« (Excluder r).
Nozick vertritt ebenfalls die These der Iterativität der skeptischen Methode («This task is unending») und führt sie darauf zurück, daß durch das Anwachsen zumindest vermeintlicher Erkenntnis mehr

---

[101] R. Nozick: *Philosophical Explanations*, Oxford (Clarendon Press) 1981, 9ff.
[102] Vereinfachend symbolisiert: $[\{r1, ..., rn\} \wedge p \wedge \{r1, ..., rn\} \Rightarrow nonp] \Rightarrow p \wedge nonp$; »x $\Rightarrow$ y« kann, da logische Implikation zu stark klingen mag, auch als »x begründet y« interpretiert werden.

Fürwahrhaltungen in Übereinstimmung gebracht werden müssen. Von großer Relevanz für die skeptische Methode ist seine Einsicht, daß eine mögliche Erklärung für p nur unter der Bedingung angenommen wird, daß noch keine bessere Erklärung, unter Gebrauch von »tieferen« Prinzipien und größerer Reichweite, gefunden wurde. Damit verbindet sich die Aufgabe, eine solche zu suchen. Diese Einsicht hat das folgende Gegenstück in der skeptischen Methode: Eine Reaktion auf ein skeptisches Argument, welches auch andere skeptische Argumente unwirksam macht, ist vorzuziehen, d. h., eine allgemeinere Skepsisreaktion ist vorzuziehen.

Nozick betrachtet das Vorgehen, Unmöglichkeitsaufweisen von p mit einer positiven Begründung von p zu begegnen. Er begründet seine Zurückweisung dieses Vorgehens zweifach: (i) Die Frage angesichts des Unmöglichkeitsaufweises, wie p möglich ist, ist damit nicht beantwortet; (ii) ein positiver Aufweis von p ist redundant, da wir von p ohnehin bereits überzeugt sein müssen, damit überhaupt ein Problem konstituiert ist. Das eigentliche Mißverständnis, einem Unmöglichkeitsaufweis mit einer positiven Begründung zu begegnen (etwa die Möglichkeit aus der Tatsächlichkeit zu folgern), läßt sich in der Terminologie der skeptischen Methode präziser herausarbeiten. Eine positive Begründung für p ausgehend von akzeptierten Prämissen {q1, ..., qn} würde unsere Überzeugung in p verstärken. Unser Problem besteht jedoch gerade darin, daß wir von p überzeugt sind. Eine Verstärkung der Überzeugung käme somit einer Verstärkung des eigentlichen Problems gleich. In der Tat, ein positiver Aufweis könnte als Reductio ad absurdum der akzeptierten Prämissen {q1, ..., qn} formuliert werden: {q1, ..., qn} $\Rightarrow$ p, aber auf Grund des Unmöglichkeitsaufweises gilt: nonp, also auch non{q1, ..., qn}, d. h., wir haben ein skeptisches Argument der zweiten Stufe gegen die Reaktion gegen das skeptische Argument der ersten Stufe, die skeptische Konklusion – etwa die Unmöglichkeit von Erkenntnis – zu akzeptieren. Das Mißverständnis, skeptischen Argumenten mit einem positiven Aufweis der Negation der skeptischen Konklusion zu begegnen, ist, zur Erinnerung, Moores Fehler aus dem vorangehenden Abschnitt.

Bezüglich der Frage der Motivation, die skeptische Methode anzuwenden angesichts eines skeptischen Argumentes, glaubt Nozick, daß das (Wieder-)Finden von Harmonie (Kohärenz) angesichts von Dissonanz (Inkohärenz) intrinsisch wertvoll ist. Damit bleibt die Frage der Motivation, die skeptische Methode ohne bestehendes skeptisches Argument anzuwenden, allerdings unberührt.

An anderer Stelle affirmiert Nozick in abstracto die These der Immanenz: »In order to prove p, however, you must start from premisses q which you, or those to whom you are proving p, know or believe ... A proof transmits conviction from its premisses down to its conclusion, so it must start with premisses (q) for which there already is conviction; otherwise, there will be nothing to transmit.«[103] Er wendet die These gemäß der skeptischen Methode auf die Epistemologie und die Philosophie an: »But the attempt to explain how knowledge is or can be possible, given what the skeptic says, is a task for my belief system's bureau of internal affairs. Some of the things the skeptic says or points out (for example, that certain situations are logically possible) I accept; these are or become part of my own belief system. My problem is that I don't see (or no longer see, after the skeptic has spoken) how these things go along with yet other things in my belief system, namely, numerous beliefs that I and others know certain things. My task here is to remove the conflict, to put my own beliefs in alignment, to show how those of the things the skeptic says which I accept can be fit in with other things I accept. In this way, I take very seriously what the skeptic says, for I acknowledge that what he says creates a problem for me and my beliefs. In thus trying to explain to myself how knowledge is possible, what is relevant is what I accept; the explanation is no less acceptable to me because the skeptic rejects part of it ... Thus what is philosophically interesting, what demarcates the philosophically important disagreements from the others, is the domestic problem presented for our own beliefs.«[104] Nozick thematisiert den Skeptizismus anhand der fiktiven Person des Skeptikers. Im Gegensatz zu Aristokles[105] begeht er nicht den Fehler, die Beziehung von uns mit dem Skeptiker adversarisch derart zu verstehen, daß das skeptische Problem durch Aufzeigen einer Inkohärenz des Skeptikers zu lösen ist. Vielmehr ist der Skeptiker nur in dem Maße von Interesse, in dem er unsere Fürwahrhaltungen gebraucht. Damit weist Nozick auch das Verständnis als unfruchtbar zurück, daß der Skeptiker eine Theorie vertritt, welche etwa die skeptischen Konklusionen als Thesen enthält. Denn eine solche Ansammlung von Thesen sollte uns unabhängig von den damit verbundenen Aufweisen der Inkohärenz in unserem Standpunkt nicht beunruhigen. Es ist daher z. B. zulässig, wie im Textabschnitt über Kant (s. o.)

[103] R. Nozick: *Philosophical Explanations*, Oxford (Clarendon Press) 1981, 14.
[104] R. Nozick: *Philosophical Explanations*, Oxford (Clarendon Press) 1981, 16, 18.
[105] Siehe Abschnitt 3.2.

dargestellt, außerhalb von skeptischen Argumenten bezüglich der Induktion induktiv zu argumentieren. Die Verknüpfung verschiedener skeptischer Gedankengänge wird in unserem Skeptizismus der zweiten Stufe berücksichtigt: Der als Reaktion auf ein skeptisches Argument geschaffene Standpunkt wird anderen möglichen skeptischen Argumenten ausgesetzt. Über die Betonung der Immanenz im Skeptizismus hinaus weist Nozick darauf hin, daß durch ein skeptisches Argument alle im Argument gebrauchten Begriffe und Fürwahrhaltungen, und nicht etwa nur der Erkenntnisbegriff, in Frage gestellt sind, so daß die Reaktion auf ein skeptisches Argument durchaus epistemologisch ohne Konsequenz sein kann.

Nozick thematisiert das Wesen skeptischer Argumente sowie die These von der Reaktion in Übereinstimmung mit der skeptischen Methode: »No philosophical argument forces us to accept its (unpleasant) conclusion; instead, we always can pursue the philosophical task of uncovering the argument's defects. This is the way ... skeptical arguments generally, have been treated ... When a philosopher sees that premisses he accepts logically imply a conclusion he has rejected until now, he faces a choice: he may accept this conclusion, or reject one of the previously accepted premisses, or even postpone the decision about which to do. His choice will depend upon which is greater, the degree of his commitment to the various premisses or the degree of his commitment to denying the conclusion.«[106] Gemäß Nozick basiert die Entscheidung zwischen den verschiedenen möglichen skeptischen Reaktionen auf dem »Grad des Verpflichtet-Seins« des Philosophen auf die verschiedenen skeptischen Prämissen bzw. auf die Negation der skeptischen Konklusion. Der Grad des Verpflichtet-Seins ist sicherlich eine Funktion der Beziehungen der Prämisse/der Konklusion mit den anderen Fürwahrhaltungen und Begriffen im Standpunkt des Philosophen, und diese werden von uns im Skeptizismus der zweiten Stufe thematisiert. Der Skeptizismus der zweiten Stufe läßt sich also als eine Ausarbeitung von Nozicks Ansatz verstehen.

Rhees

Rush Rhees teilt die Vermutung des Autors bezüglich der Richtigkeit der These der Identifikation von Philosophie und Anwendung der

---

[106] R. Nozick: *Philosophical Explanations*, Oxford (Clarendon Press) 1981, 2 f.

skeptischen Methode: »The refutation of skepticism is the whole business of philosophy.«[107]

Unter der Annahme der Richtigkeit dieser Vermutung werden wir im nun folgenden zweiten Teil der Arbeit durch Anwendung der skeptischen Methode in der Epistemologie exemplarisch aufzeigen, wie Philosophie betrieben werden sollte. Bei Ablehnung der Vermutung werden wir aufzeigen, wie Philosophie betrieben werden kann. Die Anwendung der skeptischen Methode in der Epistemologie ist dann als *ein* Modell (und nicht als das einzige Modell) für das Philosophieren überhaupt zu verstehen.

---

[107] R. Rhees, zitiert in: I. Dilman: *Induction and Deduction*, Oxford (Blackwell) 1973, 20. Vergleiche mit Ilting: »Die Vermutung erscheint gerechtfertigt, daß die Prolegomena die eigentliche Aufgabe der Philosophie bereits enthalten und daß der aporetische Charakter des Philosophierens konstitutiv ist« (K. H. Ilting: *Aporie*, H. Krings/M. Baumgartner/C. Wild (Hg.), Handbuch Philosophischer Grundbegriffe, München (Kösel Verlag) 1972, Band 1, 118); Lenk: »Zu neuen und grundlegenden Einsichten kann man also (nur?) durch abweichende Begründungen, durch einen den anerkannten Meinungen entgegengesetzten ›Logos‹ (Aristoteles, Topoi, 104 b 24), also gegen die ›Erwartungen‹ (Rhetorik, 1412 a 27) gelangen« (H. Lenk: *Prometheisches Philosophieren zwischen Praxis und Paradox*, Stuttgart [Radius Verlag] 1991, 113).

TEIL II

ANWENDUNG DER SKEPTISCHEN METHODE

Wir werden nun die in Teil I entwickelte skeptische Methode anwenden. Die in Kapitel 2 dargestellten skeptischen Argumente dienen uns als Ausgangsbasis für dieses Unterfangen. Das als regulativ zu verstehende Ziel des zweiten Teiles der Arbeit besteht darin, durch Anwendung der skeptischen Methode einen vorerst skepsisresistenten Standpunkt zu entwickeln, d. h. zu entwickeln, wie Erkenntnis zu denken ist. Wie in Teil I angeführt, sind drei Reaktionen zulässig, ein skeptisches Argument aufzulösen:

1. aufzeigen, daß das Argument innerhalb des Standpunktes entgegen dem ersten Eindruck nicht triftig ist, also doch kein skeptisches Argument ist;
2. aufzeigen, daß die Konklusion des Arguments innerhalb des Standpunktes entgegen dem ersten Eindruck nicht absurd, sondern akzeptabel ist, das Argument also doch kein skeptisches Argument ist;
3. Revision des Standpunktes, so daß das vorliegende skeptische Argument nicht mehr zu entwickeln ist.

Es wäre sicherlich wünschenswert, wenn eine Reaktion mehrere oder alle skeptischen Argumente auflöst. Wir bezeichnen eine Skepsisreaktion, welche alle (betrachteten) skeptischen Argumente löst, als eine allgemeine Skepsisreaktion. Wir bezeichnen eine Skepsisreaktion, welche ein bestimmtes skeptisches Argument löst, als eine spezielle Skepsisreaktion. Der Komparativ wird entsprechend gebildet. Offensichtlich sind allgemeinere Skepsisreaktionen ökonomischer als speziellere. So entfällt bei einer allgemeinen Skepsisreaktion die Untersuchung auf Kompatibilität der speziellen Skepsisreaktionen. Vielleicht sind allgemeine Skepsisreaktionen auch aufschlußreicher bezüglich unseres (epistemologischen) Standpunktes.

Wir beginnen in Kapitel 4 mit einem Typus einer allgemeinen Skepsisreaktion: Anwenden der skeptischen Reaktion 3 (die skeptische Konklusion ist akzeptabel) auf alle skeptischen Argumente. Den so geschaffenen Standpunkt bezeichnen wir als Kompatibilismus. Wir untersuchen vier Varianten eines solchen Standpunktes.

4. ALLGEMEINE SKEPSISREAKTION I: KOMPATIBILISMUS

4.1 Irrationalismus, Naturalismus und Fideismus

Die in Kapitel 2 angeführten Argumente konkludierten, daß begründete Fürwahrhaltung überhaupt oder in Bereichen wie der Außenwelt, anderen mentalen Zuständen, der Vergangenheit und der Zukunft uns nicht zu Gebote steht. Jede Meinung ist so gut wie jede andere. Im Irrationalismus wird der Widerspruch zwischen der skeptischen Konklusion und unserer gewöhnlichen Fürwahrhaltung sowie der Selbstwiderspruch der global-skeptischen Konklusion[1] stehengelassen. Dieser Standpunkt ist derart charakterisiert bereits nichtakzeptabel. Darüber hinaus wäre für wahr zu halten, daß etwas so ist und nicht so ist, und mit ex falso quod libet und Abgeschlossenheit von Begründung bezüglich logischer Implikation wäre eine jede Proposition für wahr zu halten.[2]

Der Naturalismus ist eine Modifikation des Irrationalismus. Der Standpunkt, der vom Naturalismus gegenüber den skeptischen Argumenten eingenommen wird, sei durch das folgende extensive Zitat von Peter F. Strawson beschrieben: »Gibt es noch eine andere Methode, den Skeptizismus anzugehen, eine, die nicht bloß eine Variante derer ist, die ich bereits erwähnt habe; ... Ich glaube ja ...

Im *Treatise* schraubt Hume die Ansprüche der Vernunft herunter: In einem berühmten Satz des zweiten Buches darauf, unsere Handlungsziele zu bestimmen; [nämlich:] ›Die Vernunft ist nur der Sklave der Affekte und soll es sein; sie darf niemals eine andere Funktion beanspruchen als die, denselben zu dienen und zu gehorchen.‹ [Fuß-

---

[1] Siehe Abschnitt 3.2.

[2] Das Ex-falso-quod-libet-Prinzip, eine logische Tautologie, besagt, daß ein Widerspruch eine beliebige Proposition (logisch) impliziert, d. h., Widerspruch $\Rightarrow$ P, für beliebige P. Die Begründung hierfür ist, daß eine Implikation nur falsch ist, falls das Antezedens wahr und das Sukzedens falsch ist. Der Widerspruch ist aber notwendigerweise falsch. Abgeschlossenheit bezüglich logischer Implikation, das sogenannte Transmissionsprinzip, besagt, daß, wenn das Antezedens einer logischen Implikation begründet ist, auch das Sukzedens begründet ist. Nun ist der Vertreter des Irrationalismus als Folge des skeptischen Arguments und seiner gewöhnlichen Fürwahrhaltung rational auf den Widerspruch verpflicht und somit per ex falso quod libet und Transmissionsprinzip auf eine jede beliebige Proposition P. P könnte z. B. besagen, daß Gras blau ist, $1 + 1 = 5$ ist oder auch die jeweiligen kontradiktorischen Aussagen.

note: D. Hume: *A treatise of human nature*, dt. Übersetzung: *Ein Traktat über die menschliche Natur*, Hamburg (Philosophische Bibiliothek) 1973, Buch 2, 153]; gegen Ende von Buch I, aus der gleichen Geisteshaltung, auf die Überzeugungsbildung, was Tatsachen und Gegebenheiten anbetrifft [sic]. Er erläutert, daß alle Argumentationen *für* den Skeptizismus völlig vergebens sind, und, aus denselben Gründen, alle *gegen* ihn. Sein Punkt ist wirklich ganz einfach der: Was für Argumentationen auch immer zu diesem Thema erbracht werden – wir *können* einfach nicht *umhin*, an das Vorhandensein von Körpern zu glauben, und *können* einfach nicht *umhin*, unsere Überzeugungen und Erwartungen in genereller Übereinstimmung mit den grundlegenden Codices der Induktion zu bilden. Zwar ist er auf diese Frage nicht eingegangen, doch er hätte wohl hinzufügen können, daß wir um den Glauben an die Existenz anderer Menschen (und somit des Fremdpsychischen) ebensowenig herumkommen. Hume erklärt uns seinen Standpunkt in der Regel unter Berufung auf die Natur, die uns in diesen Dingen keine Wahl läßt, sondern uns ›mit absoluter und unabwendbarer Notwendigkeit‹ nötigt, ›Urteile zu fällen, ebenso wie sie uns nötigt, zu atmen und zu empfinden‹. Zum totalen Skeptizismus, der, von der Fehlbarkeit menschlichen Urteils ausgehend, dazu neigt, jedwelche Meinung und Überzeugung zu untergraben, äußert er sich folgendermaßen: ›Hat sich je einer die Mühe gegeben, die Spitzfindigkeiten eines solchen gänzlichen Skeptizismus zu widerlegen, so hat er in der Tat ohne Gegner gestritten und durch Argumente ein Vermögen im Menschen festzustellen versucht, das die Natur lange vorher dem Geist eingepflanzt und zu seinem unvermeidlichen Besitztum gemacht hat.‹ Auch macht er darauf aufmerksam, daß das, was für den gänzlichen Skeptizismus gilt, auch für den bezüglich der Existenz von Körpern gilt. Selbst der erklärte Skeptiker ›kann aus gleichem Grunde auch nicht umhin, dem Satz, daß Körper existieren, zuzustimmen, obwohl er nicht behaupten kann, daß er seine Richtigkeit mit philosophischen Gründen zu erweisen vermag‹. Denn ›die Natur hat uns in eben dieser Hinsicht keine Wahl gelassen; sie hat diesen Punkt ohne Zweifel für einen Punkt von zu großer Wichtigkeit gehalten, um ihn unseren unsicheren Schlußfolgerungen und Spekulationen preiszugeben‹. Somit ›wäre es umsonst zu fragen: ob es Körper gibt oder nicht. Die Existenz der Körper ist ein Punkt, den wir in allen unseren Überlegungen als feststehend voraussetzen müssen.‹ ...

Hume ist also, könnte man sagen, bereit, eine Unterscheidung zweier gedanklicher Ebenen zu akzeptieren und zuzulassen. Die Ebene des kritischen philosophischen Denkens, das uns gegen den Skeptizismus nicht absichern kann, und die Ebene des alltäglichen empirischen Denkens, auf der die Kompetenzen des kritischen Denkens gänzlich übergangen und unterdrückt werden durch die Natur, durch eine unausweichliche natürliche Gebundenheit an einen Glauben: Den Glauben an die Existenz von Körpern und an Erwartungen, die auf Induktion basieren ...

Nach Hume, dem Naturalisten, läßt sich skeptischen Zweifeln nicht mit Argumenten beikommen. Man beachte sie am besten gar nicht, außer vielleicht insofern, als sie für ein harmloses Vergnügen gut sind, für ein wenig Ablenkung des Intellekts. Sie sollen nicht beachtet werden, weil sie *müßig* sind; machtlos gegen die Kraft der Natur, die Stärke unserer von Natur aus festverwurzelten Glaubensdisposition. Das soll nicht heißen, daß die Vernunft im Zusammenhang mit unseren Überzeugungen in Tatsachen- und Existenzfragen gar keine Rolle spielt. Sie spielt eine, aber nur eine Nebenrolle: ist eher Leutnant der Natur, als ihr Kommandant ... Wir sind von Natur aus auf einen allgemeinen Bezugsrahmen festgelegt und auf einen allgemeinen Stil der Überzeugungsbildung (und zwar den der Induktion). Innerhalb dieses Rahmens und dieses Stils können jedoch die Forderungen der Vernunft uneingeschränkten Spielraum haben.«[3]

Der naturalistische Standpunkt ist im wesentlichen durch zwei Thesen gekennzeichnet: Die skeptischen Argumente sind rational/ philosophisch triftig. (Diese These basiert auf den Textstellen, »obwohl er nicht behaupten kann, daß er seine Richtigkeit mit philosophischen Gründen zu erweisen vermag« und »die Ebene des kritischen philosophischen Denkens, das uns gegen den Skeptizismus nicht absichern kann«.) Die skeptischen Argumente sind müßig, da wir auf Grund unserer Natur an die Falschheit skeptischer Konklusionen glauben müssen.

Der Naturalismus beinhaltet jedoch mehrere skeptische Konsequenzen der zweiten Stufe: (i.) Unter der Annahme der 1. These folgt, daß wir keine begründete Fürwahrhaltung bezüglich irgend etwas haben. Damit ist jede Fürwahrhaltung so gut wie jede andere, und insbesondere ist die Fürwahrhaltung, daß die These 2 wahr ist,

---

[3]   P. F. Strawson: *Skeptizismus und Naturalismus*, N. Istase/R. Soskey (Übers.), Frankfurt a. M. (Athenäum) 1987, 21 ff.

so glaubwürdig wie das kontradiktorische Gegenteil. (ii.) Der Naturalismus beinhaltet gemäß der 2. These die gewöhnliche Fürwahrhaltung, daß wir begründete Fürwahrhaltung haben, und er ist gemäß der 1. These rational auf das kontradiktorische Gegenteil verpflichtet, d. h., der Naturalismus ist widersprüchlich. (iii.) Der Naturalismus beinhaltet gemäß der 1. These den Selbstwiderspruch der global-skeptischen Konklusion. (iv.) Die Affirmation der Negation der skeptischen Konklusion gemäß These 2 ist Moores Fehler.

Diese skeptischen Probleme sind die Konsequenz für die vom Naturalisten akzeptierte Spannung (und Widersprüchlichkeit) zwischen der menschlichen Fakultät der (philosophischen) Vernunft und dem alltäglichen, natürlichen menschlichen Denken. Nun wird eine Spannung innerhalb eines Standpunktes oder ein Selbstwiderspruch nicht dadurch erträglicher, daß man sich dessen bewußt wird. Kohärenz eines Standpunktes ist eine notwendige Bedingung für dessen Zulässigkeit.

Russell folgert noch zwei weitere skeptische Konsequenzen der zweiten Stufe im Naturalismus: »Humes Philosophie ... ist der Bankrott der Vernunft des 18. Jahrhunderts. ... Daher ist es wichtig herauszufinden, ob es im Rahmen einer Philosophie ... eine Antwort auf Hume gibt. Wenn nicht, dann gibt es keinen erkenntnistheoretischen Unterschied zwischen Vernunft und Wahnsinn. Der Verrückte, der sich für ein Rührei hält, ist nur deshalb zu verurteilen, weil er sich in der Minderheit befindet ...«[4]

Dem naturalistischen Standpunkt geistig nahe ist der Fideismus. Der Fideismus läßt einen dem Naturalismus analogen Dualismus zu. Hier ist es der Dualismus zwischen der Vernunft und religiösen Wahrheiten. Der Fideist vertritt die These, daß (wie die skeptischen Argumente zeigen) wir keine begründete Fürwahrhaltung haben, und er sieht das als Anlaß zum religiösen Glauben. Er begründet also seinen religiösen Glauben durch skeptische Argumente. Skeptische Argumente werden als Reductio ad absurdum einer rein rationalen Weltsicht verstanden.[5] Wie das bei einer inkohärenten Weltsicht helfen soll, ist allerdings nicht einsichtig.

---

[4]   B. Russell: *A History of Western Philosophy*, London (Allen and Unwin) 1946, 698 f., in: K. Popper: Objektive Erkenntnis, Hamburg (Hoffmann und Campe) 1973, 5.

[5]   Ein Vertreter dieses Standpunktes, insbesondere des Glaubens an die Triftigkeit des Arguments vom Irrtum sowie des Glaubens an infallibles Wissen, in der islamischen Tradition ist Abu Hamid al-Ghazali. »Yet his exposure to logic and

Zum Abschluß dieses Abschnittes betrachten wir noch ein weiteres skeptisches Argument von Russell gegen den Irrationalismus: »Beide haben viele Menschen zu der Ansicht verführt, daß es so etwas wie ein Rationalitätsideal, nach dem sich Meinen und Verhalten nutzbringend richten könnten, nicht gibt. Daraus müßte man dann folgern, daß, wenn Sie und ich verschiedener Meinung sind, es keinen Zweck hat, mit Argumenten zu kommen oder einen unparteiischen Dritten entscheiden zu lassen; uns bliebe nichts anderes übrig, als die Sache mit Rhetorik, Propaganda oder Krieg auszufechten, entsprechend unserer jeweiligen finanziellen und militärischen Stärke. Ich halte einen solchen Standpunkt für sehr gefährlich und auf die Dauer für die Zivilisation verhängnisvoll.«[6]

Russell führt also ein pragmatisches Argument gegen den Irrationalismus an: Würde der Irrationalismus vertreten, dann hätte das unangenehme Folgen für das menschliche Zusammenleben. Es könnte eingewendet werden, daß ein pragmatisches Argument epistemologisch irrelevant ist und Russells Einwand damit insbesondere kein skeptisches Argument der zweiten Stufe gegen den Irrationalismus darstellt. Dem ist allerdings nicht so. Für die Effektivität eines skeptischen Argumentes der zweiten Stufe gegen einen epistemologischen Standpunkt (oder allgemeiner: gegen eine jede Reaktion auf ein skeptisches Argument der ersten Stufe) ist es unerheblich, ob die nichtakzeptable Konsequenz pragmatischer oder epistemologischer Art ist oder sonst irgendeiner Kategorie angehört. Entscheidend sind die Nichtakzeptabilität der Konklusion und die Triftigkeit des Arguments. Nun zeigt Russell, wie ich meine, inakzeptable Konsequenzen des Irrationalismus auf und formuliert damit ein erfolgreiches skeptisches Argument der zweiten Stufe: Der Irrationalismus ist nicht vertretbar.

---

philosophy led him to seek a certainty in knowledge beyond that assumed by his profession. At first he attempted to address his problem academically, but after five years in Baghdad he resigned, left his family, and embarked on the mystic's solitary quest for al-Haqq. ... The light of truth came to him, he believed, only through divine grace; he considered his senses and reasoning powers all susceptible to error« (A. L. Ivry: *al-Ghazali, Abu Hamid*, in: R. Audi (Hg.), The Cambridge Dictionary of Philosophy, Cambridge [CUP] 1995, 19).

6   B. Russell: *Können die Menschen rational sein?*, in: R. Gillischewski (Übers.), Skepsis, Frankfurt a. M. (Athenäum Verlag) 1964, 39.

4.2 Pyrrhonismus

Wir betrachten die global skeptische Konklusion: Es gibt keine begründete Fürwahrhaltung. Wir haben zwei Möglichkeiten behandelt, warum diese Konklusion nicht akzeptabel, sondern absurd ist. Erstens ist es selbstwidersprüchlich, die Konklusion (begründet) für wahr zu halten. Zweitens steht die Konklusion im logischen Widerspruch zu der gewöhnlichen Fürwahrhaltung, daß wir begründete Fürwahrhaltungen haben. Der Pyrrhonismus kann als ein Versuch interpretiert werden, diese beiden Widersprüche auszuschalten.

Sextus Empiricus schreibt: »[26] Denn der Skeptiker begann zu philosophieren, um die Vorstellungen zu beurteilen und zu erkennen, welche wahr sind und welche falsch ... Dabei geriet er in den gleichwertigen Widerstreit [siehe auch die Tropen], und weil er diesen nicht entscheiden konnte, hielt er inne. ... [192] ... Die Behauptungsunfähigkeit nun ist der Verzicht auf die Behauptung in der allgemeinen Bedeutung, der wir sowohl die Affirmation als auch die Negation unterordnen, so daß die Behauptungsunfähigkeit ein Erlebnis von uns ist, dessentwegen wir erklären, daß wir weder etwas setzen noch aufheben. [193] Damit ist klar, daß wir auch die Behauptungsunfähigkeit nicht so verstehen, als ob die Dinge ihrer Natur nach so beschaffen seien, daß sie in jedem Falle Behauptungsunfähigkeit auslösten, sondern wir zeigen nur an, daß wir jetzt, da wir sie aussprechen, bei diesen fraglichen Gegenständen hier dieses erlebt haben ... [201] Auch das Schlagwort ›Ich bin ohne Erkenntnis‹ und ›Ich erkenne nicht‹ zeigt ein eigenes Erlebnis an, nach dem der Skeptiker für den gegenwärtigen Zeitpunkt darauf verzichtet, etwas von den erforschten verborgenen Gegenständen zu setzen oder aufzuheben ... [206] Bei allen skeptischen Schlagworten muß man sich vorher darüber im klaren sein, daß wir nichts über ihre unbedingte Wahrheit versichern, wo wir doch zugeben, daß sie auch sich selbst aufheben können, indem sie zusammen mit den Dingen, über die sie geäußert werden, sich selbst ausschalten, so wie die Abführmittel nicht nur die Säfte aus dem Körper treiben, sondern auch sich selbst zusammen mit den Säften abführen.«[7]

---

[7]   Sextus Empiricus: *Grundriß der pyrrhonischen Skepsis*, [26], [192], [193], [201], [296], M. Hossenfelder (Übers.), Frankfurt a. M. (Suhrkamp) 1993, 100, 137 ff.

Der Pyrrhoneer hat also überhaupt keine Fürwahrhaltungen in dem Sinne, daß er Dingen objektiv so oder so eine Eigenschaft zuschreibt. Damit hat die skeptische Konklusion ihr kontradiktorisches Gegenteil verloren, nämlich daß wir begründete Fürwahrhaltungen, daß Dinge so und so sind, haben. Darüber hinaus ist der Pyrrhoneer kein negativer Dogmatiker, da er sich der (objektiven) Richtigkeit der skeptischen Konklusion ebenso agnostisch gegenüber verhält. Es folgt, daß die beiden notwendigen Bedingungen für den Standpunkt, Ausschalten des Widerspruchs und des Selbstwiderspruchs der skeptischen Konklusion, erfüllt sind. Doch ist dieser Standpunkt stabil gegenüber dem Skeptizismus der 2. Stufe?

Ein weitverbreitetes Reductio-ad-absurdum-Argument gegen den Pyrrhonismus ist, daß seine Vertreter sich durch ihre eigenen Handlungen widersprechen. So schreibt Arne Naess: »Thus, for example, the mere fact that I stride confidently into a room might, in most circumstances, be said to be tantamount to accepting the proposition ›This floor will bear my weight‹, just as the mere fact that quickly withdrawing my foot after ominous creakings might be regarded as tantamount to my rejection of the proposition, and setting each foot down tentatively and with great hesitation to my withholding it.«[8]

Hume schreibt: »Er [der Pyrrhoneer] muß im Gegenteil zugeben, ... daß alles menschliche Leben untergehen müßte, wenn seine Prinzipien allgemein und auf die Dauer zur Herrschaft kämen. Jede Unterredung und jede Handlung würden sofort aufhören und die Menschen in einem vollkommenen Dämmerzustand verharren, bis die unbefriedigten Bedürfnisse der Natur ihrem elenden Dasein ein Ziel [Ende][9] setzten.«[10]

Das Argument ist also folgendes:

| 1 | 1 | Der Mensch muß handeln. |
| 2 | 2 | Handeln impliziert, Fürwahrhaltungen zu haben, daß etwas so und so ist. |

---

8 A. Naess: *Scepticism*, London (Routledge and Kegan Paul) 1986, 39.
9 Im Englischen (D. Hume: An Enquiry Concerning Human Understanding, Sect. XII, Part II, L.A. Selby-Bigge (Hg.), Oxford (OUP) 1975, 160): »All discourse, all action would immediately cease; and men remain in a total lethargy, till the necessities of nature, unsatisfied, put an end to their miserable existence.« Die Übersetzung von Raoul Richter ist debattierbar.
10 D. Hume: *Eine Untersuchung über den menschlichen Verstand*, 12. Abschnitt, 2. Teil, R. Richter (Übers.), Hamburg (Meiner) 1993, 187.

| 1, 2 | 3 | Der Mensch muß Fürwahrhaltungen haben, daß etwas so und so ist. |

Nun ist der Pyrrhoneer auf folgendes verpflichtet:

| 4 | 4 | Ich habe keine Fürwahrhaltungen, daß etwas so und so ist. |

Und damit ist er unter Annahme von 1, 2 und 4 auf einen Widerspruch verpflichtet:

| 1, 2, 4 | 5 | Widerspruch |

Wir bemerken, daß die Annahme 2 sehr stark ist. Die Annahme 2 ist begrifflicher Art. Also: Wenn die Annahme 2 wahr ist, dann ist das kontradiktorische Gegenteil notwendigerweise falsch, d. h., fürwahrhaltungslos handeln wäre ein hölzernes Eisen, also ein Widerspruch in sich. Dies scheint mir zu stark, wenn meine schwache sprachliche Intuition hier überhaupt eine Aussage erlaubt. Es ist auch nicht überzeugend, einem Hund als Folge seiner Handlungen Fürwahrhaltungen zuzuschreiben. Das antipyrrhonische Argument benötigt allerdings auch nur schwächere Annahmen, um die Konklusion 3 zu folgern: Es genügte zu zeigen, daß der Mensch gewisse Handlungen vollziehen muß, die die Fürwahrhaltungen, daß etwas so und so ist, implizieren.

Der Pyrrhonismus argumentiert gegen diese These. So schreibt Sextus: »[22] Wir sagen nun, das Kriterium der skeptischen Schule sei das Erscheinende, wobei wir dem Sinne nach die Vorstellung so nennen; denn da sie in einem Erleiden und einem unwillkürlichen Erlebnis liegt, ist sie fraglos. Deshalb wird niemand vielleicht zweifeln, ob der zugrundeliegende Gegenstand so oder so erscheint. Ob er dagegen so ist, wie er erscheint, wird in Frage gestellt.

[23] Wir halten uns also an die Erscheinungen und leben undogmatisch nach der alltäglichen Lebenserfahrung, da wir gänzlich untätig nicht sein können. Diese alltägliche Lebenserfahrung scheint vierteilig zu sein und teils aus Vorzeichnung der Natur, teils aus Erlebniszwang, teils aus Überlieferung von Gesetzen und Sitten, teils aus Unterweisung in Techniken zu bestehen. [24] Und zwar aus natürlicher Vorzeichnung, sofern wir von Natur aus die Fähigkeit besitzen, sinnlich wahrzunehmen und zu denken; aus Erlebniszwang, sofern uns Hunger zur Nahrung, Durst zum Getränk führt; aus Überlieferung von Sitten und Gesetzen, sofern wir es für das alltägliche Leben so übernehmen, daß wir die Gottesfurcht als ein Gut, die Gottlosigkeit als ein Übel betrachten; aus Unterweisung in Techniken schließlich,

sofern wir nicht untätig sind in den Techniken, die wir übernehmen.«[11]

Sextus beschreibt also ein gewöhnliches Leben allein unter Berücksichtigung von »Erscheinungen«. Erscheinungen sind hier in einem weiterem, d. h. nicht auf die Sinne begrenzten, Sinne zu verstehen. Erscheinungen bezeichnen alles, was der Pyrrhoneer passiv erfährt. Aktives Bestimmen, z. B. Verbessern einer überlieferten Ethik oder Technik, ist nicht zulässig, da wir dazu ja deren Überlegensein erkennen müßten. Dies können wir aber nicht und verharren so auf dem Status quo.

Ist der so beschriebene Standpunkt nun skepsisstabil? Wir betrachten skeptische Argumente der zweiten Stufe.

A.) Bei diesem Standpunkt gibt es ein offensichtliches Problem[12]: Es ist nicht zu verstehen, wie der Pyrrhoneer bei Sinnestäuschungen der Vernunft und nicht der Erscheinung folgt. So müßte er, um sein eigenes Beispiel (Tropus # 5) zu gebrauchen, dort nach dem ins Wasser getauchten Ruder greifen, wo es ihm scheint, und nicht, wie die Vernunft ihn glauben läßt, in der Verlängerung des nicht ins Wasser eingetauchten Ruderteiles.

B.) Das zweite skeptische Argument der zweiten Stufe konkludiert, daß Sprache vom Pyrrhonischen Standpunkt aus nicht zu verstehen ist. Dieses Argument entwickeln wir ausgehend von einem Zitat Ludwig Wittgensteins. »258. Stellen wir uns diesen Fall vor. Ich will über das Wiederkehren einer gewissen Empfindung ein Tagebuch führen. Dazu assoziiere ich sie mit dem Zeichen ›E‹ und schreibe in einem Kalender zu jedem Tag, an dem ich die Empfindung habe, dieses Zeichen. – Ich will zuerst bemerken, daß sich eine Definition des Zeichens nicht aussprechen läßt. – Aber ich kann sie doch mir selbst als eine Art hinweisende Definition geben! – Wie kann ich auf die Empfindung zeigen? – Nicht im gewöhnlichen Sinne. Aber ich spreche, oder schreibe das Zeichen, und dabei konzentriere ich meine Aufmerksamkeit auf die Empfindung – zeige also gleichsam im Innern auf sie. – Aber wozu diese Zeremonie? Denn nur eine solche scheint es zu sein! Eine Definition dient doch dazu, die Bedeu-

---

11 Sextus Empiricus: *Grundriß der pyrrhonischen Skepsis*, [22]–[24], M. Hossenfelder (Übers.), Frankfurt a. M. (Suhrkamp) 1993, 99.

12 Siehe auch: M. Hossenfelder: *Ungewißheit und Seelenruhe. Die Funktion der Skepsis im Pyrrhonismus*, Inaugural Dissertation, Justus Liebig Universität Gießen, Gießen 1964, 68.

tung eines Zeichens festzulegen. – Nun, das geschieht eben durch das Konzentrieren der Aufmerksamkeit; denn dadurch präge ich mir die Verbindung des Zeichens mit der Empfindung ein. – ›Ich präge sie mir ein‹ kann doch nur heißen: Dieser Vorgang bewirkt, daß ich mich in Zukunft richtig an die Verbindung erinnere. Aber in unserm Falle habe ich ja kein Kriterium für die Richtigkeit. Man möchte hier sagen: Richtig ist, was immer als richtig erscheinen wird. Und das heißt nur, daß hier von ›richtig‹ nicht geredet werden kann.«[13]

Wir beginnen mit einer notwendigen Bedingung für Sprache, d. h., wir beginnen mit einer Bedingung, die erfüllt sein muß, damit Sprache so, wie wir sie gebrauchen, zu verstehen ist: Die Benutzer einer Sprache müssen prinzipiell herausfinden können, ob sie die Zeichen der Sprache in Übereinstimmung mit dem vergangenen Gebrauch, d. h. richtig, oder nicht, d. h. falsch, verwenden. Eine Fehlkategorisierung, etwa die Anwendung des Wortes »Baum« auf ein Auto, die gemäß der Fehlbarkeit der Menschen nicht auszuschließen ist, muß für die Benutzer der Sprache prinzipiell als solche erkennbar sein. Es muß also ein anwendbarer Unterschied bestehen zwischen »Es scheint mir richtig, daß diese Empfindung ein E ist« (»Es scheint mir, daß ich in der Vergangenheit solche Empfindungen mit E bezeichnet habe«) und »Es ist richtig, daß diese Empfindung ein E ist« (»Ich habe in der Vergangenheit derartige Empfindungen mit E bezeichnet«). Es gilt zur Betonung, daß diese Bedingung nicht darauf basiert, daß die Wahrnehmung nicht funktioniert etc., sondern lediglich, daß eine kohärente Kategorisierung der Sachverhalte besteht und die Benutzer dies herausfinden können. Ansonsten ist es nämlich nicht zu verstehen, daß Zeichen weitestgehend richtig eingesetzt werden und Sprache also funktioniert. Wir fassen diese Bedingung der Übersicht halber so zusammen:

1   1   Notwendige Bedingung für Sprache: Benutzer können prinzipiell zwischen dem richtigen und falschen Gebrauch der Zeichen unterscheiden.

Wittgenstein betrachtet nun die Situation, in der der Gegenstandsbereich, auf den eine Sprache angewendet werden soll, nur in der ersten Person Singular zugänglich ist. Die Welt, von der die Sprache handelt, ist in diesem Sinne privat. Entsprechend bezeichnen wir eine Sprache,

---

[13] L. Wittgenstein: *Philosophische Untersuchungen*, Nr. 258, Frankfurt a. M. (Suhrkamp) 1995, 361.

die sich auf derartige private Sachverhalte bezieht, als Privatsprache und den Benutzer einer solchen Sprache als Privatlinguisten. Wittgenstein gebraucht zur Darstellung unsere Empfindungen. Als Annahme gilt: Alle Gründe für oder gegen eine Proposition über diese Welt sind nur dem Privatlinguisten zugänglich. Diese Charakterisierung einer möglichen Sprache führen wir als Annahme ein, deren Konsequenzen wir dann untersuchen wollen. Für die Funktion dieses Arguments als skeptisches Argument der zweiten Stufe ist diese Annahme wesentlich, da, so meine ich, die anderen Annahmen und Folgerungen unproblematisch sind. Dieses Argument wird dann auf einen epistemologischen Standpunkt angewendet durch Feststellung der Gültigkeit der nun folgenden Annahme und damit der rationalen Verpflichtung auf die Konklusion. In Übereinstimmung mit der herausragenden Stellung dieser Annahme bezeichnen wir diese als die Annahme der Privatsprache.

2   2   Alle Gründe für oder gegen eine Proposition sind nur in der ersten Person Singular zu einem Zeitpunkt zugänglich.

Wir werden nun nachweisen, daß Privatsprachen nicht die in 1 dargestellte notwendige Bedingung für eine Sprache erfüllen und damit keine Sprachen sind. Wir betrachten exemplarisch die Situation, in der der Privatlinguist seine »Sprache« anwendet. Er sagt zu sich selbst: »Dieses x ist ein E.« Diese Aussage bedeutet, daß der Privatlinguist den ihm erscheinenden Gegenstand als relevant ähnlich zu Gegenständen sieht, die er in der Vergangenheit mit »E« bezeichnet hat. Gemäß Annahme 1 nun muß es für den Privatlinguisten prinzipiell möglich sein herauszufinden, ob er das Zeichen E richtig, also in Übereinstimmung mit dem vergangenen Gebrauch, verwendet oder ob es ihm lediglich so erscheint, daß dieses x ein E ist. Doch aus der Privatheit gemäß Annahme 2 folgt, daß (i) kein Dritter dem Privatlinguisten Gründe für die Richtigkeit bzw. Falschheit des Zeichengebrauchs geben kann und daß (ii) dem Privatlinguisten selbst keine zusätzlichen Gründe über die Gründe hinaus, die er bereits in seiner Fürwahrhaltung berücksichtigt hat, gegeben sind; insbesondere müßte der Privatlinguist, um sich einer Fehlkategorisierung bewußt zu werden, zum gleichen Zeitpunkt für wahr halten, daß dieses x ein E ist und daß es nicht so ist; doch das ist absurd. Es folgt also, daß in einer Privatsprache prinzipiell nicht zwischen dem richtigen und falschen Gebrauch der Zeichen unterschieden werden kann. Damit ist die in Annahme 1 formulierte notwendige Bedingung für eine Sprache nicht erfüllt, und die Privatsprache ist keine Sprache. Der Ausdruck »Privatsprache« ist also selbstwidersprüchlich. Wir fassen dies so zusammen:

1, 2   3   Privatsprachen sind unmöglich.

Dieses Argument wenden wir nun wie folgt als skeptisches Argument der zweiten Stufe an. Wenn in einem epistemologischen Standpunkt die Annahme der Privatsprache gilt, dann ist Sprache in diesem Standpunkt unmöglich (die absurde Konklusion). Oder, in anderen Worten, Sprache ist in einem die Annahme der Privatsprache inkorporierenden Standpunkt nicht zu verstehen. Bei der Anwendung des Privatsprachenarguments auf skeptische Reaktionen beschränken wir uns also auf die Gültigkeit der Annahme der Privatsprache.

Nun, endlich, gebrauchen wir das Privatsprachenargument als skeptisches Argument der zweiten Stufe gegen den Pyrrhonismus. Gemäß dem Pyrrhonismus haben wir nur Zugang zu der Welt der Erscheinungen/Vorstellungen. Die Welt der Erscheinungen ist aber privat in dem geforderten Sinn, und es folgt, daß Sprache im Pyrrhonismus unmöglich ist. Die absurde Konklusion.

C.) Im Pyrrhonismus ist Meinungsverschiedenheit unmöglich: A sagt, es scheint x, und B sagt, es scheint nonx, es besteht kein Klärungsbedarf.

D.) Intention hat in dem pyrrhonischen Verhaltensmodell des Nur-Reagierens keinen Platz. Dies ist allerdings kein immanenter Einwand gegen den Pyrrhonismus und damit in der skeptischen Methode nicht zulässig. Denn die Pyrrhoneer sahen es z. B., entgegen zumindest der Fürwahrhaltung des Autors, als eine Stärke ihres Standpunktes an, daß der Mensch allgemeine Gleichgültigkeit, also insbesondere auch keine Intentionen, hat. So schreibt Sextus Empiricus: »[27] Wer nämlich dogmatisch etwas für gut oder übel von Natur hält, wird fortwährend beunruhigt: Besitzt er die vermeintlichen Güter nicht, glaubt er sich von den natürlichen Übeln heimgesucht und jagt nach den Gütern, wie er meint. Hat er diese erworben, gerät er in noch größere Sorgen, weil er sich wider alle Vernunft und über alles Maß aufregt und aus Furcht vor dem Umschwung alles unternimmt, um die vermeintlichen Güter nicht zu verlieren. [28] Wer jedoch hinsichtlich der natürlichen Güter oder Übel keine bestimmten

Überzeugungen hegt, der meidet oder verfolgt nichts mit Eifer, weshalb er Ruhe hat.«[14]

Wir fassen zusammen: Die Einwände A–C sind jeweils hinreichend, um den Pyrrhonismus zurückzuweisen. Vom pyrrhonischen

---

[14] Sextus Empiricus: *Grundriß der pyrrhonischen Skepsis*, [27]–[28], M. Hossenfelder (Übers.), Frankfurt a. M. (Suhrkamp) 1993, 100. Annas und Barnes kommentieren das pyrrhonische Ziel der Gleichgültigkeit so: »Some people, no doubt, will find happiness in a Pyrrhonian tranquility. Most of us, moreover, think from time to time that ›the world is too much for us‹ and welcome a degree of inner detachment in some parts of our lives. But in allowing that, we do not embrace Sextus' ideal of perpetual tranquility and total detachment. We would, we suspect, find such a state profoundly boring; and we might also regard it as ignoble. Intensity and engagement are no doubt disturbing, but they are also rewarding – they add, at the lowest estimate, an edge and a zest to life. Human happiness, for some of us at least, requires activity and participation, even at the price of anxiety and disappointment. To adapt an ancient metaphor, we do not want merely to be unconcerned spectators at the Olympic Games: we want to take part« (J. Annas/ J. Barnes: *The Modes of Scepticism*, Cambridge [CUP] 1985, 170). Hier streifen wir ein mögliches Problem einer immanenten Methode, welches zusammengefaßt werden kann unter die Frage: Ist die Nichtvertretbarkeit des Nationalsozialismus immanent durchführbar? Hoffnung, daß derart inakzeptable Theorien immanent kritisierbar sind, wird genährt in Platons Gorgias (Platon: *Gorgias*, O. Appelt [Übers.], Hamburg [Meiner] 1993, 90–142): Zu Beginn des Dialogs mit Sokrates vertritt Kallikles die folgenden Thesen: »Denn der Natur nach ist häßlicher, was auch schlechter ist, nämlich das Unrechtleiden, der Satzung nach aber das Unrechttun«; »Meiner Ansicht nach sind es eben die sich schwach Fühlenden unter den Menschen und die große Masse, die die Gesetze geben ..., um die kraftvolleren Menschen, die imstande sind, sich Vorteile zu verschaffen, einzuschüchtern und um selbst nicht ins Hintertreffen zu kommen, sagen sie, daß Übervorteilen sei häßlich und ungerecht ...; der Sinn aber ist, daß er die Rinder des Geryones davontrieb, ohne sie zu kaufen, auch ohne sie von ihm geschenkt zu bekommen; denn er hielt es für natürliches Recht, daß Rinder und aller sonstige Besitz des Schlechteren und Schwächeren dem Besseren und Stärkeren gehören« (Kapitel 38/39). Sokrates folgert aus diesem Standpunkt im Dialog mit Kallikles die Nichtvertretbarkeit des Standpunktes auf zwei Weisen: (i) »Also folgt doch, daß der Schlechte in gleichem Maße gut und schlecht ist wie der Gute, ja daß er vielleicht sogar in noch höherem Maße gut ist?« (Kapitel 53) Kallikles ist nicht in der Lage, diesen Unmöglichkeitsaufweis (sachlich) zurückzuweisen. (ii) Im Widerspruch mit seiner antidemokratischen Grundhaltung konzediert Kallikles Sokrates' Folgerung, daß »[um] im Staat zu großem Einfluß [zu] gelangen, ... du dem Volke der Athener so ähnlich als möglich werden mußt«, mit »Ich bin mir nicht völlig klar, aber ich glaube fast, du hast recht, mein Sokrates« (Kapitel 68). Für diese Besprechung siehe auch B. Waldenfels: *Das Sokratische Fragen*, Meisenheim am Glan (Verlag Anton Hain) 1961, 64 ff. Wir werden dieses Problem nicht weiter verfolgen.

Standpunkt aus ist unser tatsächliches Tun und Denken nicht zu verstehen. Der Pyrrhonismus ist somit zurückzuweisen.

4.3 Zusammenfassung

Wir haben Standpunkte untersucht, in denen die skeptische Konklusion zugelassen wird. Wäre ein solcher erfolgreich gewesen (d. h. gegen den Skeptizismus der zweiten Stufe resistent), dann hätten wir alle skeptischen Probleme mit einem Schlag gelöst. Es hat sich allerdings gezeigt, daß keiner dieser Standpunkte akzeptierbar ist. Der Kompatibilismus stellt also keine erfolgreiche allgemeine skeptische Reaktion dar. Im folgenden Kapitel untersuchen wir spezielle skeptische Reaktionen.

5. Spezielle Skepsisreaktionen

In diesem Kapitel betrachten wir die in Kapitel 2 dargestellten skeptischen Argumente einzeln. Dabei ist zu betonen, daß wir von unseren Rekonstruktionen der skeptischen Argumente ausgehen und insbesondere nicht von den »Original«-Versionen (also der Grundlage unserer Rekonstruktion).

5.1 Argument vom Irrtum

5.1.1 Fallibilismus und Probabilismus

Das Argument vom Irrtum enthält die folgende Annahme (die Annahme # 3): Was uns zuweilen täuscht, begründet eine Fürwahrhaltung nicht. Die offensichtliche Reaktion ist zu sagen, daß diese Annahme schlichtweg falsch ist innerhalb unseres Standpunktes oder, in der Terminologie der skeptischen Methode, daß ein durch die Annahme 3 bestimmtes Verständnis von Begründung durch das skeptische Argument ad absurdum geführt ist: (a) Die anderen Annahmen und Folgerungen zu verneinen hat absurde Konsequenzen; (b) die Annahme 3 zu verneinen hat keine absurden Konsequenzen (Skeptizismus der 2. Stufe); (c) die Konklusion ist absurd; aus (a)–(c) folgt dann, daß wir die Annahme 3 nicht für wahr halten sollten. In anderen Worten: Ein solches Verständnis ist unter kritischem Vorzeichen nicht zu explizieren.

Wir verstehen Begründung also als fehlbar und nichtkonklusiv (und das läßt sich unter kritischem Vorzeichen für wahr halten). Ein skeptisches Argument also, das voraussetzt, daß Begründung hundert Prozent Sicherheit impliziert, ist uninteressant. Daher schreibt Abel: »Es ist nicht so, daß der Skeptiker Behauptungen etwa von der Art aufstellt: ›Niemand kann jemals sicher wissen, ob Cäsar donnerstags in den Katakomben Skat spielte.‹«[1]

Der Fehler, der in den skeptischen Annahmen liegt, ist durch Stroud im folgenden richtig diagnostiziert: »One example of a diagnosis of scepticism along these lines goes as follows. Suppose someone makes the quite startling announcement that there are no physicians in the city of New York. That certainly seems to go against something we all thought we knew to be true. It would really be astonishing if there were no physicians at all in a city that size.

---

[1] G. Abel: *Interpretationswelten*, Frankfurt a. M. (Suhrkamp) 1993, 153.

When we ask how the remarkable discovery was made, and how long this deplorable state of affairs has obtained, suppose we find that the bearer of the startling news says it is true because, as he explains, what he means by ›physician‹ is a person who has a medical degree and can cure any conceivable illness in less than two minutes.«[2]

In dem Ärzte-in-New-York-Beispiel gilt zudem noch, daß der vom »Skeptiker« gebrauchte Begriff völlig unnütz ist und unserer seinem damit auch vorzuziehen ist.

Der Fehler wird treffend beschrieben durch Moser: »The low road rests on a common but unconvincing philosophical ploy: redefining a key term [knowledge] to gain support for a controversial claim. Many skeptics advance their skepticism by redefining what knowledge is, specifically, by raising the standards for knowledge beyond plausibility. ... And it suffers from all the disadvantages of the fallacy of ignoratio elenchi by redefinition.«[3]

Es mag als Folge des für uns offensichtlichen Fehlers im Argument den Anschein haben, als sei dieses skeptische Argument gegen einen Strohmann-Standpunkt gerichtet, dieser Standpunkt also nie vertreten worden. Dem ist nicht so. Ein bekannter Vetreter der Möglichkeit sicherer Erkenntnis war, wie in Abschnitt 3.3 dargelegt, Descartes.

Die uns durch das Argument vom Irrtum aufgezeigte menschliche Fallibilität ist kommentiert durch Richter: »In der Tat ist die Einsicht, daß für alle objektiv universellen Sätze bloß Wahrscheinlichkeit vom Menschen erreicht werden kann, nur so lange niederschmetternd und

---

[2] B. Stroud: *The Significance of Philosophical Scepticism*, Oxford (OUP) 1991, 40.

[3] P. K. Moser: *Two Roads to Skepticism*, in: M. D. Roth/G. Ross (Hg.): *Doubting*, Dordrecht (Kluwer Academic Publishers) 1990, 127. Durch Unterstellung eben dieses Fehlers läßt sich auch Sokrates' »Ich weiß nur, daß ich nichts weiß« verstehen: »Since Socrates can defend his beliefs and has subjected them to intellectual scrutiny, why does he present himself as someone who has no knowledge – excepting the knowledge of his own ignorance? The answer lies in his assumption that it is only a fully accomplished expert in any field who can claim knowledge or wisdom of that field; someone has knowledge of navigational matters, e. g., only if he has mastered the art of sailing, can answer all inquiries about this subject, and can train others to do the same. Judged by this high epistemic standard, Socrates can hardly claim to be a moral expert, for he lacks answers to the questions he raises, and cannot teach others to be virtuous« (R. Kraut: *Socrates*, in: R. Audi [Hg.], The Cambridge Dictionary of Philosophy, Cambridge [CUP] 1995, 750). Vgl. Abschnitt 3.3, Sokrates, Fußnote. Siehe auch: P. Edwards: *Bertrand Russell's Doubts about Induction*, in: A. Flew (Hg.): Logic and Language, Oxford (Blackwell) 1963, 60.

lähmend, als man die Hoffnung, mehr darin zu erreichen, noch in einem verlegenen Winkel des Herzens birgt; mit diesem letzten Rest
verschwindet auch die intellektuelle Niedergeschlagenheit und macht
dankbarem, freudigen Arbeiten innerhalb der menschlichen Er-
kenntnisgrenzen Platz.«[4]

In diesem Abschnitt haben wir einen »Fehler« in den Annahmen
des skeptischen Arguments aufgezeigt. Unser Begriff von begründeter Fürwahrhaltung schließt, entgegen dem im Argument gebrauchten, die Irrtumsmöglichkeit ein oder, so zeigt das Argument, sollte sie
einschließen. Die skeptische Reaktion 1 ist hier also (relativ zu einem
fallibilistischen Standpunkt) erfolgreich. Relativ zu einem infallibilisti-
schen Standpunkt ist die skeptische Reaktion 3, also die Revision, erfolgreich.

Die Frage stellt sich nun, ob uns die Einsicht, daß Begründung
einer Fürwahrhaltung zu einer größeren Wahrscheinlichkeit verhilft
und nicht Gewißheit hervorbringt, relativ zu anderen skeptischen Argumenten hilft oder gar einen Ansatz zur Lösung sämtlicher skeptischer Argumente darstellt.[5]

Strawson schreibt: »Ähnlich ist das beste Argument gegen den
Skeptizismus, was das Fremdpsychische angeht, wahrscheinlich dieses: Gesetzt, der eigene körperliche Aufbau ist nicht einzigartig und
die generelle Gleichförmigkeit der Natur besteht auch in der biologischen Sphäre, so ist es *in höchstem Grade unwahrscheinlich* [meine Kursivsetzung, T. K.], daß man selbst der einzige einer Spezies ist, der sich
subjektiver Zustände erfreut, oder der einzige, der sich unter den und
den Umständen gerade subjektiver Zustände der und der Art erfreut.«[6]

Strawson behauptet also, daß der Begriff der Wahrscheinlichkeit
ein Lösungsansatz für die durch skeptische Argumente hervorgerufe-
ne Begründungsproblematik bezüglich des Fremdpsychischen darstellt. Der Einfachheit halber nennen wir einen solchen Standpunkt
den Wahrscheinlichkeitsstandpunkt oder Probabilismus.

---

[4] R. Richter: *Der Skeptizismus in der Philosophie und seine Überwindung,* Leipzig (Verlag
    der Dürr'schen Buchhandlung) 1908, 212.

[5] Wir untersuchen also, ob der Probabilismus eine allgemeine skeptische Reaktion
    ist. Damit fällt diese Diskussion eigentlich nicht in dieses Kapitel. Eine kompakte
    Darstellung indiziert jedoch ein solches Vorgehen.

[6] P. F. Strawson: *Skeptizismus und Naturalismus,* N. Istase/R. Soskey (Übers.), Frank-
    furt a. M. (Athenäum) 1987, 30.

Der Begriff der Wahrscheinlichkeit ist relational.[7] Die Wahrscheinlichkeit einer Hypothese ergibt nur Sinn relativ zu einer Referenzklasse von Evidenz (oder Annahmen). Wir symbolisieren eine Wahrscheinlichkeitsaussage folgendermaßen: W (h | e1, ..., en) = r genau dann, wenn die Wahrscheinlichkeit, daß die Hypothese h wahr ist, unter der Annahme der Evidenzen e1 bis en (der Referenzklasse) r ist. Strawson behauptet also die folgende Wahrscheinlichkeitsaussage: W (Es gibt andere Geister | Der eigene Körperbau ist nicht einzigartig; die generelle Gleichförmigkeit der Natur besteht auch in der biologischen Sphäre) = nahe 1. Daraus folgert er, daß die Hypothese begründet ist. Die entscheidende Frage ist, ob der Probabilismus im Kontext skeptischer Argumente hilft. Betrachten wir das I-II-III-Argument gegen begründete Fürwahrhaltungen über mentale Zustände anderer. Der Probabilismus negiert die skeptische Annahme 2, d. h., daß die Proposition »Es gibt andere Geister« nur durch Propositionen der Art »Jones hat Schmerzen« begründet werden kann.

Analog zum Fremdpsychischen und dem I-II-III-Argument ist die probabilistische Strategie auch in anderen Erkenntnisbereichen und anderen Argumenten denkbar:

1. W (Es gibt eine externe Welt | Meiner Erfahrung) = nahe 1;
2. W (Die Welt hat nicht vor einer Stunde begonnen | Historische Evidenzen) = nahe 1;
3. W (Es gibt Uniformität | Kategorie I Propositionen) = nahe 1;
4. W (Ich träume nicht | Meiner Erfahrung) = nahe 1;
5. W (Ich werde nicht durch einen Dämonen getäuscht | Meiner Erfahrung) = nahe 1.

Wir können von diesen Beispielen folgendermaßen abstrahieren: Sei Hs die skeptische Hypothese (z. B.: Die Welt hat vor einer Stunde begonnen) und E alle relevante Evidenz in dem entsprechenden Erkenntnisbereich. Gemäß dem Probabilismus ist es nun sinnvoll zu sagen: W (nonHs | E) = nahe 1, und gemäß dem Wahrscheinlichkeitskalkül: W (Hs | E) = nahe 0. Daraus folgert der Probabilist, daß wir begründet nonHs für wahr halten. Ist der Probabilismus gegen den Skeptizismus der zweiten Stufe resistent? Präziser gesprochen: Ergibt

---

7   Diese These wird verteidigt von Hempel: »... no clear meaning at all [can be given] to the notion of probability as a nonrelational concept« (C. G. Hempel: Inductive Inconsistencies, in: Aspects of Scientific Explanation, New York [The Free Press] 1965, 62 ff.).

die Zuschreibung einer Wahrscheinlichkeit in benötigter Weise einen Sinn?

Wir betrachten zwei Arten der Zuschreibung einer Wahrscheinlichkeit in der alltäglichen Praxis. Die erste ist die statistische Wahrscheinlichkeit. Die statistische Wahrscheinlichkeit sei durch ein Beispiel erklärt. Die Wahrscheinlichkeit, daß ein gegebenes Pferd ein Schimmel ist, ist die Proportion von Schimmeln zu Pferden in der Gesamtpopulation (oder einer Referenzklasse von Pferden). Die Aussage W (x ist ein Schimmel | x ist ein Pferd) = r setzt also eine Referenzklasse von Objekten voraus (dies kann auch eine Teilmenge der Gesamtmenge sein). Um diese Methode der Bestimmung auf unsere skeptischen Hypothesen anzuwenden, müßten wir so oder so ähnlich verfahren: Um die Wahrscheinlichkeit zu bestimmen, daß es andere Geister (Hs) gibt, gegeben alle unsere Evidenz, benötigten wir zwei abzählbare Mengen von Objekten/Welten: Menge A besteht aus den Welten, in denen unsere Evidenz so ist und es andere Geister gibt. Menge B besteht aus den Welten, in denen unsere Evidenz so ist und es keine anderen Geister gibt. Die statistische Wahrscheinlichkeit ist dann die Proportion der Anzahl von Elementen in Menge A zu der Anzahl von Elementen in der Vereinigungsmenge von A und B.

Entscheidend nun ist, daß die Rede von Wahrscheinlichkeit impliziert, daß eine solche Mengenbildung Sinn ergibt im Kontext der Begründung der Fürwahrhaltung, daß es andere Geister gibt. Dies ist jedoch aus zwei Gründen nicht so:

1. Damit wir die Mengen bilden können, benötigen wir bereits die begründete Fürwahrhaltung, ob eine gegebene Welt mit der und der Evidenz eine mit oder ohne andere Geister ist. In dem Fall, daß es unsere Welt ist, muß eben genau das vorausgesetzt werden, was durch den Rekurs auf die Wahrscheinlichkeit gezeigt werden sollte – nämlich daß die Proposition, daß es andere Geister gibt, begründet ist (oder nicht); ein offenbarer Zirkelschluß.

2. Eine solche Mengenbildung setzt einen externen Standpunkt voraus, von dem aus man nicht nur unsere Welt betrachtet und erkennt, daß es andere Geister gibt, sondern auch andere Welten. Was immer so ein Standpunkt ist, er ist nicht unserer und steht uns damit auch nicht als Antwort auf das skeptische Argument zur Verfügung. Im Skeptizismus der zweiten Stufe muß also lediglich darauf verwiesen werden, daß der Probabilismus eine Perspektive voraus-

setzt, die wir nicht für wahr halten zu haben und auch nicht für wahr zu halten haben.

Die benötigte Zuschreibung einer Wahrscheinlichkeit ist also aus der statistischen Wahrscheinlichkeit nicht zu entwickeln.

Betrachten wir diese Zuschreibung von Wahrscheinlichkeit: W (Der nächste aus dem Eimer entnommene Ball ist schwarz | Der Eimer enthält 60 schwarze und 40 weiße Bälle; Entnahme ist wahllos) = 0,6. D. h., aus der Annahme, daß die Entnahmeprozedur so und so ist, folgt, daß die Wahrscheinlichkeit, daß der nächste entnommene Ball schwarz ist, 0,6 ist. Diese Wahrscheinlichkeitszuschreibung folgt aus den Begriffen. Doch dies ist nicht der Fall in den Wahrscheinlichkeitszuschreibungen des Probabilismus gegen die skeptische Hypothese. Es ist ja gerade der Witz der skeptischen Hypothese, konsistent zu sein mit aller erhältlichen Evidenz. In diesem Fall ist die Erkenntnis der Farbe der Bälle gleichzusetzen mit der Erkenntnis, das von hundert gegebenen Welten mit der und der Evidenz 40 mit und 60 ohne andere Geister sind. Die beiden oben aufgeführten Probleme sind also auch in diesem Zuschreibungsmodell enthalten. In Abwesenheit einer anderen Methode zur Zuschreibung von Wahrscheinlichkeit[8] folgt, daß der Probabilismus zurückzuweisen ist.[9]

5.2 Argument vom Traum

In diesem Abschnitt beginnen wir die Diskussion des Argumentes vom Traum und des Dämonen-Argumentes. Diese Diskussion betrifft all diejenigen skeptischen Argumente, die sich im Rekurs auf eine paralysierte Kognitionsfähigkeit entwickeln. Damit betrifft diese Diskussion u. a. auch ein in Kapitel 2 nicht vorgestelltes Argument, daß sogenannte Brain-in-a-Vat-Argument.[10] Wir gebrauchen das Argument vom Traum also als Repräsentant dieser Kategorie von skep-

---

[8]   Hier ist ein Ansatz für weitere Arbeit. Es ist zu untersuchen, ob nicht doch weitere (und gegen den Skeptizismus der zweiten Stufe immune) Konzepte von Wahrscheinlichkeit bestehen.

[9]   Andere Probleme des Probabilismus (insbesondere die Identifikation von »P ist begründet« und »P ist wahrscheinlich«) werden diskutiert in C. I. Lewis: *The given element in empirical knowledge*, in: The Philosophical Review, 61 (1952), 168–173; J. Dancy: *Introduction to Contemporary Epistemology*, Oxford (Blackwell) 1993, 55; siehe auch J. L. Pollock: *Epistemology and Probability*, in: Synthese, 55 (1983), 231–252; R. Nozick: *Philosophical Explanations*, Oxford (Clarendon Press) 1981, 263 ff.

[10] Dieses Argument wird entwickelt in: H. Putnam: *Reason, Truth and History*, Cambridge – London (CUP) 1981, Kapitel 1.

tischen Argumenten. Wir werden das Repräsentant-Sein des Arguments vom Traum allerdings nicht eigens nachweisen.

Wir erinnern uns an Descartes' Argument vom Traum:

1	1	Wachsein und Träumen können niemals durch sichere Kennzeichen unterschieden werden.
2	2	Um begründet auszuschließen, daß ich träume, benötige ich ein solches sicheres Kennzeichen.
1, 2	3	Ich kann nicht begründet ausschließen, daß ich träume.
4	4	Wenn ich P begründet für wahr halte, dann muß ich begründet ausschließen, daß ich träume (P eine beliebige Proposition über die Außenwelt).
1, 2, 4	5	Ich halte P nicht begründet für wahr.

Die Annahme 2 in diesem Argument ist nun in dem durch das Argument vom Irrtum geläuterten Standpunkt schlichtweg falsch.[11] Bedeutet dieses Ergebnis, daß wir das Argument ohne weiteres ad acta legen sollten? Ein solches Vorgehen ist in unserem Skepsis-Verständnis nicht angezeigt. Da wir skeptische Argumente als Mittel zu einem kohärenteren Standpunkt auffassen, folgt, daß es unser Ziel ist, skeptische Argumente »möglichst stark« zu machen, d. h. zu versuchen, sie so zu re-formulieren, daß die Annahmen und Folgerungen in unserem Standpunkt plausibel erscheinen und die Konklusion absurd erscheint. Die Vernachlässigung dieser Option kommt dem Ad-hominem-Fehler gleich.

Wir betrachten nun eine solche stärkere Version des cartesischen Traum-Argumentes.[12] In Übereinstimmung mit der skeptischen Methode werden wir zunächst das skeptische Argument darstellen und erst im Anschluß daran die Annahmen des skeptischen Argumentes im Rahmen von Skepsis-Reaktionen diskutieren. In diesem ersten Schritt werden die Annahmen lediglich motiviert. Zum Zwecke einer konziseren Darstellung gebrauchen wir folgende Symbolik[13]:

---

[11] Ebenso ist die Annahme 3 im Argument vom Dämonen in dem durch das Argument vom Irrtum geläuterten Standpunkt falsch.

[12] Das Argument ist eine Entwicklung auf der Grundlage von einem Argument in: C. Wright: *Scepticism and Dreaming: Imploding the Demon*, in: Mind, 100 (1991), 87 ff.

[13] Es ist zu betonen, daß diese Symbolisierung, wie auch die Darstellung in der bekannten Form, ausschließlich der Übersichtlichkeit dient. Insbesondere handelt es sich hierbei nicht um eine Formalisierung mit Unterscheidung in Objekt- und Metasprache oder um einen Versuch, eine Logik mit epistemologischem Opera-

$Bxt[P] =$ x hält P zum Zeitpunkt t begründet für wahr.

$Txt \quad =$ x träumt zum Zeitpunkt t.

$Wxt \quad =$ x nimmt (veridikal) wahr zum Zeitpunkt t (x funktioniert als Wahrnehmender ...).

$Ixt \quad =$ x funktioniert intellektuell zum Zeitpunkt t.

$P,Q ... =$ bestimmte Propositionen (über die Welt).

$A,B ... =$ unbestimmte Propositionen (zur Darstellung allgemeiner Schlußprinzipien).

$\Rightarrow \quad =$ logische Implikation

Es sei x eine beliebige Person und t eine beliebige Zeit. Der Definitionsbereich von P beinhaltet diejenigen Propositionen, für die die folgende Annahme gilt. Die Extension des Definitionsbereichs gilt es im Anschluß genauer zu bestimmen.

1   1 $Bxt[P] \Rightarrow Wxt.$

Wir betrachten also Propositionen, die nur dann von x zum Zeitpunkt t begründet für wahr gehalten werden, falls x zum Zeitpunkt t wahrnimmt. (z. B.: Hier ist jetzt ein Tisch.)

2   2 $Wxt \Rightarrow nonTxt.$

Also, wenn x träumt, daß etwas so oder so ist, dann nimmt er es nicht wahr. Nun benötigen wir das Prinzip der Transitivität:

3   3 $[[A \Rightarrow B] \wedge [B \Rightarrow C]] \Rightarrow [A \Rightarrow C].$

Und zusammen mit Modus ponens

4   4 $[A \Rightarrow B \wedge A] \Rightarrow B.$

erhalten wir dann, daß, wenn x zum Zeitpunkt t eine derartige Proposition begründet für wahr hält, x dann zum Zeitpunkt t nicht träumt:

1, 2, 3, 4   5 $Bxt[P] \Rightarrow nonTxt.$

Die folgende Annahme ist die Proposition in Zeile 3 im Originalargument. Sie basierte dort auf der Annahme 2, die wir begründet zurückwiesen. Wir werden die Proposition aus später ersichtlichen Gründen vorerst als Annahme einführen.

6   6 $nonBxt[nonTxt]$

---

tor (etwa: »Es ist begründet, daß«), analog etwa zur modalen Logik, zu entwickeln.

Für den nächsten Schritt benötigen wir das sogenannte Transmissionsprinzip. Das Transmissionsprinzip besagt, daß Begründung abgeschlossen ist bezüglich logischer Folgerung (z. B.: Es ist begründet, daß x ein Esel ist; wenn x ein Esel ist, dann ist es kein Pferd; es folgt: Es ist begründet, daß x kein Pferd ist):

7   7 $[Bxt[A] \wedge A \Rightarrow B] \Rightarrow Bxt[B]$.

Nun substituieren wir: $A = Bxt[P]$ und $B = nonTxt$ in Zeile 7 und erhalten:

7   8 $[Bxt[Bxt[P]] \wedge Bxt[P] \Rightarrow nonTxt] \Rightarrow$
                 $Bxt[nonTxt]$.

Wir folgern die skeptische Konklusion als Reductio ad absurdum. Dies mag irritieren, da wir skeptische Argumente ebenfalls als Reductio-ad-absurdum-Argumente verstehen. In diesem Fall gebrauchen wir die Reductio ad absurdum im mathematischen Gebrauch, d. h., wir nehmen das Gegenteil der zu beweisenden Proposition an und folgern eine Absurdität. Dieses Vorgehen ist durch eine übersichtlichere Darstellung des Arguments angezeigt. Also behaupten wir als Arbeitshypothese, daß x zum Zeitpunkt t P begründet für wahr hält:

9   9 $Bxt[P]$

Nun benötigen wir das sogenannte Prinzip der Iterativität:

10   10 $Bxt[A] \Rightarrow Bxt[Bxt[A]]$.

Wenn ich Gründe habe, daß A, dann habe ich auch Gründe dafür. D.h., die Frage, ob eine Begründung begründet ist, ist rational entscheidbar. Wir substituieren A durch P in Zeile 10 und erhalten durch Anwendung des Modus ponens (Zeile 4) auf Zeile 9 und 10:

4, 9, 10   11 $Bxt[Bxt[P]]$

Wir erkennen, daß die Terme der Konjunktion des Antezedens in Zeile 8 die Propositionen in Zeile 5 und 11 sind. Mit Modus ponens erhalten wir dann das Sukzedens aus Zeile 8:

1, 2, 3, 4,   12 $Bxt[nonTxt]$
7, 9, 10

Doch dies widerspricht der Zeile 6, nämlich daß x zum Zeitpunkt t keinen Grund dafür hat, daß er nicht träumt. Damit erhalten wir einen Widerspruch:

1, 2, 3, 4,   13   Widerspruch
6, 7, 9, 10

Es folgt, daß unsere Arbeitshypothese unter Annahme der übrigen Propositionen falsch ist, d. h.:

1, 2, 3, 4,   14 $nonBxt[P]$
6, 7, 10

Die Menge von Propositionen, für die dieses Argument konkludiert, daß wir keine begründeten Fürwahrhaltungen haben, beinhaltet alle diejenigen, für die man als »Wahrnehmer« funktionieren muß. Das sind unmittelbar alle Propositionen über die Außenwelt für x zum Zeitpunkt t. Nun sind x und t beliebig gewählt, und daher ist für niemanden zu irgendeiner Zeit eine Proposition über die Außenwelt begründet und damit, so könnte argumentiert werden, auch nicht bezüglich der Vergangenheit, der Zukunft und anderer Geisteszustände. Die einzige Klasse von Propositionen, die ausgenommen ist, betrifft das eigene mentale Leben. Diese Konklusion ist also nicht akzeptabel. Damit ist es angezeigt, in einer der drei Weisen auf dieses Argument zu reagieren. Bevor wir dies jedoch tun, möchte ich in diesem Argument den Reductio-ad-absurdum-Charakter noch klarer herausarbeiten.

Der tragende Gedanke des folgenden Argumentes ist, daß der Zustand des Träumens nicht nur genuines Wahrnehmen ausschließt, sondern ebenso genuines intellektuelles Funktionieren. Das könnte man daran veranschaulichen, daß ein geträumter mathematischer Beweis keine Begründungskraft hat. (Aus weiter unten ersichtlichen Gründen fahren wir in der Numerierung des obigen Argumentes fort). Also:

15   15   Ixt $\Rightarrow$ nonTxt.

Nun seien Propositionen Q derart, daß, um sie begründet für wahr zu halten, man intellektuell funktionieren muß, z. B. einen logisch validen Schritt als solchen erkennt.

16   16   Bxt[Q] $\Rightarrow$ Ixt.

Dann folgt mit Transitivität:

3, 15, 16   17   Bxt[Q] $\Rightarrow$ nonTxt.

Jetzt kommt der Trick: Um zu »erkennen«, daß der Beweis stringent ist, müssen wir intellektuell funktionieren. Insbesondere ist dies der Fall, um auf der Basis der Transitivität zu folgern, daß Bxt[P] $\Rightarrow$ nonTxt. Also können wir diese Proposition für Q substituieren. Die entsprechende Annahme können wir folgendermaßen symbolisieren:

18   18   Bxt[P] $\Rightarrow$ nonTxt $\in$ {Q: Um Q begründet für
                            wahr zu halten, muß x zum Zeitpunkt t intel-
                            lektuell funktionieren}.

Dies setzen wir dann in Zeile 17 ein und erhalten:

3, 15, 16, 18   19   Bxt[Bxt[P] $\Rightarrow$ nonTxt] $\Rightarrow$ nonTxt.

Mit zweifacher Anwendung der Iterativität auf Zeile 5 erhalten wir:

1, 2, 3, 4, 10   20   Bxt[Bxt[Bxt[P] $\Rightarrow$ nonTxt]].

Nun substituieren wir in Zeile 7 (Transmissionsprinzip) A durch Bxt[Bxt[P] $\Rightarrow$ nonTxt] und B durch nonTxt und erkennen, daß der linke Term der Konjunktion des Antezedens im Transmissionsprinzip in Zeile 20 und der rechte Term in Zeile 19 erfüllt ist, und somit folgt das Sukzedens per Modus ponens:

1, 2, 3, 4, 7,   21   Bxt[nonTxt]
10, 15, 16, 18

Doch das widerspricht der Zeile 6, und wir erhalten einen formalen Widerspruch auf der Grundlage der Annahmen in der linken Spalte:

1, 2, 3, 4, 6, 7,   22   Widerspruch
10, 15, 16, 18

Dieses Argument zeigt also, daß die Menge der Annahmen A = {1, 2, 3, 4, 6, 7, 10, 15, 16, 18} formal widersprüchlich ist und diese somit nicht in der Konjunktion für wahr gehalten werden können. Der formale Widerspruch ist wohl die am offensichtlichsten absurde skeptische Konklusion. Allerdings verschafft uns der zweite Teil dieses Argumentes keine neue Einsicht: Daß die skeptische Konklusion in Zeile 14 absurd (nichtakzeptabel) ist, ist offensichtlich genug. Für den Freund des formalen Widerspruchs hätten wir auch die Annahmen {1, 2, 3, 4, 6, 7, 10} in Zeile 14 mit der zusätzlichen Annahme, daß wir begründete Fürwahrhaltungen haben, in den formalen Widerspruch führen können.

Nun könnte man meinen, daß der Witz in dem zweiten Teil des skeptischen Argumentes darin liegt, daß wir den Widerspruch durch die Annahmen des skeptischen Argumentes selbst (+ Annahmen 15, 16, 18) herbeiführen, es also gezeigt ist, daß die Annahmen in der Konjunktion nicht für wahr haltbar sind. Doch wir sehen sogleich, daß dies nur im adversären Skepsisverständnis hilft. In unserem Verständnis sind, im interessanten Fall, diese Annahmen unsere Annahmen, und der Aufweis, daß sie sich auch ohne die Fürwahrhaltung, daß wir begründete Fürwahrhaltungen z. B. bezüglich der Außenwelt haben, widersprechen, bedeutet mit Sicherheit keine Verbesserung unserer Lage. Derjenige allerdings, der glaubt, daß diese Fürwahrhaltung zur Disposition steht, ist durch den zweiten Teil des Arguments ad absurdum geführt: Der nichtakzeptable formale Widerspruch ist, wiederum im interessanten Fall, sein Selbstwiderspruch. Da wir begründete Fürwahrhaltungen nur unter Akzeptanz nichtakzeptabler Konsequenzen aufgeben können, wie in Abschnitt 4.2 am Pyrrhonismus gezeigt, ignorieren wir den zweiten Teil des skeptischen Argumentes (Zeilen 15–22) und betrachten lediglich den ersten Teil (Zeilen 1–14) – das Argument vom Traum proper.

Das Argument vom Traum in unserer modifizierten Formulierung kann re-interpretiert werden als eine modifizierte Formulierung des Dämonenarguments aus Abschnitt 2.3. Dazu interpretieren wir Txt als »x wird zum Zeitpunkt t von einem Dämonen getäuscht«. (Ebenso für das Brain-in-a-Vat-Argument; hier ist Txt = x ist zum Zeitpunkt t ein Gehirn im Tank.) Also, abgesehen von Annahmen bezüglich des Träumens selbst, gilt unsere Diskussion mutatis mutandis für die anderen beiden Argumente. In der Verallgemeinerung folgt dann, daß die Diskussion alle diejenigen Argumente betrifft, die sich im Rekurs auf eine paralysierte Kognitionsfähigkeit entwickeln.

Betrachten wir nun das skeptische Argument. Die skeptische Konklusion basiert auf acht Annahmen und Ableitungsregeln. Die Annahmen 3 und 4 sind Prinzipien der Propositionallogik und damit nicht negierbar. Die übrigen Annahmen werden wir in den folgenden Abschnitten besprechen. Wir beginnen mit den Annahmen 1 und 2.

5.2.1 Wahrnehmung und Traum

Die Annahme 1 trifft eine Aussage zu der Beziehung zwischen begründet für wahr halten und wahrnehmen: wenn x (zum Zeitpunkt t) eine bestimmte Proposition P begründet für wahr hält, dann nimmt x (zum Zeitpunkt t) (veridikal) wahr. Die Annahme 2 trifft eine Aussage zu der Beziehung zwischen träumen und (veridikal) wahrnehmen: Wenn x (zum Zeitpunkt t) (veridikal) wahrnimmt, dann träumt x nicht. Beide Annahmen scheinen soweit plausibel zu sein.

Damit wir diese Annahmen nicht voreilig als Verdächtige entlassen, betrachten wir deren (zusammen mit Annahmen 3 und 4) Implikation in Zeile 5: Bxt[P] $\Rightarrow$ nonTxt. Also: Wenn x zum Zeitpunkt t träumt, dann hält x nicht begründet für wahr, daß P.

Ist das plausibel? Befassen wir uns mit möglichen Gegenbeispielen. Wir betrachten folgenden Fall: x träumt zum Zeitpunkt t, daß es regnet, und es regnet wirklich. Würden wir dies beschreiben als: x hält zum Zeitpunkt t begründet für wahr, daß es regnet, weil er es träumt. Wir würden das nicht sagen. Der Gedanke ist, daß etwas zu träumen kein guter Indikator ist, daß etwas so ist. Es mangelt, so möchte man sagen, an kausaler Verbindung zwischen der Tatsache, daß es regnet, und der Fürwahrhaltung. Versuchen wir den Fall dann dementsprechend neu zu konstruieren: Der Regen schlägt gegen die Fenster und bewirkt, daß x träumt, daß es regnet. Würden wir in diesem Fall x zuschreiben, daß er begründet für wahr hält, daß es regnet und er träumt. Es scheint mir, daß wir sagen würden, daß x in diesem Fall gar nicht träumt, sondern als Wahrnehmender funktioniert. Unsere Suche nach Gegenbeispielen ist erfolglos. Damit wäre, so gut es eben geht, gezeigt, daß in den Annahmen »unsere« Begriffe («Traum«, »Wahrnehmung«, »Begründung«) gebraucht werden. Eine sinnvolle, d. h. skepsisresistente, Revision dieser Begriffe ist nicht zu erkennen.

5.2.2 These der Iterativität

Die Annahme 10 beinhaltet, daß »begründet für wahr halten iterativ ist«. Dies bedeutet, daß wenn x zum Zeitpunkt t begründet für wahr hält, daß P, er dann auch einen Grund hat (haben muß), warum seine Begründung begründet ist. z. B.: x liest in einer Zeitung, daß die Titanic gesunken ist, und hält dies dann für wahr; auf die erste Frage »Woher weißt du das?« antwortet er: »Ich habe es in einer Zeitung gelesen«; falls er nun auf die zweite Frage keine Antwort hat, würden wir ihm die Begründung absprechen; er müßte etwa sagen, die Zeitung sei zuverlässig. Mit anderen Worten: Die Begründung einer Fürwahrhaltung ist rational entscheidbar. Die Iterativität scheint also soweit plausibel zu sein.

Wir haben dabei jedoch nur die Iterativität »erster Stufe«, d. h. die Begründung der Begründung einer Proposition, betrachtet. Die These der Iterativität behauptet darüber hinaus aber, daß auch die Begründung der Begründung der Proposition wiederum zu begründen ist usw. ad infinitum: Wir können die Proposition A in der These der Iterativität Bxt[A] $\Rightarrow$ Bxt[Bxt[A]] substituieren durch Bxt[P], Bxt[Bxt[P]] usw. In anderen Worten: Um eine Proposition P begründet für wahr zu halten, muß gemäß der These der Iterativität eine unendliche Anzahl von Begründungen erbracht werden. Doch das ist absurd (denn wir haben ja begründete Fürwahrhaltungen und sind endliche Geister). Und somit ist die These der Iterativität in der Allgemeinheit nicht zu vertreten.

Durch Zurückweisung der Annahme 10 sind wir also nicht mehr rational auf die skeptische Konklusion der betrachteten Version des Traum-Argumentes verpflichtet. Wir erkennen jedoch, daß in dem skeptischen Argument lediglich die (plausible) Iterativität der ersten Stufe (Zeile 11) benötigt wird. Durch die entsprechende Reformulierung der Annahme 10 erhalten wir wieder ein (zunächst) triftiges skeptisches Argument.

5.2.3 Transmissionsprinzip

Die allgemeine Gültigkeit des Transmissionsprinzips wird vom sogenannten Relevante-Alternativen-Standpunkt bestritten. Dieser Standpunkt läßt sich am besten an einem Beispiel[14] vorstellen. Ein Besucher eines Zoos sieht ein Tier, das so aussieht wie ein Zebra im Ze-
bra- und Oryx-Gehege. Der Besucher ist sich dessen bewußt, daß die
Proposition »Das Tier ist ein Zebra« (= A) impliziert, daß »das Tier
kein mit Streifen bemalter Esel ist« (= nonB). Nun, so wird behauptet, ist es falsch zu sagen, der Besucher hielte nicht begründet für
wahr, daß dies ein Zebra ist, wenn er nicht begründet ausschließt, daß
dies ein mit Streifen bemalter Esel ist. (Allerdings, so behauptet der
Vertreter, wenn der Besucher nicht in der Lage ist, ein Zebra von einem Oryx zu unterscheiden, dann hält er auch nicht begründet für
wahr, daß dieses Tier ein Zebra ist.) Damit behauptet der Vertreter
des Relevante-Alternativen-Standpunktes (mit der Annahme, daß A
$\Rightarrow$ nonB gilt), in symbolisierter Form: non[nonBxt[nonB] $\Rightarrow$ non
Bxt[A]]; mit logischer Kontraposition erhalten wir dann: non[Bxt[A]
$\Rightarrow$ Bxt[nonB]]. Doch diese Aussage ist die Negation des Transmissionsprinzips Bxt[A] $\Rightarrow$ Bxt[nonB] (mit der Annahme, daß A $\Rightarrow$ nonB
gilt). Der Relevante-Alternativen-Standpunkt unterscheidet relevante
(dieses Tier ist ein Oryx) und nichtrelevante Alternativen (dieses Tier
ist ein mit Streifen bemalter Esel). Um begründet für wahr zu halten,
daß P (dieses Tier ist ein Zebra), muß man nur die relevanten Alternativen, also insbesondere nicht die irrelevanten Alternativen, begründet ausschließen.

Die Beispiele, und die darauffolgende Verallgemeinerung, stehen
im Einklang mit unserer sprachlichen Intuition (unseren Begriffen).
Also halten wir das Transmissionsprinzip in der allgemeinen Form
nicht für wahr. Das skeptische Argument benötigt allerdings, um
schlüssig zu sein, nicht das allgemeine Transmissionsprinzip, sondern
das spezielle: Damit x begründet für wahr hält, daß hier eine Hand
ist, muß x begründet ausschließen, daß er träumt. Es folgt, daß der
erfolgreiche Relevante-Alternativen-Standpunkt zeigt, daß die Traummöglichkeit irrelevant ist.

Ein Ansatz wäre es, ein plausibles »Kriterium« zu finden, welches
relevante und irrelevante Alternativen unterscheidet und welches insbesondere die Traummöglichkeit dann zu den irrelevanten Alternati-

---

[14] Das Beispiel ist eine Variation von Fred Dretskes Beispiel in: F. Dretske: *Epistemic Operators*, in: The Journal of Philosophy, 67 (1970), 1015 f.

ven zählt. Doch ein solches ist bisher nicht gefunden. Dies ist vielleicht auch kein Zufall. Denn die Traummöglichkeit scheint ja, wenn auch ungewöhnlich, keinesfalls irrelevant. (Wenn dem so ist, dann folgt auch, trivialerweise, daß es ein solches Kriterium nicht gibt.) Prima facie – wenn wir uns der Traummöglichkeit bewußt sind, dann muß sie auch ausgeschlossen werden. Das Antezedens ist durchaus wichtig, denn es stimmte sicherlich nicht mit unserem Gebrauch überein, daß man gemäß dem Transmissionsprinzip jeweils die Negation aller Propositionen, die logisch aus der (begründet) für wahr gehaltenen Proposition folgen, (begründet) ausschließen muß. Es besteht jedenfalls ein Unterschied zwischen den relevanten und irrelevanten Alternativen, die in den Beispielen für den Relevante-Alternativen-Standpunkt angeführt werden, und der Traummöglichkeit. Während in den ersteren die Möglichkeit bestünde, sie begründet auszuschließen (in das Gehege klettern und prüfen, ob die Streifen nur aufgemalt sind), besteht diese Möglichkeit, gemäß Annahme 6, bei der Traummöglichkeit grundsätzlich nicht. Welche Implikationen hat diese Tatsache (so es denn eine ist)?

Es bietet sich an, folgendes Prinzip zu formulieren: Nur Möglichkeiten, die wir prinzipiell ausschließen können, müssen ausgeschlossen werden, um begründet für wahr zu halten, d. h., Sollen impliziert Können (mit Kontraposition): Wenn ich eine Möglichkeit prinzipiell nicht ausschließen kann, dann ist das kein Grund dafür, daß ich eine Fürwahrhaltung nicht für wahr halten soll. Mit diesem Prinzip wäre das skeptische Argument nicht mehr zu entwickeln. Doch dieses Prinzip ist nicht unproblematisch. Hier ist ein analoger Fall, in dem nicht gilt, daß Sollen Können impliziert: Wir nehmen an, daß Toms intellektuelle Fähigkeiten eingeschränkt sind und er daher »nicht anders kann«, als aus »P impliziert Q und Q« P zu folgern (ein beliebter logischer Fehler). Nun ist es sicherlich richtig zu sagen, selbst wenn Tom aus Dummheit nicht anders kann, sollte er doch diesen logischen Fehler nicht begehen. Also ist es in dem analogen Fall falsch, daß »Nichtkönnen Nichtsollen impliziert«, und mit Kontraposition ist es dann falsch, daß »Sollen Können impliziert«.[15]

---

[15] Diese Anwendung des Prinzips »Sollen impliziert Können« in der Epistemologie geht auf C. Wright zurück. Ein entsprechender Gedankengang läßt sich auch in bezug auf den Naturalismus in Abschnitt 4.1 entwickeln.

148   II. ANWENDUNG DER SKEPTISCHEN METHODE

5.2.4 Unentscheidbarkeitsthese

Damit bleibt uns noch die Annahme 6: nonBxt[nonTxt], oder in
Worten: Kein Mensch hält jemals begründet für wahr, daß er nicht
träumt. Wir erinnern uns, daß wir unter Zurückweisung der Prämisse
in dem Argument für Annahme 6 in der cartesischen Version des
Traum-Arguments (Proposition in Zeile 3) uns der rationalen Verpflichtung auf dieselbe entzogen. In der modifizierten Version haben
wir bis jetzt noch keine Begründung für diese Annahme gegeben.
Wir werden nun untersuchen, ob das Argument durch Negation der
Annahme 6 aufgelöst werden kann. Dazu überprüfen wir, ob der so
geschaffene Standpunkt auf nichtakzeptable Konsequenzen verpflichtet ist.

Wir betrachten das folgende Prinzip[16] und nennen es RAP (Rich-
tiges-Ausführen-Prinzip): Wenn die Begründung einer Proposition
auf der richtigen Ausführung einer Prozedur basiert, dann ist die
durch die Prozedur konstituierte Begründung nicht stärker als die davon unabhängige Begründung dafür, daß die Prozedur richtig ausgeführt worden ist.

Unter Annahme von RAP und, daß um festzustellen, daß man
nicht träumt, es einer Prozedur (z. B. sich zwicken) bedarf (Proze-
durnotwendigkeit = PN), folgt dann: Wenn x zum Zeitpunkt t begründet für wahr hält, daß er nicht träumt, dann hat er eine Prozedur,
um dies festzustellen. Damit das Ergebnis dieser Prozedur allerdings
begründet, daß er nicht träumt, muß er einen unabhängigen Grund
dafür haben, daß er die Prozedur richtig ausgeführt hat, und nicht
etwa geträumt hat, daß er sich gezwickt hat (und dabei Schmerz ver-
spürt). Also, damit die Prozedur begründet, daß x zum Zeitpunkt t
nicht träumt, muß x voraussetzen, daß er nicht träumt. Ein Zirkel.
Also implizieren die Annahme von RAP und der Notwendigkeit der
Begründung durch eine solche Prozedur die Annahme 6. In dem von
uns untersuchten Standpunkt ist die Annahme 6 jedoch negiert. Also
ist dieser Standpunkt per Reductio ad absurdum auf die Negation
von RAP oder PN rational verpflichtet. Aber beide erscheinen
durchaus plausibel, und es erscheint damit schwierig, sie für falsch zu
halten. Wir werden die Diskussion des Traum-Arguments hier zunächst abbrechen. Wir betrachten das Traum-Argument erneut in
Abschnitt 6.3.3.

---

[16] Dieses Prinzip ist formuliert in C. Wright: *Scepticism and Dreaming: Imploding the Demon*, in: Mind, 100 (1991), 99.

5.3 I-II-III-Argument gegen die Induktion

Das I-II-III-Argument gegen die Induktion ist aufschlußreicher als Humes Argument. Daher betrachten wir lediglich ersteres. Daß das I-II-III-Argument aufschlußreicher ist, werden wir nicht thematisieren.

5.3.1 Eliminative Induktion

Eine mögliche Reaktion auf das I-II-III-Argument ist der Versuch, die Induktion durch die eliminative Induktion zu ersetzen. Es wird behauptet, daß unsere (allgemeinen) Hypothesen »Alle A sind B« nicht durch eine (induktive) Folgerung von Aussagen der Form »Alle beobachteten A sind B« begründet werden, gemäß der Annahme 1 des I-II-III-Argumentes, sondern vielmehr sollten wir »nach Beobachtungen Ausschau halten ..., die zeigen, daß unsere falschen Hypothesen falsch sind«[17]. Die Hypothesen für die kein A gefunden wurde, welches kein B war, sind dann begründet.

Gemäß der eliminativen Induktion ist es also rational, eine Hypothese mit Gegenbeispiel nicht mehr für wahr zu halten, wohingegen wir unsere Erwartungen bezüglich der Zukunft auf der Grundlage von Hypothesen ohne Gegenbeispiel bilden sollten. Doch das gilt nur unter der Voraussetzung, daß ein Gegenbeispiel einer Hypothese begründet, daß es auch in der Zukunft Gegenbeispiele geben wird, bzw. daß die Abwesenheit eines Gegenbeispiels begründet, daß es auch in der Zukunft keine Gegenbeispiele geben wird. Wir könnten z. B. annehmen, daß sich Hypothesen wie Windpocken verhalten: Mit einem Gegenbeispiel sind sie gegen zukünftige Gegenbeispiele immunisiert. Insbesondere muß in der eliminativen Induktion zur Begründung einer allgemeinen Hypothese also gefolgert werden: (I) Hypothese H war falsch (in der Vergangenheit) zu (II) H wird falsch sein in der Zukunft; bzw. (I') Hypothese H hatte kein Gegenbeispiel (war wahr) (in der Vergangenheit) zu (II') Hypothese H wird in der Zukunft kein Gegenbeispiel haben (wird wahr sein) (in der Zukunft). Doch erfüllen die Propositionen (I)/(II) und (I')/(II') zusammen mit der Kategorie-III-Proposition »Es gibt Uniformität« die Annahmen des I-II-III-Arguments, und es folgt, daß Aussagen der Art »Alle A sind B hat kein Gegenbeispiel« unbegründbar sind und somit, gemäß

---

17 A. Musgrave: *Alltagswissen, Wissenschaft und Skeptizismus*, H. und G. Albert (Übers.), Tübingen (J. C. B. Mohr [Paul Siebeck]) 1993.

der Voraussetzung, auch Aussagen der Art »Alle A sind B«. Damit ist
die eliminative Induktion ebenfalls ein Opfer des I-II-III-Arguments.

5.3.2 Die spieletheoretische Reaktion

In der spieletheoretischen Reaktion wird unsere Situation mit der folgenden verglichen[18]: Wir befinden uns in einem Dschungel, der ausschließlich die Schlangenart Mambas beheimatet. Wir wissen, so nehmen wir an, daß der Biß einer männlichen Mamba letal und der einer
weiblichen Mamba wirkungslos ist. Es ist uns nicht möglich, das Ge-
schlecht einer Mamba zu bestimmen. Wir führen ein Antidot gegen
das Gift der männlichen Mamba mit uns. Dieses Antidot hat keine
negativen Wirkungen, falls es in dem Fall eines Bisses einer weiblichen Mamba eingesetzt wird. Unglücklicherweise wird ein Mitglied
unserer Gruppe, Herr Pech, nun von einer Schlange gebissen. Was
sollen wir tun? Wir haben genau zwei Optionen (oder Strategien): das
Antidot anwenden oder das Antidot nicht anwenden. Es bestehen
zwei mögliche Zustände: Die Mamba war männlich, oder die Mamba
war weiblich. Uns interessiert lediglich das Ergebnis, ob Herr Pech
überlebt oder stirbt. Die möglichen Ergebnisse als Funktion unserer
Entscheidung und des Zustandes lassen sich in der folgenden 2x2-
Matrix darstellen:

	Mamba männlich	Mamba weiblich
Antidot einsetzen	überlebt	überlebt
Antidot nicht einsetzen	stirbt	überlebt

Relativ zu unserer Präferenz des Ergebnisses, daß Herr Pech überlebt, erkennen wir sogleich, daß die Strategie »Antidot einsetzen« unsere einzige alternative Strategie, »Antidot nicht einsetzen«, dominiert
und es daher rational ist, diese zu implementieren. Der entscheidende
Punkt in dieser Überlegung ist, daß es rational ist, das Gegengift ein-
zusetzen, ohne daß wir den geringsten Grund dafür hätten, für wahr
zu halten, daß es wirkt. Denn wir haben ja keinen Grund dafür, für
wahr zu halten, daß Herr Pech von einer männlichen Mamba gebissen worden ist.

Wenden wir diese Analogie nun an auf unsere Situation bezüglich
der Fürwahrhaltungen über das Unbeobachtete oder, der Einfachheit
halber, die Zukunft. Es gibt zwei Zustände der Welt. Die Welt ist derart, daß die Anwendung der Induktion zu richtigen Vorhersagen
führt, d. h., das Prinzip der Uniformität oder die Kategorie-III-Pro-

---

[18] Diese Analogie ist adaptiert von C. Wright.

position ist gültig; oder die Welt ist derart, daß Induktion nicht funktioniert. Nennen wir den ersten Zustand: »Welt ist induktiv« und den zweiten Zustand: »Welt ist nicht induktiv«. Wir wissen nicht, in welcher dieser zwei Welten wir leben. Es bestehen genau zwei mögliche Strategien: Induktion zur Formierung von Fürwahrhaltungen bezüglich der Zukunft anzuwenden oder Induktion nicht anzuwenden. Wir erhalten also die folgende Matrix:

	Welt induktiv	Welt nicht induktiv
Induktion anwenden	x11	x12
Induktion nicht anwenden	x21	x22

Damit wir analog zu dem Mambafall folgern können, daß es rational ist, das induktive Schlußprinzip anzuwenden, ohne auch nur den geringsten Grund zu der Annahme zu haben, daß wir in einer Welt leben, in der die Induktion funktioniert (und nicht etwa in einer, in der morgen alles anders ist), gilt es zu zeigen, daß die Strategie »Induktion anwenden« die Strategie »Induktion nicht anwenden« dominiert; d. h., um relativ zu der Präferenz richtige Fürwahrhaltungen bezüglich der Zukunft zu haben, muß in beiden Zuständen die erstere Strategie besser als die letztere sein. Mit anderen Worten und mit Gebrauch einer Wertfunktion w (x): Es muß gezeigt werden, daß w (x11) > = w (x21) und w (x12) > = w (x22). Wenn dies gelingt, dann wäre es rational aus »Alle beobachteten A sind B« (Kategorie-I-Proposition) zu »Alle A sind B« (auch die zukünftigen, Kategorie-II-Proposition) zu folgern, ohne den geringsten Grund dafür zu haben, daß es Uniformität gibt (die Welt ist induktiv, Kategorie-III-Proposition), welches der skeptischen Annahme 3 (Kategorie-I-Propositionen begründen Kategorie-II-Propositionen nur, falls Kategorie-III-Propositionen bereits begründet sind) widerspricht. Es folgt aus dem Begriff der induktiven Welt, einer Welt mit Uniformität und Regelmäßigkeit, daß die Strategie, die Induktion anzuwenden, zu besseren Vorhersagen führt, als die, sie nicht anzuwenden. Es gilt also, daß w (x11) > = w (x21).

Weniger offensichtlich ist der Fall einer nichtinduktiven Welt. Wir wissen, daß der Gebrauch des Prinzips der Induktion zur Formierung von Fürwahrhaltungen bezüglich der Zukunft in einer nichtinduktiven Welt unnütz ist. Um zu zeigen, daß die Strategie, die Induktion nicht anzuwenden, zumindest ebenso unnütz ist, müßte aufgewiesen werden, daß es in einer derartigen Welt kein alternatives besseres (zumindest weniger unnützes) Prinzip zur Formierung von Fürwahrhaltungen bezüglich der Zukunft gibt. Daß dies so ist, ist damit die entscheidende Prämisse in der spieletheoretischen Reaktion. Mit dieser Prämisse folgt, daß w (x12) > = w (x22) und zusammen mit w (x11) > = w (x21) aus dem vorherigen Absatz die Rationalität induktiven Schließens ohne Grund für die Kategorie-III-Proposition.

Die Prämisse der Abwesenheit von dominanten Alternativen zum induktiven Schließen in einer nichtinduktiven Welt zu begründen ist ein unübersichtliches Unterfangen: Es handelt sich um eine Existenzbehauptung über einen unspezifizierten Definitionsbereich. Doch gemäß der skeptischen Methode ist ein solcher Aufweis auch gar nicht nötig. Die spieletheoretische Reaktion entwickelt einen Standpunkt, in welchem das skeptische Argument nicht zu entwickeln ist. Es ist nun angezeigt, diesen Standpunkt, und damit insbesondere die besagte Prämisse, dem Skeptizismus der zweiten Stufe auszusetzen.

Der Autor ist jedoch zu diesem Zeitpunkt nicht in der Lage, ein skeptisches Argument innerhalb der skeptischen Reaktion zu formulieren. Es folgt, daß die spieletheoretische Reaktion gemäß der skeptischen Methode eine vorerst erfolgreiche Reaktion auf das I-II-III-Argument gegen die Induktion darstellt. Der Leser ist dazu aufgefordert, die spieletheoretische Reaktion kritisch zu untersuchen.

5.4 Das I-II-III-Argument gegen begründete Fürwahrhaltung bezüglich der Außenwelt

5.4.1 Subjektivismus

Wir charakterisieren den Subjektivismus durch die folgende These: Jede Erscheinung/Vorstellung ist wahr.

Diese These impliziert, daß die Kategorie-II-Proposition direkt durch die Vorstellung begründet ist und damit die Falschheit der skeptischen Annahme 3 (Kategorie-I-Propositionen begründen Kategorie-II-Propositionen nur, falls Kategorie-III-Propositionen bereits begründet sind). Alternativ könnte man auch argumentieren, daß die Vorstellung einer externen Welt die Kategorie-III-Proposition begründet und damit die skeptische Annahme 2 negiert ist. Doch die subjektivistische These ist nicht zu verteidigen. Wir betrachten zwei Gründe[19] für die Zurückweisung der subjektivistischen These.

A.) Die These widerspricht dem Satz vom ausgeschlossenen Widerspruch: Gemäß der These wären kontradiktorische Vorstellungen zweier Personen beide wahr. Nun ist die Existenz kontradiktorischer

---

[19]   Quelle: M. F. Burnyeat: *Protagoras and Self-Refutation in Later Greek Philosophy*, The Philosophical Review, 85 (1976), 46, 59.

Vorstellungen zwar kontingent, aber de facto erfüllt, womit wir einen Widerspruch mit dem Satz vom ausgeschlossenen Widerspruch gezeigt hätten.

B.) Die These ist, mit der Annahme eines Opponenten der These, selbstwidersprüchlich.

Sextus Empiricus schreibt: »One cannot say that every presentation is true, because this refutes itself, as Democritus and Plato taught in opposing Protagoras; for if every presentation is true, the judgement that not every presentation is true, being based on a presentation, will also be true, and thus the judgement that every presentation is true will become false.«[20]

Sextus argumentiert also wie folgt. Er geht aus von der subjektivistischen These: (i) Jede Erscheinung ist wahr. Ein Opponent der These behauptet: (ii) Es scheint, daß nicht jede Erscheinung wahr ist. Mit Anwendung von (i) auf (ii) erhalten wir nun die Negation der subjektivistischen These selbst: Nicht jede Erscheinung ist wahr. Wir bemerken, daß es sich hierbei nicht um einen Selbstwiderspruch im strengen Sinne, d. h. der Form »$(P \Rightarrow nonP) \Rightarrow nonP$«, handelt. Darüber hinaus ist die für die Gültigkeit des Arguments notwendige zusätzlich Annahme der Opposition gegenüber der subjektivistischen These, wie in A., kontingent. De facto ist sie aber erfüllt und das Argument somit wirksam. Burnyeat bezeichnet einen derartigen Selbstwiderspruch treffenderweise als einen dialektischen Selbstwiderspruch.[21]

Wir fassen zusammen, daß der Subjektivismus am Skeptizismus der zweiten Stufe scheitert.

5.4.2 Naiver Realismus und Locke

Alfred J. Ayer schreibt: »First, Naive Realism. ... He [the naive realist] will not allow that our knowledge of the various things which the sceptic wishes to put beyond our reach is necessarily indirect. His position is that the physical objects which we commonly perceive are, in a sense to be explained, directly ›given‹ to us ... It is in the same spirit that philosophers maintain that they intuit moral values ...«[22]

---

[20] Sextus Empiricus: *Against the Logicians*, Book I, 389 f., in: R. G. Bury (Übers.), Cambridge (Harvard University Press) 1961, 207.

[21] M.F. Burnyeat: *Protagoras and Self-Refutation in Later Greek Philosophy*, The Philosophical Review, 85 (1976), 59.

[22] A. Ayer: *The Problem of Knowledge*, Harmondsworth (Penguin) 1990, 79.

Der naive Realist behauptet also, daß wir einen »direkten Zugang« zu den Dingen außerhalb von uns haben, und negiert damit die Annahme 1 des skeptischen Argumentes (Kategorie-II-Propositionen sind nur als (nichtdeduktive) Folgerung von Kategorie-I-Propositionen begründbar).

Wir bemerken, daß der Standpunkt des naiven Realisten der unreflektierte Alltagsstandpunkt ist: Die Eigenschaft, daß etwas blau, süß oder drei Meter lang ist, ist unabhängig vom wahrnehmenden Subjekt im Objekt und wird auch so wahrgenommen. Mit Blick auf das Prinzip der Konservation wäre es wünschenswert, diesen Standpunkt einzunehmen. Es zeigt sich allerdings, daß der naive Realismus unter kritischem Vorzeichen nicht zu explizieren ist. Wir begnügen uns mit einem konkreten Gegenbeispiel aus dem Tropus # 4: »[107] ... Viele halten auch ihre häßlichen Geliebten für sehr schön.«[23] Gemäß dem naiven Realismus ist der Zugang zu den vom Subjekt unabhängigen Eigenschaften der Dinge direkt und die Fürwahrhaltung bezüglich derselben begründet. Nun erkennt der Liebende, daß die Person schön ist, wohingegen der Unbetroffene erkennt, daß die Person häßlich, also nicht schön ist. Damit sollen wir für wahr halten, daß eine Person gleichzeitig eine Eigenschaft hat und sie nicht hat, was absurd ist. (Dieses Argument ist eine Modifikation der Tropen.) Wir bemerken, wenn der naive Realismus gegen das I-II-III-Argument erfolgreich sein soll, daß die Eigenschaften, die den Dingen zukommen, »direkt« wahrgenommen werden müssen. Dann aber ist keine Antwort auf die Tropen möglich.

Es mag eingewendet werden, daß Locke mit seiner Unterscheidung von Eigenschaften in primäre und sekundäre derartige Tropen ausgeschaltet hat. Dies ist aber nicht so. Zur Erinnerung: Primäre Eigenschaften sind diejenigen, die unbhängig vom wahrnehmenden Subjekt im Objekt sind: Ausdehnung, Form ...; Sekundäre Eigenschaften sind diejenigen, die vom wahrnehmenden Subjekt abhängen: Farbe, Schönheit ... Nun hat Locke zwar durch seinen im Begriff der sekundären Eigenschaften enthaltenen Relativismus im besonderen das Argument von der schönen und häßlichen Frau aufgelöst und, allgemeiner, alle entsprechenden Tropen. Das modifizierte Tropus-Argument läßt sich allerdings entsprechend auf die primären Eigenschaften anwenden. Dazu gebrauchen wir ein Beispiel aus dem Tropus # 5: »[118] ... und derselbe Turm erscheint von fern rund, von

---

[23] Sextus Empiricus: *Grundriß der pyrrhonischen Skepsis*, [107], M. Hossenfelder (Übers.), Frankfurt a. M. (Suhrkamp) 1993, 118.

nahem viereckig.«[24] Gemäß der Negation der ersten Annahme des I-II-III-Arguments folgt daraus, daß wir begründet für wahr halten, daß der Turm rund und viereckig ist, was absurd ist.

Wir fassen zusammen, daß sowohl der naive Realismus als auch der Lockesche Realismus unter kritischem Vorzeichen nicht zu explizieren sind.

5.4.3 Reduktionismus

Im Reduktionismus wird die Aussage »Hier ist ein Baum« analysiert in phänomenales Vokabular als: »Jeder so und so positionierte Beobachter hat solche und solche Vorstellungen.« Diese Proposition wird begründet von Aussagen der Art: »x, y, z hatten solche und solche Vorstellungen, so und so positioniert.« Per Äquivalenz (und dem Transmissionsprinzip) wäre dann auch die Aussage »Hier ist ein Baum« begründet, welches die skeptische Annahme 3 negiert.

Ist dieser Standpunkt skepsisresistent? Es könnte die Idee aufkommen, daß die Inferenz von Kategorie-I-Propositionen in phänomenalem Vokabular (Beobachter x, y und z hatten solche und solche Vorstellungen, so und so positioniert) zur Kategorie-II-Proposition in phänomenalem Vokabular (Jeder so und so positionierte Beobachter hat solche und solche Vorstellungen) induktiver Skepsis ausgesetzt ist. Doch dieser Einwand ist nicht stichhaltig (siehe z. B. Abschnitt 3.3).

Wir bemerken jedoch die folgenden hinreichend schwerwiegenden Probleme: (i) Propositionen über Gegenstände sind nicht äquivalent übersetzbar in phänomenale Aussagen: In der Beschreibung des so und so Positioniertseins muß prinzipiell auf die materiale Außenwelt rekurriert werden, und z. B. auch darauf, daß die Augen der Beobachter offen sind oder keine halluzinogenen Drogen eingenommen worden sind.[25] (ii) Eine Übersetzung von Aussagen über die Außen-

---

[24] Sextus Empiricus: *Grundriß der pyrrhonischen Skepsis*, [118], M. Hossenfelder (Übers.), Frankfurt a. M. (Suhrkamp) 1993, 120.

[25] Siehe auch: G. Harman: *Thought*, Princeton (Princeton University Press) 1977, 11. Diese Angaben zum Ziele, daß es sich um »normale« Beobachtung handelt, sind notwendig, um inkompatible Vorstellungen von derselben Position (Alkoholiker sieht entgegen einem »normalen Beobachter« weiße Mäuse) auszuschließen. Das Analysans wäre dann, wie das Analysandum (hier sind keine weißen Mäuse), nicht begründet. Es mag scheinen, daß es genügt, die Bedingung, daß die Augen der Beobachter offen sind, dadurch (im phänomenalen Vokabular) zu erfüllen, daß (andere) Beobachter die Wahrnehmung haben, daß die ersteren Beobachter

welt in phänomenale Aussagen ist noch nicht angegeben worden. Aus
(i) folgt, daß begründete Fürwahrhaltung bezüglich der Außenwelt im
Reduktionismus unmöglich ist (alternativ folgt aus (ii) ihre Nichtexistenz)[26] – die (absurden) Konklusionen dieser skeptischen Argumente der zweiten Stufe.

5.4.4 Verifikationismus

Carnap formuliert ein Kriterium, das sogenannte Sinnkriterium, welches zwischen sinnvollen und sinnlosen Aussagen unterscheidet. Wir
betrachten zwei Formulierungen: Eine Aussage ist sinnvoll genau
dann, wenn »deren Gültigkeit in bestimmter Weise durch Erfahrungen bestätigt oder widerlegt werden kann«[27]; eine Aussage ist sinnvoll
genau dann, wenn angegeben werden kann, »in welchen Fällen von ...
Erfahrung sie wahr heißen soll ... und in welchen Fällen sie falsch
heißen soll«[28]. Eine Aussage, die das Sinnkriterium nicht erfüllt, ist
sinnlos. Carnap bezeichnet derartig sinnlose Aussagen als Scheinaus-
sagen. Wir charakterisieren den Verifikationismus durch das Sinnkriterium. Um das I-II-III-Argument gegen begründete Fürwahrhaltung
bezüglich der Außenwelt auf der Grundlage des Sinnkriteriums zurückzuweisen, gilt es aufzuzeigen, daß zumindest eine der Annahmen
nicht sinnvoll, sondern eine Scheinaussage ist. Ein Argument, welches sinnlose Aussagen gebraucht, ist nicht triftig. Carnap behauptet,
daß »*weder die These des Realismus von der Realität der Außenwelt noch die des
Idealismus von der Nichtrealität der Außenwelt als ... sinnvoll* [gemäß dem
Sinnkriterium] *anerkannt werden* [kann]. Das besagt nicht: Die beiden
Thesen sind falsch; sondern: Sie haben überhaupt keinen Sinn, in be-

---

offenen Auges beobachten. Doch dem ist nicht so: Dieselbe Bedingung gilt für
die Beobachter der Beobachter usw. ad infinitum. Der infinite Regreß kann nur
aufgehalten werden durch Zirkularität (die beiden Gruppen von Beobachter stützen sich gegenseitig) oder durch die Feststellung (in nichtphänomenalem Vokabular), daß die Augen eines Beobachters in diesem Regreß offen sind. Doch ersteres ist nicht zulässig, also gilt letzteres.

[26] Die Folgerung im Detail: Im Reduktionismus gilt: (1) Die Begründung von Fürwahrhaltungen bezüglich der Außenwelt muß von rein phänomenalem Vokabular ausgehen. Doch (2) gemäß (i) ist dies nicht möglich, und (2)' gemäß (ii) ist
dies nicht wirklich. Daraus folgt (3), daß im Reduktionismus begründete Fürwahrhaltung bezüglich der Außenwelt unmöglich ist, und (3)', daß im Reduktionismus keine begründete Fürwahrhaltung bezüglich der Außenwelt existiert.

[27] R. Carnap: *Scheinprobleme in der Philosophie*, Frankfurt a. M. (Suhrkamp) 1966, 48.

[28] R. Carnap: *Scheinprobleme in der Philosophie*, Frankfurt a. M. (Suhrkamp) 1966, 47 f.

zug auf den die Frage, ob wahr oder falsch, gestellt werden könnte.«[29] Der Verdacht ist also, daß die Kategorie-III-Proposition »Es gibt eine externe Welt« auf eine Weise in den Annahmen gebraucht wird, daß sie, und damit auch die Annahmen, eine Scheinaussage ist. Die Aussage »Es gibt eine externe Welt« ist in den Annahmen 2 und 3 des Arguments enthalten. Die Annahme 2 besagt, daß die Aussage »Es gibt eine externe Welt« nur als Folgerung begründbar ist von Aussagen der Art »Hier ist eine Hand« oder, um Carnaps Beispiel zu gebrauchen, »Es gibt Berge«. Sehen wir einmal von der in der Annahme enthaltenen Ausschließlichkeit ab, so erfüllt die Aussage »Es gibt eine externe Welt« jedoch das Sinnkriterium: Die Erfahrung eines Berges (Kategorie-I-Proposition) bestätigt die Aussage »Es gibt Berge« (Kategorie-II-Proposition), welche wiederum, gemäß der Annahme, die Aussage bestätigt »Es gibt eine externe Welt«. Die Annahme 3 besagt, daß »Erfahrungen« Aussagen über die Außenwelt nur begründen, falls die Aussage »Es gibt eine externe Welt« »bereits«, d. h., in Anbetracht der Annahmen 1 und 2, *unabhängig von jeder Erfahrung*, begründet ist. Also kann in dem Verständnis der Annahme 3 die Aussage »Es gibt eine externe Welt« »nicht durch Erfahrungen bestätigt oder widerlegt werden«, und es folgt, daß sie das Sinnkriterium nicht erfüllt. Die Aussage »Es gibt eine externe Welt« ist also eine Scheinaussage wie »Berlin Pferd blau«[30] oder (auch grammatikalisch korrekt) »Dieses Dreieck ist tugendhaft«[31]. Das I-II-III-Argument gegen begründete Fürwahrhaltung bezüglich der Außenwelt läßt sich auf der Grundlage des Sinnkriteriums zurückweisen.

Ist das Sinnkriterium resistent gegenüber dem Skeptizismus der zweiten Stufe? Barry Stroud schreibt: »Scepticism says no one ever has any reason to believe anything about the world around us. Verificationism says that no statements about the world around us would therefore be meaningful. But that amounts just as much to a Reductio ad absurdum of the verifiability principle [= Sinnkriterium] as to a rejection of scepticism about the external world. Any theory of meaningfulness that implies that such obviously intelligible sentences as ›There are mountains in Africa‹, ›I am sitting by the fire with a piece of paper in my hand‹, and ›Here is a hand‹ mean nothing would clearly be unacceptable.«[32] Stroud argumentiert also, daß mit der An-

---

[29] R. Carnap: *Scheinprobleme in der Philosophie*, Frankfurt a. M. (Suhrkamp) 1966, 63 f.

[30] R. Carnap: *Scheinprobleme in der Philosophie*, Frankfurt a. M. (Suhrkamp) 1966, 49.

[31] R. Carnap: *Scheinprobleme in der Philosophie*, Frankfurt a. M. (Suhrkamp) 1966, 49.

[32] B. Stroud: *The Significance of Philosophical Scepticism*, Oxford (OUP) 1984, 205.

nahme sowohl der skeptischen Konklusion als auch des Sinnkriteriums folgt, daß Aussagen wie »Es gibt Berge in Afrika« oder »Hier ist eine Hand« sinnlos sind. Und diese Folgerung sei (auch) eine Reductio ad absurdum gegen das Sinnkriterium. Doch dem ist nicht so. Die Folgerung von den beiden Annahmen ist zwar gültig, aber im Verifikationismus nicht triftig, da dieser, wie wir gesehen haben, nicht rational auf die skeptische Konklusion (zumindest in dem von uns hier betrachteten skeptischen Argument) verpflichtet ist. Damit konstituiert die Folgerung auch kein Reductio-ad-absurdum-Argument, d. h. kein skeptisches Argument, gegen den Verifikationismus.

Ein interessanterer Ansatz ist es zu untersuchen, ob das Sinnkriterium zulässig ist. Nun wird das Sinnkriterium normativ zu verstehen sein, womit die Koextensivität dessen, was wir für gewöhnlich als sinnvoll erachten, und dessen, was gemäß dem Sinnkriterium sinnvoll ist, keine Adäquatheitsbedingung wäre. Nichtsdestoweniger sollte doch eine gewisse Übereinstimmung gegeben sein. Günther Patzig schreibt in seinem Nachwort zu Carnaps »Scheinprobleme in der Philosophie«, daß bei der Anwendung des Sinnkriteriums »große Teile der Wissenschaften selbst als sinnlos gelten müßten, während andere, absurde Theorien wie die Astrologie, magische Vorstellungen usw. dem Kriterium genügen würden.«[33] Jedenfalls fand im Anschluß an Carnaps erste Formulierung des Sinnkriteriums ein Prozeß der Verfeinerung und Kritik desselben, den wir hier nicht nachzeichnen werden, statt. Ist allerdings Barry Strouds Behauptung richtig, that »no fully satisfactory law was ever framed«[34] (welche zudem das betrachtete Argument zurückweist), dann ist der Verifikationismus kein erfolgreicher Standpunkt.

5.5 Das I-II-III-Argument gegen begründete Fürwahrhaltung bezüglich anderer Geister

5.5.1 Behaviorismus

Wir betrachten zwei Zitate:
Michael Williams: »... logical behaviourism – the theory which accounts for our knowledge of other minds by claiming that mentalistic

---

[33] G. Patzig: *Nachwort*, in: R. Carnap: Scheinprobleme in der Philosophie, Frankfurt a. M. (Suhrkamp) 1966, 111.

[34] B. Stroud: *The Significance of Philosophical Scepticism*, Oxford (OUP) 1984, 199.

discourse is analysable in terms of statements about overt behaviour and dispositions to overt behaviour.«[35]

Gilbert Harman: »Behaviorism analyzes mental life in terms of dispositions to behave in various ways in various circumstances. ... A behaviorist says that a mental state is a relatively long-term disposition to behave in certain ways. A belief that it will rain is a disposition to do such things as carry an umbrella; a desire for money is the disposition to perform acts that tend, other things being equal, to get one money ... Similarly, an experience is a short-term behavioral disposition. A pain is, e. g., a disposition to sooth the painful spot (coupled with a disposition to complain). Finally a mental process is a change in the dispositions characterizing mental states and experiences. For example, theoretical reasoning is a change (or series of changes) in belief, i.e., a change in certain relatively long-term dispositions to act in various ways.«[36]

Im Behaviorismus werden Propositionen über Geisteszustände anderer Personen als Propositionen über Verhaltensdispositionen analysiert. Damit folgt deduktiv aus der Annahme gewisser Propositionen bezüglich des Verhaltens, daß so und so ein Geisteszustand vorliegt. Und entsprechend ist die Fürwahrhaltung, daß x sich im Geisteszustand G befindet, begründet, falls die entsprechenden Verhaltens-Propositionen begründet für wahr gehalten werden. Es wird also im Detail folgendermaßen argumentiert:

1	1	Eine Proposition in psychologischem Vokabular ist analysierbar in (und damit äquivalent zu) eine(r) Proposition mit ausschließlich behavioristischem Vokabular.
2	2	Wir haben begründete Fürwahrhaltung bezüglich des Verhaltens.
3	3	[Begründet[P] $\land$ P $\Rightarrow$ Q] $\Rightarrow$ Begründet[Q] (Transmissionsprinzip).
1, 2, 3	4	Wir haben begründete Fürwahrhaltung bezüglich anderer Geisteszustände.

Insbesondere wird im behavioristischen Standpunkt die Annahme 3 des skeptischen Argumentes negiert.

Ist der behavioristische Standpunkt skepsisresistent? Richter bemerkt gegen den Behaviorismus feuilletonistisch: »Meine Sehnsucht,

---

[35] M. Williams: *Groundless Belief: An Essay on the Possibility of Epistemology*, Oxford (Blackwell) 1977, 15 f.

[36] G. Harman: *Thought*, Princeton (Princeton University Press) 1977, 40.

von einem Freund geliebt, geachtet zu werden, geht direkt auf die Regungen in dessen Seele und nicht nur auf die sichtbaren Ausdrucksbewegungen seines Leibes.«[37] Dieser feuilletonistische Ansatz ließe sich in ein skeptisches Argument gegen den Behaviorismus umwandeln, falls die Nichterfüllung dieser Sehnsucht nicht akzeptabel/absurd ist. Unsere Intuitionen sind allerdings zu schwach ausgebildet, um eine Entscheidung über den Behaviorismus herbeizufühen. Daher versuchen wir »Handfesteres« zu finden.

Wir bemerken zunächst mit Harman[38], daß eine Übersetzung von Propositionen bezüglich des Geisteszustandes einer Person in Verhaltens-Propositionen, d. h. in Propositionen, bezüglich der Disposition sich so und so zu verhalten, noch nicht angegeben worden ist. Interessantererweise führt Harman zwei Geisteszustände an, die jeweils nur dann in behavioristisches Vokabular übersetzbar sind, wenn der eine bereits so übersetzt ist. Damit ist die Unmöglichkeit einer Übersetzung dieser beiden Geisteszustände in rein behavioristisches Vokabular gezeigt und also auch die Unmöglichkeit einer solchen Übersetzung aller Propositionen über Geisteszustände, welche im Behaviorismus als möglich vorausgesetzt wird: Wir betrachten die Geisteszustände »für wahr halten« und »eine Absicht haben« und untersuchen, ob diese in behavioristischer Sprache analysierbar sind. Wenn eine Fürwahrhaltung durch eine behavioristische Disposition beschreibbar wäre, dann nur unter der Annahme bestimmter Zielsetzungen/Absichten. (Die Fürwahrhaltung, daß es regnen wird, manifestiert sich im Mitführen eines Regenschirmes nur unter der Annahme, daß die Absicht besteht, nicht naß zu werden.) Wenn eine Zielsetzung/Absicht durch eine behavioristische Disposition beschreibbar wäre, dann nur unter der Annahme bestimmter Fürwahrhaltungen. (Die Absicht, nicht naß zu werden, manifestiert sich im Mitführen eines Regenschirmes nur unter der Annahme, daß für wahr gehalten wird, daß es regnen wird.) Damit ist die Position des Behaviorismus analog zum Reduktionismus in Abschnitt 5.4.3, und es folgt die Unmöglichkeit (bzw. die Nichtexistenz) begründeter Fürwahrhaltung über andere Geisteszustände als (absurde) Konklusion dieses skeptischen Argumentes der zweiten Stufe.

Ein anderes skeptisches Argument ergibt sich aus der Irrtumsmöglichkeit einer Kritik einer Selbstzuschreibung eines mentalen

---

[37] R. Richter: *Der Skeptizismus in der Philosophie und seine Überwindung*, Leipzig (Verlag der Dürr'schen Buchhandlung) 1908, 391.

[38] G. Harman: *Thought*, Princeton (Princeton University Press) 1977, 11.

Zustands. Wir betrachten folgenden Dialog: Person A: Ich habe Schmerzen; Person B: Du hast keine Schmerzen, denn du verhältst dich nicht so und so. Im Behaviorismus hätte Person B notwendigerweise/analytisch recht. Doch so denken wir uns eine Kritik fremder Selbstzuschreibung nicht. (Das ist absurd.) Patzig formuliert noch einen weiteren Einwand gegen den Behaviorismus: »Der Fall des perfekten Schauspielers und konsistenten Heuchlers, der vielleicht nicht vorkommt, aber der doch denkbar wäre«[39], ist im Behaviorismus nicht zu verstehen.

Wir fassen zusammen, daß der Behaviorismus keine überzeugende Reaktion auf das I-II-III-Argument gegen begründete Fürwahrhaltung bezüglich anderer Geister darstellt.

5.5.2 Analogie-Reaktion

John Stuart Mill schreibt: »I am conscious in myself of a series of facts connected by an uniform sequence, of which the beginning is modification of my body, the middle is feelings, the end is outward demeanour. In the case of other human beings I have the evidence of my senses for the first and last links of the series, but not for the intermediate link. I find, however, that the sequence between the first and last is as regular and constant in those other cases as it is in mine. In my own case I know that the first link produces the last through the intermediate link, and could not produce it without. Experience, therefore, obliges me to conclude that there must be an intermediate link; which must either be the same in others as in myself, or a different one; ... by supposing the link to be of the same nature ... I conform to the legitimate rules of experimental enquiry.«[40]

Mill begründet Fürwahrhaltungen über Geisteszustände anderer Personen auf der Basis von Fürwahrhaltungen bezüglich dessen, was diese Person affiziert und wie sie sich verhält, durch Induktion von der Perspektive in der ersten Person Singular, in welcher die und die Affektionen und ein solches und solches Verhalten mit diesem mentalen Zustand einhergehen. Gebrauchen wir, klassischerweise, den mentalen Zustand des Schmerzenhabens als Repräsentant für menta-

---

[39] G. Patzig: *Nachwort*, in: R. Carnap: Scheinprobleme in der Philosophie, Frankfurt a. M. (Suhrkamp) 1966, 125.

[40] J. S. Mill: *An Examination of Sir William Hamilton's Philosophy*, London (Longmans) 1867, 237 f., in: J. Dancy: An Introduction to Contemporary Epistemology, Oxford (Blackwell) 1993, 68.

le Zustände, dann läßt sich die Induktion folgendermaßen formulieren:

| 1 | 1 | Wann immer mir mit dem Hammer auf mein Knie geschlagen wird und ich schreie, habe ich Schmerzen. |
| 1 | 2 | Wann immer x mit dem Hammer auf sein/ihr Knie geschlagen wird und x schreit, hat x Schmerzen. |

Im Standpunkt, aus dem heraus das Analogie-Argument entwickelt wird, wird also die skeptische Annahme 3 negiert (Kategorie-I-Propositionen begründen Kategorie-II-Propositionen nur, falls Kategorie-III-Propositionen bereits begründet sind). Es wird argumentiert, daß ich auf der Grundlage meiner begründeten Fürwahrhaltungen bezüglich meiner eigenen mentalen Zustände einen schwachen, aber ausreichenden (induktiven) Grund habe, von der (begründeten) Fürwahrhaltung bezüglich der Affektion und dem Verhalten Dritter auf deren mentale Zustände zu schließen.

Nun könnte eingewendet werden, daß der Vertreter des Analogie-Argumentes zuerst das skeptische Argument gegen die Induktion auflösen muß, damit sein Argument gegen die Annahme 3 triftig ist. Doch das ist Unsinn. Denn daß Induktion als eine begründete Inferenz für wahr gehalten wird, stellt ja gerade das Problem des skeptischen Arguments gegen die Induktion dar und ist somit im Standpunkte des Analogie-Argumentes korrekterweise vorausgesetzt. Wir können diesen Punkt verallgemeinern: Jedes skeptische Argument sollte für sich allein betrachtet werden – eine Aneinanderkettung, z. B. damit wir die Verhaltensgründe für einen mentalen Zustand besitzen, müßte erst einmal der externe Welt-Skeptizismus gelöst sein, trägt nichts Neues bei. Auf der anderen Seite ist es natürlich so, daß, falls innerhalb eines Standpunktes ein anderes skeptisches Argument unlösbar ist, dieses Argument dann ein Argument gegen den Standpunkt darstellt. Wir berücksichtigen diesen Sachverhalt in unserem Skeptizismus der zweiten Stufe. Diese Überlegungen konstituieren auch einen Grund für unsere Vorgehensweise in diesem Kapitel.

Das Problem mit dem Standpunkt des Analogie-Argumentes ist ein anderes. Die Bedeutung eines mentalen Begriffes ist verstanden als allein konstituiert durch das eigene mentale Erlebnis. Zur Illustration betrachten wir unseren Repräsentanten: Die Bedeutung von »Schmerz haben« bezieht sich ausschließlich auf das zwischen dem Hammerschlag und dem Schreien und ist damit prinzipiell nicht öffentlich, sondern privat. Die entscheidende Annahme in Wittgensteins Argument gegen eine private Sprache (siehe Abschnitt 4.2) wäre damit in diesem Standpunkt erfüllt. Wir wollen ausgehend von einem Zitat Wittgensteins ein verwandtes skeptisches Argument der zweiten Stufe gegen den Standpunkt des Analogie-Argumentes entwickeln.

Wittgenstein schreibt: »302. Wenn man sich den Schmerz des Andern nach dem Vorbild des eigenen vorstellen muß, dann ist das keine so leichte Sache: da ich mir nach den Schmerzen, die ich *fühle*, Schmerzen vorstellen soll, die ich *nicht fühle*. Ich habe nämlich in der Vorstellung nicht einfach einen Übergang von einem Ort des Schmerzes zu einem andern zu machen. Wie von Schmerzen in der Hand zu Schmerzen im Arm. Denn ich soll mir nicht vorstellen, daß ich an einer Stelle seines Körpers Schmerz empfinde. ...«[41]

»293. Wenn ich von mir selbst sage, ich wisse nur vom eigenen Fall, was das Wort ›Schmerz‹ bedeutet – muß ich das nicht auch von den Anderen sagen? Und wie kann ich denn den einen Fall in so unverantwortlicher Weise verallgemeinern?

Nun ein Jeder sagt es mir von sich, er wisse nur von sich selbst, was Schmerzen seien! – Angenommen, es hätte Jeder eine Schachtel, darin wäre etwas, was wir ›Käfer‹ nennen. Niemand kann je in die Schachtel des Anderen schaun; und Jeder sagt, er wisse nur vom Anblick seines Käfers, was ein Käfer ist. – Da könnte es ja sein, daß Jeder ein anderes Ding in seiner Schachtel hätte. Ja, man könnte sich vorstellen, daß sich ein solches Ding fortwährend veränderte. – Aber wenn nun das Wort ›Käfer‹ dieser Leute doch einen Gebrauch hätte? – So wäre er nicht der der Bezeichnung eines Dinges. Das Ding in der Schachtel gehört überhaupt nicht zum Sprachspiel; auch nicht einmal als ein Etwas: denn die Schachtel könnte auch leer sein. – Nein, durch dieses Ding in der Schachtel kann ›gekürzt werden‹; es hebt sich weg, was immer es ist.«[42]

Aufbauend auf dieses Zitat formulieren wir ein skeptisches Argument im Rekurs auf die Möglichkeit von Kommunikation über mentale Zustände. Gemäß dem Standpunkt des Analogie-Argumentes befinden wir uns bezüglich der Kommunikation mentaler Zustände in der Situation der Leute in Wittgensteins Vergleich: Wir haben jeweils nur selber Zugang zu der Bedeutung des Wortes

---

41 L. Wittgenstein: *Philosophische Untersuchungen*, Nr. 302, Frankfurt a. M. (Suhrkamp) 1995, 376.

42 L. Wittgenstein: *Philosophische Untersuchungen*, Nr. 293, Frankfurt a. M. (Suhrkamp) 1995, 373.

»Schmerz«, so wie die Leute bei Wittgenstein jeweils nur Zugang zu dem Inhalt ihrer Schachtel haben, der Bedeutung des Wortes »Käfer«. Nun ist es einsichtig, daß die Leute in Wittgensteins Vergleich nicht verstehen können, was die anderen meinen, wenn sie das Wort »Käfer« gebrauchen. Kommunikation über Käfer ist also nicht möglich. Doch dann ist auch Kommunikation über mentale Zustände unmöglich, was absurd ist.

Wir fassen zusammen, daß die im Analogie-Argument vorausgesetzte Bedeutungskonstitution mentaler Begriffe unter kritischem Vorzeichen nicht zu explizieren ist und daß die Analogie-Reaktion damit am Skeptizismus der zweiten Stufe scheitert.

5.6 Das I-II-III-Argument

Hier besprechen wir Reaktionen auf das I-II-III-Argument, die nicht auf für einen Fürwahrhaltungsbereich spezifischen Eigenschaften basieren, sondern auf alle I-II-III-Argumente anwendbar sind. Offensichtlich wäre eine solche allgemeine einer speziellen Lösung vorzuziehen.

5.6.1 Relevante-Alternativen-Standpunkt

Wir erkennen, daß im I-II-III-Argument implizit das Transmissionsprinzip für begründete Fürwahrhaltung vorausgesetzt wird: Damit die Kategorie-III-Proposition begründet werden muß, muß sie falsch sein können, und das bedeutet, daß eine Alternative zur externen Welt, die die in Kategorie-I-Propositionen enthaltenen Erfahrungen verursacht, denkbar sein muß. Denkbare Alternativen sind z. B. extensive Halluzinationen etc.

Diese Analyse widerspricht dem Verständnis von Wright, dem Autor des I-II-III-Arguments: »His [the sceptic's] contention is rather that all our evidence for accepting propositions of a certain broad range – group II propositions – genuinely supports such propositions only if it is antecedently reasonable to accept a group III proposition, which in turn can be supported by evidence of no other kind than evidence for the corresponding group II propositions. There is no appeal to the transmission principle in this train of thought.«[43]

---

[43]   C. Wright: *Facts and Certainty*, in: Proceedings of the Britisch Academy, 71 (1985), 446.

Die Auswirkung dieser verschiedenen Interpretationen bezüglich Reaktionen auf das I-II-III-Argument sind allerdings zu vernachlässigen, da die Einwände gegen den Relevante-Alternativen-Ansatz im Kapitel über das Traum-Argument auch hier gelten.

5.6.2 Das Argument vom Paradigma

Die Reaktion, die wir das Argument vom Paradigma nennen wollen, führen wir anhand eines Zitats von Antony Flew[44] ein: »The clue to the whole business now seems to lie in mastering what has recently been usefully named The Argument of the Paradigm Case. Crudely: if there is any word the meaning of which can be taught by reference to paradigm cases, then no argument whatever could ever prove that there are no cases whatever of whatever it is. Thus, since the meaning of ›his own freewill‹ can be taught by reference to such paradigm cases as that in which a man, under no social pressure, marries the girl he wants to marry (how else could it be taught?): it cannot be right, on any grounds whatsoever to say that no one ever acts of his freewill. For cases such as the paradigm, which must occur if the word is ever to be thus explained (and which certainly do occur), are not in that case specimens which might have been wrongly identified: to the extent that the meaning of the expression is given in terms of them they are, by definition, what ›acting of one's own freewill‹ is. ... A moment's reflexion will show that analoguous arguments can be deployed against many philosophical paradoxes.«[45]

Wie genau hilft nun das Argument vom Paradigma als Reaktion auf das I-II-III-Argument gegen begründete Fürwahrhaltung bezüglich der Zukunft, der Außenwelt und anderer Geisteszustände?

Eine erste Adaption des Arguments in unserem Kontext ist sogleich wieder zurückzuweisen. Das Argument könnte wie folgt interpretiert werden. Seine Hände unter optimalen Umständen vor sich hochzuhalten und für wahr zu halten: »Hier sind zwei Hände« könnte als Paradigma für eine begründete Fürwahrhaltung über die Außenwelt betrachtet werden. Es folgt dann, analytisch und im Widerspruch mit der skeptischen Konklusion, daß zumindest eine begrün-

---

[44] »A paradigmatic paradigm-case argument is the one set out by A. Flew in his article ›Philosophy and Language« (T. Mauthner [Hg.]: *Paradigm-Case Argument*, A Dictionary of Philosophy, Oxford [Blackwell] 1995, 309).

[45] A. Flew: *Philosophy and Language*, in: A. Flew (Hg.): Essays in Conceptual Analysis, New York (Macmillan) 1966, 1.

dete Fürwahrhaltung über die Außenwelt existiert. Diese Lesart wird vertreten von K. S. Donellan in der »Encyclopedia of Philosophy«: »... one striking fact about the paradigm-case argument is that if it is valid, the skeptic can be refuted directly without the necessity of examining in detail the reasons behind his position.«[46] Donellan vertritt also eine Reaktion auf ein skeptisches Argument ohne Diagnose des »Fehlers« des skeptischen Arguments. Damit ist dieses Vorgehen äquivalent zu Moores Fehler aus Abschnitt 3.2 und zurückzuweisen.

Wir wollen nun eine zumindest prima facie plausible Interpretation des Arguments vom Paradigma gegen das I-II-III-Argument entwickeln.

Strawson stellt das Argument vom Paradigma im Kontext der Induktion vor: »It is an analytic proposition that it is reasonable to have a degree of belief in a statement which is proportional to the strength of the evidence in its favour; and it is an analytic proposition, though not a proposition of mathematics, that, other things being equal, the evidence for a generalization is strong in proportion as the number of favourable instances, and the variety of circumstances in which they have been found, is great. So to ask whether it is reasonable to place reliance on inductive procedures is like asking whether it is reasonable to proportion the degree of one's convictions to the strength of the evidence. Doing this is what ›being reasonable‹ means in such a context.«[47] » ... for to call a particular belief reasonable or unreasonable is to apply inductive standards ...«[48]

Bei der Untersuchung von Strawsons Standpunkt gehen wir von seiner Konklusion aus. Dies ist zulässig, da die Aufgabe unserer Untersuchung darin besteht zu beantworten (i), warum genau das skeptische Argument in dem so geschaffenen Standpunkt nicht zu entwickeln ist und (ii) ob der Standpunkt unter kritischem Vorzeichen zu explizieren ist. Die Konklusion ist offenbar Teil des Standpunktes und kennzeichnet diesen für unsere Zwecke. Strawson folgert, daß induktives Schließen ein Paradigma für begründetes Schließen ist. Mit anderen Worten, Strawson folgert, daß Induktion Teil des Begriffs des begründeten Schließens ist. Also:

1   1   Induktion ist Paradigma für begründetes
                      Schließen.

---

[46] K. S. Donnellan: *Paradigm-Case Argument*, in: P. Edwards (Hg.), The Encyclopedia of Philosophy, London – New York (Macmillan) 1967, Band 6, 39 ff.

[47] P. F. Strawson: *Introduction to Logical Theory*, London (Methuen) 1952, 256 f.

[48] P. F. Strawson, *Introduction to Logical Theory*, London (Methuen) 1952, 249.

Nun, diese These widerspricht keiner der Annahmen des skeptischen Argumentes. Ich erkenne lediglich einen Weg, diese These mit einer Annahme des skeptischen Argumentes in den Widerspruch zu führen, und zwar unter Zuhilfenahme dieser Implikation:

2   2   Wenn Induktion Paradigma für begründetes Schließen ist, dann ist Induktion unbedingt begründet.

Insbesondere wäre die Begründung der Kategorie-III-Proposition, der These der Uniformität der Natur, keine Bedingung dafür, daß der induktive Schluß begründet ist. Aus den Propositionen in Zeilen 1 und 2 folgt dann die Negation der skeptischen Annahme 3:

1, 2   3   non(Kategorie-I-Propositionen begründen Kategorie-II-Propositionen nur, falls Kategorie-III-Propositionen bereits begründet sind).

Damit wäre das I-II-III-Argument gegen die Induktion in einem durch die Thesen 1 und 2 gekennzeichneten Standpunkt nicht zu entwickeln. Entsprechend könnte argumentiert werden, daß die Folgerung von einer (ausreichend präzisen) phänomenalen Beschreibung einer Hand zu der Proposition »Hier ist eine Hand« und die Folgerung von einer (ausreichend präzisen) behavioristischen Beschreibung zu der Zuschreibung eines Geisteszustandes Paradigmen für rationales Schließen sind.

Gehen wir nun zum Teil (ii) über und untersuchen, ob der so geschaffene Standpunkt resistent ist gegenüber dem Skeptizismus der zweiten Stufe. Wir konzentrieren uns hierbei auf die in Zeile 2 eingeführte These.[49] Betrachten wir hierfür andere paradigmatische Begriffsbestimmungen und untersuchen, ob die Implikation gültig ist. Eine paradigmatische Begriffsbestimmung par excellence ist die des Begriffs des »Meters« durch das Urmeter in Paris. In Übereinstimmung mit dem Argument vom Paradigma könnte gesagt werden, daß die Aussage »Der Metallstab x, der genauso lang ist wie das Urmeter in Paris, ist einen Meter lang« unbedingt gültig ist: Der Begriff des Meters ist konstituiert durch das Urmeter und die Frage, ob das Urmeter ein Meter lang ist, ist unsinnig. Doch das ist nicht richtig. Es könnte z. B. eingewandt werden, daß sich die Länge des Urmeters

---

[49] Zusätzliche Einwände in unterschiedlicher Qualität gegen die These in Zeile 1 finden sich u. a. in: R. Richman: *On the Argument of the Paradigm Case*, in: Australasian Journal of Philosophy, 39 (1961), 75–81; J. W. N. Watkins: *Farewell to the Paradigm-Case Argument*, in: Analysis 18 2 (1957), 25–40.

seit dem Zeitpunkt der Festlegung des Meters durch das Urmeter, etwa durch Wärmeeinfluß, verändert hat. Der Punkt ist hierbei, daß sich selbst in einem solch scheinbar klaren Fall von paradigmatischer Begriffsbestimmung Bedingungen angeben lassen dafür, daß es richtig ist, aus der gleichen Länge des Metallstabs x und des Urmeters zu folgern, daß der Metallstab x ein Meter lang ist. Ebenso, so kann plausibel behauptet werden, stellt die Begründung der Kategorie-III-Proposition eine solche Bedingung dar. Präzise formuliert sagen wir also folgendes: Selbst in der paradigmatischen Begriffsbestimmung durch Paradigma (das Urmeter) lassen sich Bedingungen angeben dafür, daß es weiterhin als Paradigma brauchbar ist. Dann gilt dies auch im Fall der Induktion als begriffskonstituierend für begründetes Schließen. Diese Konsequenz widerspricht allerdings der These, daß Induktion als Folge des Status des Paradigmas voraussetzungslos begründet ist. (Für die anderen I-II-III-Argumente entsprechend.)

Ein weiteres Argument gegen die in Annahme 2 behauptete Implikation ist folgendes. Betrachten wir den Begriff »moralisch richtig«. Dieser ist ebenso wie der Begriff der Rationalität ein normativer Begriff. Untersuchen wir nun das Verständnis, daß dieser Begriff durch Paradigma konstituiert ist und die Implikation aus Zeile 2 gültig ist. Es ist plausibel zu behaupten, daß gilt, daß wenn es in der viktorianischen Zeit ein Paradigma für »moralisch falsch« gegeben hat, dann war es vorehelicher Geschlechtsverkehr. Doch letzterer wird heutzutage von vielen nicht als moralisch falsch, geschweige denn als Paradigma für moralisch falsch angesehen. Daraus folgt, daß auch Paradigmen ihren Status als solche verlieren können.

Ein drittes und letztes Argument gegen die Annahme 2 liefert Benson Mates: »... we have doubtless learned ›solid‹ on paradigms like tables. ... [Now,] science has in fact established that the interiors of such material objects as tables are not, as was previously supposed, completely filled with matter. Thus the example shows that it is indeed possible to learn the use of a term Y on certain paradigms X and later make sense of and even agree to such a statement as ›No X is Y.‹«[50]

In allen drei Beispielen paradigmatischer Begriffsbestimmung erkennen wir, daß die Implikation: »Wenn x Paradigma für y ist, dann ist x unbedingt y«, nicht überzeugt. Per analogiam überzeugt dann aber auch nicht die für die antiskeptische Reaktion benötigte Impli-

---

[50]   B. Mates: *The Skeptic Way: Sextus Empiricus's Outlines of Pyrrhonism*, Oxford (OUP) 1996, 79 f.

kation (Annahme 2): »Wenn Induktion ein Paradigma für rationales Folgern ist, dann ist Induktion unbedingt begründet.« Damit steht das Antezedens jedoch mit keiner Annahme des skeptischen Argumentes im Widerspruch, und das Argument vom Paradigma ist wirkungslos als Reaktion gegen das I-II-III-Argument gegen die Induktion. Davon bleibt, wie betont, unberührt, ob es sinnvoll ist, gemäß der These in Zeile 1, Induktion als Paradigma für rationales Folgern zu verstehen. Entsprechendes folgt für die Reaktion vom Paradigma auf das I-II-III-Argument gegen begründete Fürwahrhaltung bezüglich der Außenwelt und anderer Geister.

Wir fassen zusammen, daß die Reaktion vom Paradigma das durch das I-II-III-Argument konstituierte skeptische Problem nicht löst.

5.6.3 Wittgenstein

Wittgenstein schreibt: »341. D. h., die *Fragen,* die wir stellen, und unsre *Zweifel* beruhen darauf, daß gewisse Sätze vom Zweifel ausgenommen sind, gleichsam die Angeln, in welchen jene sich bewegen.

342. D. h., es gehört zur Logik unsrer wissenschaftlichen Untersuchungen, daß Gewisses *in der Tat nicht* angezweifelt wird.

343. Es ist aber damit nicht so, daß wir eben nicht alles untersuchen *können* und uns daher notgedrungen mit der Annahme zufriedenstellen müssen. Wenn ich will, daß die Türe sich drehe, müssen die Angeln feststehen.«[51]

Wir können diese Zitate folgendermaßen als Reaktion auf das I-II-III-Argument interpretieren: Die Kategorie-III-Propositionen, wie z. B. »Es existiert eine Außenwelt«, sind solche Angel-Sätze. Angel-Sätze sind begründet, ohne durch Kategorie-II-Propositionen begründet zu sein. Wittgenstein würde also die skeptische Annahme 2 (Kategorie-III-Propositionen sind nur als Folgerung von Kategorie-II-Propositionen begründbar) zurückweisen.

Die Frage, die sich nun stellt, ist, wie Angel-Sätze zu verstehen sind, und insbesondere, warum die Kategorie-III-Proposition dann begründet ist, ohne als Folgerung von Kategorie-I-Propositionen via Kategorie-II-Propositionen begründet zu sein. Gemäß der skeptischen Methode ließe sich das Problem so formulieren: Ohne genauere Bestimmung dessen, was ein Angel-Satz ist, kann jeder Satz, z. B. »Dieser Hund fliegt jetzt«, als ein Angel-Satz gelten, d. h., er wäre be-

---

51   L. Wittgenstein: *Über Gewißheit,* § 341 ff., Frankfurt a. M. (Suhrkamp) 1992, 89.

gründet, auch ohne anzweifelbar zu sein. Nicht anzweifelbar zu sein ist, ohne weitere Erklärung, die Eigenschaft eines dogmatischen Satzes. Wir benötigen also ein skepsisresistentes Kriterium dafür, was ein Angel-Satz ist.

Wittgenstein schreibt:»3. Wenn z. B. jemand sagt ›Ich weiß nicht, ob da eine Hand ist‹, so könnte man ihm sagen ›Schau näher hin‹. – Diese Möglichkeit des Sichüberzeugens gehört zum Sprachspiel. Ist einer seiner wesentlichen Züge.«[52]

»308. ... Oder auch: ich bin geneigt zu glauben, daß nicht alles, was die Form eines Erfahrungssatzes hat, ein Erfahrungssatz ist.

309. Ist es, daß Regel und Erfahrungssatz ineinander übergehen? ...«[53]

Beziehen wir dieses Zitat auf den Begriff des Angel-Satzes, so läßt sich folgendes sagen: Angel-Sätze sind nur prima facie Erfahrungssätze, aber eigentlich haben sie die Eigenschaften von Regelsätzen. Also entgegen dem Anschein, daß die Proposition »Es existiert eine Außenwelt« ein Erfahrungssatz ist, den es, wie Moore vorschlägt, durch Betrachten der Hände zu beweisen gilt, ist eine solche Proposition als eine Regel zu verstehen. Regeln werden nun entweder befolgt oder nicht. Regeln sind Konventionen. Einer Regel kommt nicht die Eigenschaft zu, wahr oder falsch zu sein. Daher kann eine Regel undogmatisch und empirisch unbegründet für wahr gehalten werden.

Somit übersetzt sich das Problem in die Fragestellung, wie Regelsätze und Erfahrungssätze, oder zumindest Angel-Sätze und Erfahrungssätze, zu unterscheiden sind. Es müßte ein skepsisresistentes Prinzip formuliert werden, welches dies leistet und damit das »Anything-goes«-Argument vom fliegenden Hund löst. Wright formuliert einen Kandidaten: »P 2: The members of a class of statements are factual only if it is possible to explain what would constitute cognitive abilities commensurate to the task of acquiring knowledge of, or sufficient reason for believing, statements in that class.«[54] Damit wäre ein Prinzip zur Bestimmung von Erfahrungssätzen angegeben. Wir nehmen an, daß alles, was kein Erfahrungssatz ist, als ein Regelsatz zu verstehen ist.

---

[52] L. Wittgenstein: *Über Gewißheit*, § 3, Frankfurt a. M. (Suhrkamp) 1992, 9.

[53] L. Wittgenstein: *Über Gewißheit*, § 308 f., Frankfurt a. M. (Suhrkamp) 1992, 81 f.

[54] C. Wright: *Facts and Certainty*, in: Proceedings of the Britisch Academy, 71 (1985), 457.

Prüfen wir nun zuerst, ob dieses Prinzip zwischen der Kategorie-III-Proposition und dem fliegenden Hund wie erwünscht unterscheidet. Wie das skeptische Argument zeigt, haben wir keine kognitive Möglichkeit, die Kategorie-III-Proposition »Es existiert eine Außenwelt« zu begründen: Denken und Erfahrung reichen hierzu nicht aus. Damit ist die Kategorie-III-Proposition gemäß dem Prinzip kein Erfahrungssatz. Dagegen würden die kognitiven Fähigkeiten eines nüchternen Beobachters ausreichen, um die Proposition »Dieser Hund fliegt jetzt nicht« zu begründen. Mit dieser Unterscheidung erfüllt das Prinzip eine notwendige Bedingung dafür, daß dieser Ansatz erfolgreich ist. Die entscheidende Bewährung für dieses Prinzip ist ein gründliches skeptisches Untersuchen der Konsequenzen der Annahme dieses Prinzips. Der Autor ist zur Zeit nicht in der Lage, inakzeptable Konsequenzen aus diesem Prinzip zu folgern. Der Ansatz ist damit gemäß der skeptischen Methode erfolgreich. Der Leser ist aufgefordert, das Prinzip kritisch zu hinterfragen.

5.7 Tropen

Wir erinnern uns an die Grundstruktur der zehn Tropen:

1	1	x erscheint E relativ zu R.
2	2	x erscheint E' relativ zu R'.
3	3	x kann nicht beides, E und E', sein.
4	4	R und R' sind gleich glaubwürdig in bezug auf die Frage, ob x E oder E' ist.
1, 2, 3, 4	5	Wir (Menschen) müssen uns des Urteils enthalten, ob x E oder E' ist.

Wobei R und R' jeweils für verschiedene Lebewesen (Tropus # 1), Menschen (Tropus # 2), Sinne (Tropus # 3), Zustände (Tropus # 4), relative Positionen (Tropus # 5), Beimischungen (Tropus # 6), Zustände oder Quantitäten (Tropus # 7), Vorkommen (Tropus # 9) oder moralische Systeme (Tropus # 10) stehen.

Sextus führt vier verschiedene auf alle Tropen anwendbare Argumente für die Unentscheidbarkeitsthese, die Annahme in Zeile # 4, an: (i) Argument aus der Rechtslehre ([59]); (ii) Argument vom Erscheinen der Evidenz einer Begründung ([60]); (iii) Argument vom Kriterium ([114] ff.); (iv) Agrippas Trilemma ([121]). Diese Argumente haben eine größere Reichweite als die jeweilige Begründung der Unentscheidbarkeitsthese und werden daher besser für sich betrachtet. Das gilt auch für diejenigen Argumente, die im Zusammenhang einzelner Tropen für die Unentscheidbarkeitsthese vorgebracht werden ([65], [88]). Von diesen Argumenten betrachten wir in diesem Kapitel lediglich Agrippas Trilemma (in Abschnitt 5.8) als das interessanteste. Das Argument von der Rechtslehre thematisieren wir in Abschnitt 6.3.1.

5.7.1 Relativismus

Wie nun ist dem prima facie skeptischen Argument, oder genauer: skeptischen Argumenten, zu begegnen? Der »relativistische« Standpunkt, die skeptische Konklusion zu tolerieren, bietet sich an. Wir kennzeichnen diesen Standpunkt pro Tropus jeweils durch ein Beispiel.

1. Es ist unerkennbar, ob Salböl seiner Natur nach (für sich) angenehm oder unangenehm ist; es ist erkennbar, daß Salböl den Menschen angenehm und den Mistkäfern unangenehm ist (Tropus # 1, [55]).

2. Es ist unerkennbar, ob Skorpione der Natur nach eßbar sind oder nicht; es ist erkennbar, daß Skorpione für die Bewohner von Meroe eßbar und für die anderen nicht eßbar sind (Tropus # 2, [83]).

3. Es ist unerkennbar, ob Honig der Natur nach angenehm ist oder nicht; es ist erkennbar, daß Honig auf der Zunge angenehm und im Auge unangenehm ist (Tropus # 3, [92]).

4. Es ist unerkennbar, ob ein Gericht der Natur nach gut oder schlecht schmeckt; es ist erkennbar, das dasselbe Gericht den Hungrigen gut und den Satten schlecht schmeckt (Tropus # 4, [109]).

5. Es ist unerkennbar, ob dasselbe Ruder der Natur nach gerade oder gebrochen ist; es ist erkennbar, daß dasselbe Ruder im Wasser gebrochen und in der Luft gerade ist (Tropus # 5, [119]).

6. Es ist unerkennbar, ob unsere Hautfarbe der Natur nach so oder so ist; es ist erkennbar, daß unsere Hautfarbe in warmer Luft so und in kalter Luft so ist (Tropus # 6, [125]).

7. Es ist unerkennbar, ob Ziegenhornschnitzel der Natur nach weiß oder schwarz sind; es ist erkennbar, daß die Ziegenhornschnitzel unzusammengesetzt weiß und zusammengesetzt schwarz sind (Tropus # 7, [129]).

8. Es ist unerkennbar, ob ein Erdbeben der Natur nach beunruhigt oder nicht; es ist erkennbar, daß ein Erdbeben diejenigen, die nicht daran gewöhnt sind, eher beunruhigt als diejenigen, die daran gewöhnt sind (Tropus # 9, [142]).

9. Es ist unerkennbar, ob leuchtend gefärbte und fußlange Kleidung der Natur nach schicklich ist oder nicht; es ist erkennbar, daß

leuchtend gefärbte und fußlange Kleidung in Persien schicklich und in Griechenland nicht schicklich ist (Tropus # 10, [148]).

Dieser Standpunkt läßt sich folgendermaßen abstrahieren. Aus dem Aussagenpaar »x erscheint E relativ zu R« und »x erscheint E' relativ zu R'« wird gefolgert, daß x E relativ zu R ist und x E' relativ zu R' ist. Die so relativierten Aussagen sind damit begründet. Wir bezeichnen diesen Standpunkt als Relativismus. Im Relativismus wird also der Anspruch, die Eigenschaften der Dinge an sich (oder ihrer Natur nach) in dem in den skeptischen Annahmen dargelegten Sinne zu erkennen, als uneinlösbar anerkannt. Darin besteht die »Akzeptanz« der skeptischen Konklusion (oder die Revision eines entsprechenden Realismus). Die Erkenntnismöglichkeit von den entsprechend relativierten Eigenschaften der Dinge bleibt bestehen.

Der Relativismus überzeugt in bezug auf die (meisten) Beispiele in den Tropen # 1–4, # 6, # 7 und # 9. In der Tat mag der in diesen Tropen vorausgesetzte Realismus/Objektivismus uns als unglaublich offensichtlich falsch erscheinen. Dies ändert natürlich nichts an der positiven revisionistischen Kraft der Argumente in dem entsprechend realistischen Umfeld. Der Relativismus in bezug auf Beispiele aus den Tropen # 5 und # 10 sowie in der Verallgemeinerung von Tropus # 2 ist dagegen fragwürdig.

Wir beginnen mit dem Tropus # 5. Unter Annahme des Relativismus folgt, daß es begründet ist, für wahr zu halten, daß dasselbe Ruder im Wasser gebrochen ist und an der Luft gerade ist unter der Annahme, daß das Ruder im Wasser gebrochen und in der Luft gerade erscheint. Dies steht nicht im Einklang mit unseren alltäglichen Fürwahrhaltungen. Vielmehr halten wir für wahr, daß die Eigenschaft, gerade oder gebrochen zu sein, einem Ruder zukommt, unabhängig davon, durch welche Medien (und aus welcher Perspektive) es betrachtet wird. Die Eigenschaft wird »im Objekte gedacht«.

Der »Werterelativismus«, der Gegenstand des Tropus # 10, ist ebenfalls problematisch. Ein Dialog über Werte zwischen zwei Theorien ist (zumindest prima facie) in einem solchen Verständnis nicht zu verstehen. Wir betrachten den Tropus # 10 insbesondere in Abschnitt 6.3.1.

Betrachten wir nun den Relativismus in bezug auf den Tropus # 2. Es wird behauptet, daß es auf der Grundlage von »x erscheint E für Mensch M« zulässig ist zu folgern, daß »x E ist für Mensch M«, aber insbesondere nicht, daß »x E ist«. Doch dann ist Meinungsverschiedenheit unmöglich: A sagt, x ist E (für mich) (auf der Grundlage, daß x ihm E erscheint), und B sagt, x ist nonE (für mich); es besteht kein Klärungsbedarf, denn die Aussagen sind nicht inkompatibel: A trifft eine Aussage über die A-Welt und B trifft eine Aussage über die B-Welt. Darüber hinaus ist die Annahme des Privatsprachenarguments (siehe Abschnitt 4.2) erfüllt, da alle Gründe für oder gegen eine Proposition in der A-Welt nur der Person A zugänglich sind. Der Relativismus ist also keine erfolgreiche Reaktion auf den Tropus # 2.

Die Grenze zwischen dem unproblematischen, d. h. skepsisresistenten, und dem problematischen Relativismus läßt sich mit Santeler folgendermaßen bestimmen: »Für den Relativismus spricht nicht die Veränderlichkeit unserer Sinneserkenntnis je nach Standort und Zeit. Denn die geistige Erkenntnis kann sich durch Angabe der Raum- und Zeitstelle des Beobachters darüber erheben. Standpunktserkenntnis im Sinne des Relativismus oder Perspektivismus aber wäre es, wenn auch ein eindeutig bestimmter Gegenstand unter demselben Gesichtspunkt verschieden und dennoch wahr beurteilt werden könnte.«[55] Passmores Kritik an der Protagoreischen These bleibt also bestehen: »The fundamental criticism of Protagoras can now be put thus: to engage in discourse at all he has to assert that something is the case.«[56] In anderen Worten: Nur objektive Erkenntnis ist kritisierbar.

Zum Schluß betrachten wir noch die relativistische Auflösung des im Tropus # 4 enthaltenen Traum-Argumentes.[57] Unsere Vorstellun-

---

[55] J. Santeler: *Relativismus*, in: W. Brugger (Hg.), Philosophisches Wörterbuch, Freiburg (Herder) 1976, 323.

[56] J. Passmore: *Philosophical Reasoning*, New York (Basic Books) 1968, 67.

[57] Das Traum-Argument aus Tropus # 4 ist dem cartesischen Traum-Argument entgegenzustellen. Das cartesische Traumargument basiert auf der Unmöglichkeit, zwischen Träumen und Wachen zu unterscheiden. Wie Annas und Barnes bemerken (J. Annas/J. Barnes: *The Modes of Scepticism*, Cambridge [CUP] 1985, 84) ist es analog dem Problem bei Platon:
«*Sokrates*: Du denkst wohl also auch an folgende Zweifelsfrage über diese Dinge und dabei vor allem über Schlafen und Wachen?
Theätet: Welche denn?
Sokrates: Du hast doch wohl oftmals fragen hören, mit welchem Beweise man sich gegen einen helfen könnte, der uns fragte, ob wir jetzt in diesem Augenblick schlafen und ob wir alle unsere Erinnerungen nur träumen oder ob wir wachen und uns wachend unterhalten.
Theätet: In der Tat, mein Sokrates, hält [sic! besser: fällt] es schwer, den erforderlichen Beweis zu führen. Denn alles entspricht sich beiderseits ganz genau. Nichts nämlich hindert, unsere jetzige Unterhaltung als im Schlafe geführt zu betrachten;

gen im Traum begründen Fürwahrhaltungen bezüglich der Traumwelt. Unsere Vorstellungen im wachen Zustand begründen Fürwahrhaltungen bezüglich der Welt. Wir sprechen nicht mehr von der einen
wirklichen Welt, sondern von zwei Welten (oder mehr: der Welt, in
der man sich in einer Halluzination befindet etc.). Wir werden auf
diesen Gedanken in Abschnitt 6.3.1 zurückkommen.

Wir fassen zusammen, daß der Relativismus gegen einige, aber
nicht gegen alle Tropen erfolgreich ist.

5.8 Agrippas Trilemma

Agrippas Trilemma besteht aus sechs Annahmen. Die globalskep-
tische Konklusion ist offensichtlich nicht tolerierbar. Wir betrachten
nun zwei Standpunkte, den Fundamentalismus und den Kohärentismus, in denen dieses Argument, so die Proponenten, nicht mehr zu
entwickeln ist.

5.8.1 Fundamentalismus

Der Fundamentalismus unterteilt Fürwahrhaltungen in zwei Kategorien. Die Fürwahrhaltungen in der ersten Kategorie begründen die
Fürwahrhaltungen in der zweiten Kategorie, aber werden selber nicht
durch andere Fürwahrhaltungen begründet. Gemäß der beliebten
Analogie aus der Baukunde bilden die Fürwahrhaltungen der ersten
Kategorie das Fundament und die der zweiten den Oberbau oder,
aus dem Englischen, die Superstruktur unserer Fürwahrhaltungen
(also unseres Standpunktes). Eine Fürwahrhaltung in der Superstruktur wird also durch Ableitung aus Fürwahrhaltungen des Fundaments

---

und wenn wir vollends im Traume Träume zu erzählen scheinen, so grenzt die
Ähnlichkeit beider Fälle ans Wunderbare.
Sokrates: Du siehst also, daß es hier reichliche Gelegenheit zum Zweifel gibt,
wenn sogar über das Verhältnis von Wachen und Schlafen Zweifel bestehen; ...«
Platon: *Theätet*, 158, O. Apelt (Übers.), Hamburg (Meiner) 1993, 55.
Das Problem des vierten Tropus wird dem cartesischen Argument von Galen
gegenübergestellt: »Some people say that it is unclear whether we are awake or
asleep, and whether we are mad or sane. And if it should be conceded that this is
clear, they say it is unclear which of the two groups is closer to the truth – the
wakers or the sleepers? The sane or the mad?« Galen: *Commentary on Hippocratus'
On Diet in Acut Disease*, XV 449 K, in: J. Annas/J. Barnes (Übers.): The Modes of
Scepticism, Cambridge (CUP) 1985, 84.

begründet. Die Fürwahrhaltungen des Fundaments sind begründet
per se.

Somit wären die Thesen des Fundamentalismus bezüglich der
Struktur von Begründung von Fürwahrhaltungen beschrieben. Im
Fundamentalismus wird also die Annahme 1 in Agrippas Trilemma
negiert – die Fürwahrhaltungen im Fundament sind nicht durch andere Fürwahrhaltungen begründet. Das skeptische Argument kann
damit nicht mehr entwickelt werden. Ohne eine Ausarbeitung des
Fundamentalismus über die Struktur von Begründung hinaus ist dieser allerdings nicht zu vertreten: Eine jede Fürwahrhaltung könnte als
Fürwahrhaltung des Fundaments betrachtet werden und damit als
begründet, ohne durch andere Fürwahrhaltungen begründet zu sein
(und das ist absurd).

Untersuchen wir nun, ob ein skepsisresistenter Fundamentalismus
entwickelt werden kann. Wir können zwischen zwei Fragen unterscheiden: (i) Welches sind die Fürwahrhaltungen in dem Fundament,
und wie sind sie begründet, ohne von anderen Fürwahrhaltungen begründet zu sein? (ii) Welches sind die Fürwahrhaltungen in der Superstruktur, und wie werden sie von den Fürwahrhaltungen im Fundament begründet? Wir beginnen mit Antworten auf die erste Frage.

Eine erste Idee ist diese: Die basalen Fürwahrhaltungen sind begründet im Rekurs auf etwas Gegebenes, von der Natur Kommendes, Nichtpropositionales, etwa einer Empfindung oder Wahrnehmung. Sie sind begründet, wenn sie mit der Sache selbst übereinstimmen. Die Metapher eines solchen Verständnisses ist, daß unsere
Fürwahrhaltung ein Spiegel der Natur ist. Das derart Gegebene ist
die eigentliche Wirklichkeit, und unsere Fürwahrhaltungen müssen
mit dem Gegebenen übereinstimmen. So ist die Fürwahrhaltung bezüglich einer Vorstellung begründet mit Verweis auf das in der Vorstellung Gegebene. Damit sind basale Fürwahrhaltungen begründet
gedacht durch etwas, was selber keine Fürwahrhaltung ist (und die
Beliebigkeit ist eingeschränkt). Die Frage, die sich stellt, ist, ob sich
die Begründung der basalen Fürwahrhaltungen so denken läßt. Ein
hinreichender Einwand gegen eine Begründung von basalen Fürwahrhaltungen qua Gegebensein ist, daß basale Fürwahrhaltungen
nicht in dem benötigten Sinne gegeben sind. Diese These formuliert
Wilfrid Sellars so: »Charakterisieren wir eine Episode oder einen Zustand als einen Zustand des Erkennens, so geben wir keine empirische Beschreibung dieses Zustandes; wir stellen ihn in den logischen

Raum der Gründe, des Rechtfertigens und des Rechtfertigenkönnens.«[58] Diese These beruht also auf der Einsicht, daß ein rotes Dreieck zu sehen als eine Erfahrung, also als ein Aufnehmen von Gegebenem, zu verstehen ist, es aber daraus nicht folgt, daß der deskriptive Inhalt dieser Erfahrung, nämlich daß das Ding ein rotes Dreieck ist oder als solches erscheint, erfahren wurde.[59] Abel schreibt, daß die Faktizität der Fakten selbst kein Faktum, sondern Interpretation und damit nicht mehr gegeben ist.[60] Abels Diktum kann am einfachsten, wenn auch vielleicht etwas irreführend, auf der Grundlage des von John McDowell als »highest common factor view« titulierten Standpunktes[61] entwickelt werden. Eine Vorstellung (Erfahrung, Empfindung) ist derart, daß durch Betrachtung der Vorstellung selbst eine trügerische nicht von einer wahrheitsgemäßen Vorstellung unterschieden werden kann. Eine trügerische Vorstellung ist eine, die, falls sie für wahr gehalten würde, zu falschen Fürwahrhaltungen führte. Eine Kategorie trügerischer Vorstellungen sind Illusionen, z. B. das im Wasser gebrochene Ruder. Andere Kategorien sind Halluzinationen und Träume. Eine wahrheitsgemäße Vorstellung ist eine, aus der wahre Fürwahrhaltungen resultieren – die also den Fakten entspricht. Es folgt, daß, ex hypothesi, trügerische Vorstellungen nicht den Fakten entsprechen. Damit eine Vorstellung also als Faktum eine fundamentale Fürwahrhaltung darstellen kann, muß bereits entschieden werden, ob sie ein Fakt ist oder nicht. Doch damit ist die Fürwahrhaltung, die aus der Vorstellung folgt, nicht mehr gegeben. Diese Erläuterung, auch wenn sie hier ihre Funktion erfüllt, ist allerdings, wie gesagt, irreführend: Abel z. B. würde bereits die Vorstellung, daß das Ruder im Wasser gebrochen ist, nicht als gegeben, da bereits in Begriffe gefaßt, zulassen. Es ist aber unmöglich, eine nicht in Begriffe gefaßte Vorstellung (oder vielleicht besser Empfindung) zu beschreiben. Diesen Einwand können wir in die skeptische Methode übersetzen, indem wir die Behauptung »Fundamentale Fürwahrhaltungen sind begründet, da sie gegeben sind« der begründeten

58 W. Sellars: *Science, Perception and Reality*, London (Routledge and Kegan Paul) 1963, 169, in: R. Rorty: Der Spiegel der Natur: Eine Kritik der Philosophie, M. Gebauer (Übers.), Frankfurt a. M. (Suhrkamp) 1981, 421.

59 Siehe: W. Sellars: *Empiricism and the Philosophy of Mind*, in: M. Feigl/M. Scriven (Hg.), Minnesota Studies in the Philosophy of Science, Minneapolis (University of Minnesota Press) 1956, Vol. 1, 282.

60 Siehe u. a. G. Abel: *Interpretationswelten*, Frankfurt a. M. (Suhrkamp) 1993, 97.

61 J. McDowell: *Criteria, Defeasibility and Knowledge*, in: Proceedings of the British Academy, 68 (1982), 455–479.

These »Fundamentale Fürwahrhaltungen sind nicht gegeben, und damit so auch nicht begründet«, entgegenstellen (und damit ad absurdum führen). Aus einer etwas anderen Perspektive weist Rorty diesen Ansatz wie folgt zurück: »Es heißt ..., daß etwas nur mit Bezug auf etwas als Rechtfertigung gilt, das wir bereits akzeptieren ...«[62] Und das, was wir akzeptieren, ist bereits eine Fürwahrhaltung und nicht eine Nichtfürwahrhaltung oder, insbesondere, etwas Gegebenes. Ein weiterer Einwand gegen Begründung qua Gegebensein bezieht sich auf das Privatsprachenargument[63]: Begriffe müßten gebildet gedacht werden auf der Basis dessen, was jedem einzelnen so gegeben ist, denn daraus bestünde ja die empirische Welt. Doch das Privatsprachenargument in Abschnitt 4.2 zeigt, daß Begriffskonstitution durch private ostensive Definition nicht zu denken ist. Wir fassen zusammen, daß der Ansatz, basale Fürwahrhaltungen im Rekurs auf etwas »Gegebenes« (und insbesondere nicht im Rekurs auf andere Fürwahrhaltungen) begründet zu denken, nicht überzeugt. Diesen Sachverhalt bezeichnen wir als den Mythos des Gegebenen.[64] McDowell schreibt hierzu: »When we reject the Myth of the Given, we reject the idea that tracing back the ground for a judgement can terminate in pointing to a bare presence.«[65]

Eine andere Prima-facie-Möglichkeit, daß die fundamentalen Fürwahrhaltungen nicht als Folgerung von anderen Fürwahrhaltungen begründet sind, ist, daß wir, wenn wir diese Fürwahrhaltungen haben, darin unfehlbar sind. Symbolisieren wir die Führwahrhaltungen des Fundaments mit Fi, dann ist die These, daß für alle Fi gilt, daß falls x Fi für wahr hält, Fi wahr ist. Es gibt also keinen Raum für Irrtum. Daß eine Fürwahrhaltung begründet ist, bedeutet, daß es wahrscheinlicher ist, daß sie wahr ist. Wenn eine Fürwahrhaltung nicht falsch sein kann, dann ist sie somit auch begründet.[66] Die Frage, die

---

[62] R. Rorty: *Der Spiegel der Natur: Eine Kritik der Philosophie*, M. Gebauer (Übers.), Frankfurt a. M. (Suhrkamp) 1981, 199.

[63] Siehe auch: J. McDowell: *Mind and World*, Cambridge (Harvard University Press) 1994, 20.

[64] Dieser Name wird insbesondere auch von W. Sellars gebraucht in: *Empiricism and the Philosophy of Mind*, in: M. Feigl/M. Scriven (Hg.): Minnesota Studies in the Philosophy of Science, Minneapolis (University of Minnesota Press) 1956, Vol. 1.

[65] J. McDowell, *Mind and World*, Cambridge (Harvard University Press) 1994, 39.

[66] Diese Implikation muß ebenfalls eine fundamentale Fürwahrhaltung sein. Strenggenommen wären alle fundamentalen Fürwahrhaltungen begründet als Folgerung dieser Implikation und der Fürwahrhaltung, daß es sich jeweils um eine unfehlbare Fürwahrhaltung handelt.

sich nun stellt, ist, ob es (oder ob es ausreichend) Fürwahrhaltungen mit dieser angenehmen Eigenschaft gibt. Der klassische Fundamentalismus behauptet, daß die folgenden Fürwahrhaltungen unfehlbar sind: (i) phänomenale Fürwahrhaltungen in der ersten Person, z. B. die Fürwahrhaltung, daß mir etwas rot erscheint, (ii) Fürwahrhaltungen über die eigenen mentalen Zustände in der ersten Person, z. B. die Fürwahrhaltung, daß ich Schmerz habe, (iii) Folgerungsregeln, z. B. Induktion, logische Implikation, um die Fürwahrhaltungen in der Superstruktur, z. B. daß etwas rot ist, Peter Schmerzen hat, alle Raben schwarz sind, auf der Basis von Fürwahrhaltungen in den Kategorien (i) und (ii) zu begründen. Ist dieser Standpunkt skepsisresistent?

Wir beginnen mit der These, daß phänomenale Fürwahrhaltungen in der ersten Person unfehlbar sind: Wenn Peter für wahr hält, daß ihm etwas rot erscheint, dann erscheint ihm auch etwas rot. In der Fürwahrhaltung von Peter sind zwei Elemente enthalten: die Empfindung und die Kategorisierung der Empfindung, d. h., mir erscheint etwas, und das Urteil, daß es mir rot erscheint. Mit dieser Unterscheidung lassen sich nun skeptische Argumente der zweiten Stufe konstruieren. Das erste ist eine Variante des cartesischen Dämonen-Arguments. (Wir entwickeln das Argument durch Betrachtung eines repräsentativen Beispiels in der ersten Person Singular):

| 1 | 1 | Damit ich begründet für wahr halte, daß es mir rot erscheint, muß ich begründet für wahr halten, »daß ich nicht, etwa von einem Dämonen, systematisch beim Kategorisieren getäuscht werde« (wir bezeichnen diese Fürwahrhaltung mit H). |

Gemäß dem Fundamentalismus gilt:

| 2 | 2 | Ich kann Fürwahrhaltungen nur aus dem Fundament heraus begründen. |

Wir bemerken, daß H nicht Element des Fundaments ist:

| 3 | 3 | Die Fürwahrhaltung H ist weder eine phänomenale Fürwahrhaltung noch eine über den eigenen mentalen Zustand noch eine über eine Folgerungsregel, d. h., sie ist nicht im Fundament. |

Darüber hinaus kann H nicht aus dem Fundament begründet werden, da dieses erst begründet, wenn H begründet ist:

| 4 | 4 | Das Fundament steht zur Begründung der Fürwahrhaltung H nicht zu Gebote, da Selbi- |

ges nur bei Begründetsein der Fürwahrhaltung H begründet ist.

Aus Annahmen 2, 3 und 4 folgt dann:

2, 3, 4   5   Ich kann die Fürwahrhaltung H nicht begründen.

Und mit Annahme 1 schließlich:

1, 2, 3, 4   6   Ich halte nicht begründet für wahr, daß es mir rot erscheint.

(Dieses Argument basiert auf der Einsicht, daß die Unfehlbarkeitsthese keine Fürwahrhaltung des Fundaments ist.) Vielleicht einsichtiger und pointierter als der Rekurs auf eine nichtkongeniale Möglichkeit[67] ist die These, daß der Mensch beim Kategorisieren fehlbar ist und damit auch in der Fürwahrhaltung, daß ihm etwas so und so erscheint. Wenn der Fundamentalist diese These anerkennt, dann bleibt ihm nur, daß der Mensch unfehlbar ist, daß es ihm so (und dabei verweist er in einer inneren Geste auf seine Empfindung) erscheint. Doch es ist nicht einsichtig, wie auf dieser Basis unsere Fürwahrhaltungen bezüglich der Außenwelt begründet werden können.[68] Diese wären damit unbegründet, was absurd ist. Es bleibt dem Fundamentalisten also nur, diese These zurückzuweisen. Doch die These ist plausibel.

Für Fürwahrhaltungen bezüglich der eigenen mentalen Zustände gilt der Einwand der Fehlbarkeit in der Kategorisierung von Erscheinungen analog. Ein weiteres skeptisches Argument läßt sich aus dem Phänomen der Selbsttäuschung entwickeln. Die Aussage »Ich dachte, mein Stolz sei verletzt gewesen, aber ich hatte mich geirrt. In Wirklichkeit betraf es nur meine falsche Eitelkeit« ist von diesem fundamentalistischen Standpunkt aus nicht zulässig: Wenn man für wahr hält, daß der eigene Stolz verletzt ist, dann kann man sich nicht irren.

Bezüglich der Schlußregeln, die erlauben, die Fürwahrhaltungen der Superstruktur aus den Fürwahrhaltungen des Fundaments zu begründen, könnte vielleicht vertreten werden, daß wir uns in diesen

---

[67]   Siehe auch die Diskussion über den Relevante-Alternativen-Standpunkt in Abschnitt 5.2.3.

[68]   M. Williams beschreibt dies so: »In other words, the knowledge which is involved in the grasping of the sensuously given, since it is independent of conceptual interpretation by the mind, must be non-propositional or, to put the point more pejoratively, ineffable. But if it is ineffable, it cannot provide us with a check upon anything, let alone the entire edifice of empirical knowledge« (M. Williams: *Groundless Belief: An Essay on the Possibility of Epistemology*, Oxford [Blackwell]1977, 29).

(allerdings nicht in deren Anwendung) nicht irren können. Doch das (was immer es bedeuten mag) ist unerheblich, da, wie wir gesehen haben, kein Fundament auf der Grundlage der Unfehlbarkeit unter kritischem Vorzeichen zu Gebote steht, von dem man folgern könnte.

Wir folgern, daß die These, daß die Fürwahrhaltungen im Fundament qua Unfehlbarkeit begründet sind, nicht skepsisresistent ist. Wir erkennen, daß auch im Rekurs auf die Unfehlbarkeit enthalten ist, daß wir etwas Gegebenem gegenüberstehen. Dieses Gegebene wäre somit auch die eigentliche Begründung der phänomenalen Fürwahrhaltung. Damit könnten wir diesen Ansatz auch unter den des Mythos des Gegebenen subsumieren.

Wir wollen kurz eine verwandte Eigenschaft von Fürwahrhaltungen, die eine Begründung ohne Begründung durch andere Fürwahrhaltungen verspricht, betrachten: Die Fürwahrhaltungen im Fundament sind begründet, weil sie inkorrigibel sind. (Eine Fürwahrhaltung wäre inkorrigibel, falls niemand jemals in der Position wäre, sie zu korrigieren.)[69] Betrachten wir die wahrscheinlichsten Kandidaten für diese Art der Begründung: phänomenale Fürwahrhaltungen. Doch auch hier folgt, daß es ein Wunder ist, daß eine intersubjektive Wirklichkeit (bestehend aus Dingen, die prinzipiell von jedem begründet für wahr gehalten werden können) besteht. Zudem sind die Annahmen des Privatsprachenarguments in Abschnitt 4.2 erfüllt.

Wir fassen zusammen, daß Fürwahrhaltungen im Fundament weder qua Gegebensein noch qua Unfehlbarkeit noch qua Inkorrigibilität als begründet zu denken sind. Wir haben also drei Kandidaten für die Begründung von den fundamentalen Fürwahrhaltungen, welche selber keine Fürwahrhaltungen sind, betrachtet, und diese konnten dem Skeptizismus der zweiten Stufe nicht standhalten. Damit ist freilich nicht gezeigt, daß es einen erfolgreichen Kandidaten nicht gibt. Hier ist ein Ansatz, die allgemeine Unhaltbarkeit des Fundamentalismus zu zeigen. Wir werden versuchen, eine Diagnose des grundsätzlichen Problems des Fundamentalismus zu erstellen.

Wir haben gezeigt, daß die Fürwahrhaltungen im Fundament nicht im Rekurs auf die Natur, Unfehlbarkeit oder Inkorrigibilität begründbar sind. Damit sind die Fürwahrhaltungen im Fundament jedoch prinzipiell kritisierbar/reflektierbar. Es scheint plausibel, daß sie dann auch kritisierbar auf der Grundlage der von ihr begründeten Fürwahrhaltungen, also im Rekurs auf die Superstruktur, sind. Doch

---

[69] Siehe J. Dancy: *Introduction to Contemporary Epistemology*, Oxford (Blackwell) 1993, 64.

damit sind sie auch durch die Fürwahrhaltungen der Superstruktur begründet, was der fundamentalistischen These des Gerichtetseins von Begründung widerspricht. Es folgt, daß die fundamentalistische Reaktion auf Agrippas Trilemma unhaltbar ist. Wir bemerken, daß in diesem Argument lediglich die fundamentalistische (Kern-)These, daß Begründung nur in eine Richtung vonstatten geht, nämlich von den fundamentalen Fürwahrhaltungen zu den Fürwahrhaltungen in der Superstruktur, und die Konklusionen dieses Abschnitts vorausgesetzt sind.

Bisher haben wir uns mit der Frage beschäftigt, wie es zu denken ist, daß die Fürwahrhaltungen im Fundament begründet sind, ohne durch andere Fürwahrhaltungen begründet zu sein. Wir haben darauf keine zufriedenstellende, d. h. keine skepsisresistente, Antwort finden können. Damit ist der Fundamentalismus bereits der Unhaltbarkeit überführt. Nichtsdestoweniger ist es, angesichts einer möglichen zufriedenstellenden Antwort auf diese Frage, angezeigt, die zweite Frage, nämlich, wie es zu denken ist, daß das Fundament die Fürwahrhaltungen in der Superstruktur begründet, zu betrachten. Gegen die Möglichkeit einer solchen Begründung im Rahmen des Fundamentalismus entwickeln wir ein skeptisches Argument auf der Basis der Quineschen These der Unterbestimmtheit der Theorie durch Evidenz. Diese These ist direkt auf den Fundamentalismus anwendbar, da in ihm feinsäuberlich zwischen der Evidenz, d. h. den Fürwahrhaltungen im Fundament, und der Theorie, d. h. den Fürwahrhaltungen in der Superstruktur, unterschieden wird. Diese These selbst werden wir hier nicht weiter diskutieren, so daß die Reductio ad absurdum ein konditionales Ergebnis ist. Wir gebrauchen Quines These in der folgenden Formulierung: Auf der Basis einer gegebenen Menge von Evidenzsätzen sind gleich begründete, aber inkompatible Theorien entwickelbar. Nun können inkompatible Theorien nicht (gleichzeitig) für wahr gehalten werden. Es bedarf also einer Entscheidung zwischen beiden Theorien. Ex hypothesi kann eine solche Entscheidung aber nicht im Rekurs auf die fundamentalen Fürwahrhaltungen begründet werden und damit, im Fundamentalismus, überhaupt nicht. Damit ist die Entscheidung zwischen derartigen Theorien im Fundamentalismus notwendigerweise willkürlich, was absurd ist. Es folgt, daß der Fundamentalismus auch auf die zweite Frage – wie es zu denken ist, daß die Fürwahrhaltungen in der Superstruktur durch Fürwahrhaltungen im Fundament begründet sind – keine überzeugende Antwort bereitzustellen in der Lage ist.

Obwohl dies für gewöhnlich ein Zeichen für mangelndes Vertrauen in die Überzeugungskraft eines Argumentes ist, werden wir noch kurz ein weiteres (skeptisches) Problem des Fundamentalismus aufzeigen, sozusagen als Reserveargument. Von einem fundamentalistischen Standpunkt aus ist (grundsätzlich) keine allgemeine Lösung des I-II-III-Argumentes möglich. Die Kategorie-I-Propositionen beinhalten die fundamentalen Fürwahrhaltungen (welche immer das sein mögen). Die Kategorie-II-Propositionen beinhalten die Fürwahrhaltungen der Superstruktur. Wenn nun die Kategorie-III-Proposition nicht Element des Fundaments ist, und das ist eine Funktion der genauen Charakterisierung des Fundaments, dann müssen die I-II-III-Argumente durch andere, mit dem Fundamentalismus kompatible, spezielle Strategien (z. B. reduktionistische Strategien) neutralisiert werden. Doch, wie wir gesehen haben, sind solche Strategien nicht unproblematisch.

Wir fassen zusammen, daß der Fundamentalismus keine skepsisresistente Reaktion auf Agrippas Trilemma darstellt.

Michael Williams vertritt die weitergehende These, daß alle skeptischen Argumente, zumindest implizit, den fundamentalistischen Standpunkt voraussetzen. Er schreibt: »The right strategy against the sceptic is to deny him the foundationalist presuppositions he relies on ...«[70] Diese These ist nur von Interesse, falls wir ein skepsisresistentes alternatives Verständnis von der Struktur von Begründung haben. Man muß einen Standpunkt einnehmen.[71] Ein solches Verständnis entwickeln wir nun als zweite Reaktion auf Agrippas Trilemma.

---

[70] M. Williams: *Epistemological Realism and the Basis of Scepticism*, in: Mind, 97 (1988), 417.

[71] Daß dies so ist, wird durch die räumliche Bedeutung des Wortes Standpunkt suggeriert. Irgendwo muß man schließlich stehen. Ist es aber so in dem Fall eines Verständnisses bezüglich der Architektonik von Begründung von Fürwahrhaltungen? Um diese Suggestion zu neutralisieren, ändern wir die Bezeichnung von der eines Standpunktes zu der einer Theorie (eine Menge von Aussagen). Eine solche Theorie aber ist in unserer Praxis des Fürwahrhaltens immer schon vorausgesetzt, und eine solche Praxis haben wir unbezweifelbar. Also haben wir auch, bewußt oder unbewußt, eine solche Theorie. Diese Eigenschaft des Begriffes Standpunkt ist also treffend.

5.8.2 Kohärentismus

Der Kohärentismus vertritt die folgende These: Eine Fürwahrhaltung ist begründet, wenn sie Teil eines kohärenten Systems von Fürwahrhaltungen ist.

Damit steht der Kohärentismus mit der Zeile 3 in Agrippas Trilemma im Widerspruch: Es wird im Kohärentismus nicht gedacht, daß »eine jede begründete Fürwahrhaltung, daß P0, ... durch eine Sequenz von Begründungen (P0, P1, ...) begründet wird«. Dieses lineare Verständnis von Begründung macht einem systematischen Platz. Die Zeile 3 basiert auf den Annahmen in Zeile 1 und 2. Es folgt, daß zumindest eine dieser beiden Annahmen mit dem Kohärentismus inkompatibel ist. Unabhängig von diesem Reductio-ad-absurdum-Argument der Annahmen in Zeile 1 und 2 relativ zum Kohärentismus erkennen wir deren relative Falschheit auch direkt. Damit ist Agrippas Trilemma im Kohärentismus so nicht mehr zu entwickeln.

Es gilt nun die Plausibilität der kohärentistischen Hypothese zu untersuchen. Dafür unterziehen wir diese Hypothese dem Skeptizismus der zweiten Stufe, d. h., wir untersuchen die Konsequenzen der kohärentistischen Hypothese innerhalb unseres Standpunktes. Dieses Vorgehen dient gleichzeitig dazu, den Begriff der Kohärenz zu entwickeln.

Ein offensichtliches Problem des lediglich durch die These charakterisierten Kohärentismus besteht darin, daß in ihm folgt, daß die Propositionen einer kohärenten Fiktion begründet für wahr gehalten werden. Doch diese sind per definitionem falsch und damit auch nicht begründet für wahr zu halten. Das entsprechende skeptische Argument ist folgendes:

1	1	Eine Fürwahrhaltung ist begründet, wenn sie Teil eines kohärenten Systems von Fürwahrhaltungen ist.
2	2	Eine gute Fiktion ist ein solches kohärentes System.
1, 2	3	Fürwahrhaltung von Propositionen einer guten Fiktion sind begründet.
4	4	Fürwahrhaltungen in einer Fiktion sind, ipso facto, nicht begründet (glaubwürdig, wahrscheinlich).
1, 2, 4	5	Widerspruch

Das skeptische Argument ist Ausdruck der Tatsache, daß es im Kohärentismus unverständlich ist, wie Begründung einer Fürwahrhaltung diese glaubwürdiger macht. Es fehlt eine Verbindung von der Begründung einer Fürwahrhaltung zu der Wahrheit einer Fürwahrhaltung. Damit verletzt der Kohärentismus die Intuition, daß die Begründung einer Fürwahrhaltung wahrheitsdienlich ist.

Bevor wir Antworten auf diesen Einwand gegen die kohärentistische These betrachten, wollen wir noch einige andere Konsequenzen aufzeigen, die an dieser Stelle am klarsten zu entwickeln sind. Falls eine derartige Beliebigkeit bezüglich begründeter Fürwahrhaltung gedacht wird, dann sind die Phänomene (a) intersubjektive Wirklichkeit, (b) intersubjektive Erkenntnis und (c) Kommunikation (die Annahmen des Privatsprachenarguments wären erfüllt) nur durch ein Wunder zu erklären. Doch an Wunder glauben wir nicht. Das skeptische Argument, welches ein Ausbuchstabieren eines verbreiteten Argumentes darstellt, ist folgendes:

1	1	Eine Fürwahrhaltung ist begründet, wenn sie Teil eines kohärenten Systems von Fürwahrhaltungen ist.
2	2	Wenn 1, dann sind die Phänomen (a)–(c) nur durch ein Wunder zu erklären.
3	3	Wir glauben an die Phänomene (a)–(c).
4	4	Wir glauben nicht an Wunder.
2, 3, 4	5	non1
1, 2, 3, 4	6	Widerspruch

Es folgt, daß die Beliebigkeit des Kohärentismus durch Entwicklung einer Beziehung von Begründung und Wirklichkeit eingeschränkt werden muß. Das oben angeführte Fiktionsargument legt eine Modifikation nahe. Der Unterschied zwischen Fiktionen und wahren Geschichten besteht darin, daß letztere Fürwahrhaltungen beinhalten, die auf Sinneserfahrung beruhen. Nennen wir diese empirische Fürwahrhaltungen, dann können wir die Modifikation folgendermaßen formulieren. Eine Fürwahrhaltung ist begründet, falls sie Teil eines kohärenten Systems ist, welches ausreichend empirische Fürwahrhaltungen beinhaltet (oder mit anderen Worten die Bedingung der empirischen Gültigkeit erfüllt).

Doch es ist nicht offensichtlich, daß der Kohärentismus eine solche Modifikation kohärenterweise durchführen kann. Gemäß dem Kohärentismus ist eine Fürwahrhaltung, und damit auch eine empirische Fürwahrhaltung, begründet, soll also für wahr gehalten werden, falls sie Teil eines kohärenten Systems von Fürwahrhaltungen ist. Die Modifikation weist den empirischen Fürwahrhaltungen jedoch eine besondere Stellung zu. Sie scheinen begründet zu sein als empirische

Fürwahrhaltungen per se. Doch das wäre dann ein Fundamentalismus. Das Problem für den Kohärentismus ist also, die Beliebigkeit eines kohärenten Systems von Fürwahrhaltungen zu restringieren, ohne zum Fundamentalismus zu mutieren.

Hier ist eine mögliche Analogie[72], wie dies zu denken ist: Sie sind das Subjekt eines Experiments. Sie befinden sich in einem Raum und erhalten über die nächsten Tage kontinuierlich Mosaiksteine. Es ist Ihre Aufgabe, aus den (wenige Details beinhaltenden) Mosaiksteinen das beste mögliche Mosaik zusammenzusetzen. Es ist nicht festgelegt, daß Sie alle Mosaiksteine gebrauchen müssen oder daß es ein bestimmtes bestes Mosaik gibt, welches aus den Mosaiksteinen konstruiert werden kann. Unsere Situation zur Welt wird verglichen mit der der Personen des Experiments. Wir substituieren Mosaiksteine durch empirische Fürwahrhaltungen. Gemäß dem Kohärentismus ist eine empirische Fürwahrhaltung/ein Mosaikstein begründet, falls sie/er Teil eines kohärenten Systems von Fürwahrhaltungen/eines bestmöglichen Mosaiks sind/ist. Nichtempirische (theoretische) Fürwahrhaltungen sind analog zu sehen zu relativen Positionierungen und Strukturen von Mosaiksteinen im Mosaik, und diese sind dann begründet, falls entsprechende relative Positionierungen und Strukturen in einem solchen bestmöglichen Mosaik enthalten sind. Die entscheidende Eigenschaft der Mosaikanalogie in bezug auf die Restriktion der Beliebigkeit ist dies: Bei Ankunft eines Mosaiksteins ist nicht zu erkennen, ob er Teil des Mosaiks sein wird oder nicht. Es ist allerdings eine Eigenschaft des Experiments, daß wir einen gegebenen Mosaikstein zu verwenden versuchen. Entscheidend ist, daß wir dafür vorher nicht zu erkennen brauchen, ob er Teil des Mosaiks sein wird.

Analog: An einer gegebenen empirischen Fürwahrhaltung ist nicht zu erkennen, ob sie Teil des kohärenten Systems von Fürwahrhaltungen ist. Es ist allerdings eine Eigenschaft unserer Situation, daß wir eine gegebene empirische Fürwahrhaltung in unser System von Fürwahrhaltungen zu integrieren versuchen. Entscheidend ist dabei, daß wir dafür nicht annehmen müssen, daß die empirische Fürwahrhaltung unabhängig von ihrer möglichen Funktion im System von Fürwahrhaltungen begründet ist. (Wir können eine empirische Fürwahrhaltung z. B. mit Verweis darauf, daß sie die Folge einer Halluzination ist, in der Konstruktion ignorieren.) Die Mosaik-Analogie scheint also einen Weg zu weisen, wie die entsprechende Restriktion von Beliebigkeit erreicht werden kann. Es bleibt zu zeigen, daß ein Kohä-

---

[72] Quelle: C. Wright.

rentismus plausibel machen kann, daß unsere Situation derart analog ist. Lassen wir diese Frage offen und wenden uns anderen Problemen zu.

Während die Mosaik-Analogie den empirischen Gehalt eines Kohärentismus zu erklären helfen scheint, steht sie im Widerspruch mit unseren Intuitionen bezüglich Wahrheit und Wirklichkeit. Die Mosaik-Analogie hat keinen Platz für unsere Begriffe von Wahrheit und Wirklichkeit. Es sind zwei Analoga denkbar: (i) Ein Mosaikstein bzw. ein Mosaikmuster, der bzw. das Teil eines bestmöglichen Mosaiks ist, ist nicht nur analog zu einer begründeten, sondern auch zu einer wahren empirischen bzw. nichtempirischen Fürwahrhaltung zu denken. (ii) Ein Mosaikstein bzw. ein Mosaikmuster, der bzw. das Teil des einzigen ideal besten Mosaiks ist (welches allerdings der Testperson ex hypothesi nicht zugänglich ist), ist analog zu einer wahren empirischen bzw. nichtempirischen Fürwahrhaltung zu denken. Doch weder (i) noch (ii) sind ohne weiteres zu verteidigen.

Ad (i): Es ist eine Eigenschaft des Experiments, daß verschiedene Mosaike unter Einhaltung der Vorgaben konstruiert werden können, also daß sowohl verschiedene Mosaiksteine verwendet werden als auch verschiedene Mosaikmuster entstehen können. Analog zu den Mosaiksteinen wäre dann eine empirische Fürwahrhaltung (z. B. »Es erscheint rot«) sowohl wahr als auch falsch, was absurd ist. Analog zu den Mosaikmustern (man nehme an, ein bestmögliches Mosaik beinhaltet eine Rose und ein anderes ein Haus) wäre dann eine nicht empirische Fürwahrhaltung (z. B. »Hier ist ein Haus«) sowohl wahr als auch falsch, was absurd ist. Darüber hinaus wäre begründete und falsche bzw. unbegründete und wahre Fürwahrhaltung nicht zu verstehen.

Ad (ii): Die Testperson hat ex hypothesi keinen Zugang zu einem solchen normierenden Mosaik. Es kann also nicht als Grundlage zur Konstruktion des Mosaiks dienen. Es gilt, daß eine Wirklichkeit, zu der wir grundsätzlich keinen Zugang haben, bei der Bewertung unserer Fürwahrhaltungen immateriell ist.

Die Mosaik-Analogie beinhaltet also kein plausibles Analogon zu unseren Begriffen von Wahrheit und Wirklichkeit. Dies ist an sich kein Argument gegen den Kohärentismus. Doch, wie wir gesehen haben, indiziert diese Eigenschaft der Analogie ein tatsächliches Problem für den Kohärentismus. Dieses wollen wir nun detaillierter formulieren in der Form eines skeptischen Argumentes.

Wir gehen aus von der Annahme, daß inkompatible Systeme von Fürwahrhaltungen nicht beide wahr sein können/nicht beide die

Wirklichkeit beschreiben können. Dies ist eine direkte Folge unserer Intuition, daß Wirklichkeit und Wahrheit eindeutig in dem folgenden Sinne sind: Entweder ist Proposition P wahr oder falsch (d. h. im Sinne der Bivalenz). Dies scheint soweit eine Platitüde unseres Begriffs von Wahrheit und Wirklichkeit zu sein. Also:

| 1 | 1 | Inkompatible Systeme von Fürwahrhaltungen beschreiben nicht beide die Wirklichkeit. |

Die zweite Annahme ist angesichts der Mosaikanalogie plausibel (und ein Korrolar von Quines These der Unterbestimmtheit von Theorie durch Daten).

2	2	Es sind auf der Basis der Beobachtungssätze mindestens zwei gleich kohärente aber inkompatible Systeme S1 und S2 von Fürwahrhaltungen denkbar.
1, 2	3	Mindestens S1 oder S2 beschreibt nicht die Wirklichkeit, ist also falsch.
1, 2	4	Kohärenz ist nicht wahrheitsdienlich.
5	5	Begründung ist wahrheitsdienlich.
1, 2, 5	6	Begründung ist nicht auf Kohärenz zu reduzieren.

Doch die Hauptthese des Kohärentismus impliziert:

| 7 | 7 | Begründung ist auf Kohärenz zu reduzieren. |

Womit wir dann einen Widerspruch abgeleitet hätten:

| 1, 2, 5, 7 | 8 | Widerspruch |

Die Diagnose des durch dieses skeptische Argument gezeigten Problems ist, daß Wahrheit und Begründung, oder präziser: Wahrheit und Kohärenz, nicht eng genug gedacht werden. Es ist nicht zu verstehen, daß Begründung wahrheitsdienlich ist. Doch die Identifikation von Kohärenz und Wirklichkeit, also die Negation von Annahme 1, ist ohne weitere Differenzierung auch nicht zulässig. Denn dann könnten die Phänomene »begründete, aber falsche Fürwahrhaltung« und »unbegründete, aber wahre Fürwahrhaltung« nicht erklärt werden.

Ebenso problematisch ohne weitere Differenzierung ist ein dem obigen Argument vorgelagerter Gedankengang. Wenn wir uns in der Welt verstehen als einzelne Personen, denen Mosaiksteine zukommen, dann ist es ein Wunder, daß es eine intersubjektive Wirklichkeit gibt. Denn: (i) Es besteht kein Grund, daß wir die gleichen Mosaiksteine zugeführt bekommen; (ii) angenommen, wir bekämen die gleichen Mosaiksteine, besteht kein Grund, daß wir sie zu einem zumindest ähnlichen Mosaik zusammensetzen. Und, wie oben weiter ausgeführt, an Wunder glauben wir nicht. Entsprechend, wie durch das Privatsprachenargument (siehe Abschnitte 4.2 und 5.5.2) gezeigt, wären Sprache, Kommunikation und Meinungsverschiedenheit ein Wunder, da diese eine öffentliche/intersubjektive Welt voraussetzen.

Ein weiteres Argument gegen den Kohärentismus ist, daß die in ihm enthaltenen Bedingungen für Begründung de facto nicht erfüllt sind. Dieses Argument basiert auf der Einsicht, daß unter Annahme der kohärentistischen These de facto keine Fürwahrhaltungen begründet sind:

1	1	Eine Fürwahrhaltung ist begründet, wenn sie Teil eines kohärenten Systems von Fürwahrhaltungen ist.
2	2	Wenn ein System von Fürwahrhaltungen kohärent ist, dann ist es auch konsistent.
3	3	Jeder Mensch hält, explizit oder zumindest implizit, inkonsistente Propositionen für wahr.
2, 3	4	Es gibt, de facto, keinen Menschen, der ein kohärentes System von Fürwahrhaltungen hat.
1, 2, 3	5	Es gibt keine begründete Fürwahrhaltung.

Wir erkennen, daß die so spartanisch formulierte Kohärenztheorie nicht in der Lage ist, die aufgeworfenen Probleme zu lösen. Wir werden im nächsten Kapitel eine bestimmte Kohärenztheorie, den Interpretationismus, vorstellen und untersuchen, ob in dieser reicheren Theorie die Probleme gelöst werden können.

Es bleibt anzumerken, daß die Diskussion des Kohärentismus und des Fundamentalismus als Reaktionen auf Agrippas Trilemma verstanden werden könnte als eine Argumentation für die kantische These »Gedanken ohne Inhalt sind leer [Kohärentismus], Anschauungen ohne Begriffe sind blind [Fundamentalismus]«[73]. In McDowells Worten waren das Problem für den Kohärentismus »spinning in the void« und für den Fundamentalismus der »myth of the given«[74].

---

[73] I. Kant: *Kritik der reinen Vernunft*, B 75, R. Schmidt (Hg.), Hamburg (Meiner) 1990, 95.

[74] J. McDowell: *Mind and World*, Cambridge (Harvard University Press) 1994. C. I. Lewis' Formulierung aus einer fundamentalistischen Perspektive ist ähnlich treffend: »There are in our cognitive experience, two elements, the immediate data such as those of sense, which are presented or given to the mind, and a form, construction, or interpretation, which represents the activity of thought ... If there be no datum given to the mind, then knowledge must be altogether contentless and arbitrary; there would be nothing which it must be true to. And if

Es ist nun zu untersuchen, ob der Interpretationismus den Vorwurf des »spinning in the void« neutralisieren kann und, damit verwandt, die von Peter Bieri so formulierte Adäquatheitsbedingung einer philosophischen Theorie erfüllen kann: »Mit dem Begriff der Wahrheit sind, grob gesprochen, zwei verschiedene Intuitionen verbunden. Nach der ersten sind Sätze oder Meinungen dann wahr, wenn sie ›den Tatsachen entsprechen‹. Nach der anderen kommt es darauf an, ob sie zu den übrigen Sätzen, die wir für wahr halten, ›passen‹. In der Regel sagt man, daß es die Aufgabe einer philosophischen ›Theorie der Wahrheit‹ ist, diese beiden Intuitionen ... in den richtigen Zusammenhang zu setzen.«[75]

---

there be no interpretation which the mind imposes, then thought is rendered superfluous, the possibility of error becomes inexplicable, and the distinction of true and false is in danger of becoming meaningless« (C. I. Lewis: *Mind and the World Order*, New York – Dover 1956, 37 f.).

[75] P. Bieri (Hg.): *Analytische Philosophie der Erkenntnis*, Frankfurt a. M. (Athenäum) 1987, 79.

6. Allgemeine Skepsisreaktion II: Interpretationismus

In Kapitel 5 haben wir spezielle Lösungsansätze untersucht und die meisten im Rekurs auf den Skeptizismus der zweiten Stufe zurückgewiesen. In diesem Kapitel betrachten wir einen allgemeinen Lösungsversuch, den Interpretationismus.

Der Interpretationismus ist ausgezeichnet, da er als Resultat der skeptischen Methode verstanden wird. So schreibt Günter Abel: »Der Witz ist vielmehr, daß der interne Skeptizismus bei genau dem System, das wir verwenden, seinen Ausgang nimmt und auch nur mit Bezug auf dieses zufriedengestellt werden kann.«[1] »Der interne Skeptizismus ... führt ... in einen radikalen Interpretationismus.«[2]

Im folgenden Abschnitt wird der Interpretationismus vorgestellt. Daran anschließend untersuchen wir, ob der Interpretationismus ein, zumindest relativ zu unserer Kapazität, skeptische Argumente gegen ihn zu entwickeln, skepsisresistenter Standpunkt ist. Dazu betrachten wir die bisher vorgestellten, relevanten skeptischen Argumente und versuchen neue zu entwickeln.

6.1 Darstellung des Interpretationismus

In diesem Abschnitt beschreiben wir den Interpretationismus anhand zweier extensiver Zitate seiner beiden wohl bekanntesten kontemporären Vertreter, Günter Abel und Hans Lenk.

Abel schreibt im Zusammenhang seines dreistufigen Interpretationsmodells[3]: »Auch die drei *Ebenen* des Interpretationsbegriffs sind in sich weiter zu untergliedern, um in die Individuierung und Feinstruktur der Interpretationsbegriffe zu gelangen ...

Innerhalb der *Ebene von Interpretation₃* lassen sich unter anderem die folgenden Aspekte unterscheiden: a) die *deskriptiven* Interpretationen₃ (und in nichtverbalen Systemen entsprechend z. B. die depikturalen Interpretationen₃), in denen es um Darstellung und Bericht von Tatsachen und auch um deren Verknüpfungen zu (gesetzmäßigen) Zusammenhängen geht; b) die *erklärenden* Interpretationen₃, in denen die deskriptiven Strukturen und Sätze aus einem Bedingungsgeflecht

---

[1]   G. Abel: *Interpretationswelten*, Frankfurt a. M. (Suhrkamp) 1993, 46.

[2]   G. Abel: *Interpretationswelten*, Frankfurt a. M. (Suhrkamp) 1993, 350.

[3]   Zur Einführung in Abels Interpretationsphilosophie siehe: G. Abel: *Was ist Interpretationsphilosophie?*, in: J. Simon (Hg): Zeichen und Interpretation I, Frankfurt a. M. (Suhrkamp) 1994, 16–35.

und aus Bedingungssätzen hergeleitet werden; c) die *deutenden* Interpretationen₃, in denen Elemente des Meinens, des epistemischen Glaubens, des Vorverständnisses und des Lebensgefühls vorherrschend sind; d) die *verständigungsorientierten* Interpretationen₃, in denen Zeichensequenzen anderer Personen dadurch verständlich und mitteilbar gemacht werden, daß die eigene Logik und die eigenen Standards im Sinne des ›Principle of Charity‹ hinter die fremden Zeichen plaziert und diese von jenen her konstruiert werden; e) die *verstehend-auslegenden* Interpretationen₃, in denen unter Applikation der regelgebundenen Verfahren der Hermeneutik der Sinn von Lebensäußerungen erschlossen und rekonstruiert wird; f) die *begründenden* und *rechtfertigenden* Interpretationen₃, in denen unter Beibringung von Argumenten und nicht bloß unter Hinweis auf kausale Antezedenzien, der logische Raum der Geltungsgründe erfüllt wird.

Innerhalb der Ebene von *Interpretation₂*, d. h. innerhalb der interpretatorisch-konstruktbildenden Gleichförmigkeitsmuster, lassen sich unter anderem unterscheiden: a) die *habituellen* Interpretationen₂, d. h. die auf Gewohnheiten beruhenden Interpretationen, in denen es um angeeignete und durch Wiederholung mehr oder weniger fest verankerte Formen des Handelns, Zeichengebrauchs, Sprechens und Verhaltens geht; b) die *gesellschaftlich und kulturell erworbenen* Interpretationen₂, in denen es sich um Kompetenzen, Praktiken und auch Konditionierungen handelt, die von gesellschaftlichen, sozialen, geschichtlichen und kulturellen Determinanten bestimmt sind; c) die *konventionellen* Interpretationen₂, bei denen es sich um Praktiken und Operationalisierungen handelt, die willentlich oder in zweckmäßiger Übereinkunft entweder gesetzt oder als althergebracht übernommen werden; d) die *regulatorischen* Interpretationen₂, d. h. diejenigen Regeln und Vorschriften, durch die, da sie auch von den anderen Personen befolgt werden, Handlungen und Handlungsweisen koordinabel werden; e) die *stereotypischen* Interpretationen₂, d. h. diejenigen Vertrautheiten und Kenntnisse, die von der Handlungs- und Sprachgemeinschaft her obligatorisch sind für alle, die an der Kommunikation und an den Handlungszusammenhängen teilnehmen (also z. B. den Kernbereich der Extension der verwendeten Wörter und des Sinns von Handlungszeichen in elementaren Kontexten zu kennen); f) die *projizierenden* Interpretationen₂, d. h. diejenigen praktisch bestimmten Prozeduren, die dafür verantwortlich sind, daß wir das eine Kennzeichen für applikabel bzw. projizierbar, ein anderes und theoretisch gleich gut gesichertes Kennzeichen dagegen für nichtprojizierbar halten, wobei die Gründe für das eine und gegen das andere, wie Goodman nicht nur durch die Erfindung seines berühmten Prädikats ›grue‹ [Fußnote: Vgl. N. Goodman, Fact, Fiction, and Forecast (Cambridge, Mass. 1983) 74 f., 79 ff., 93 ff.] gezeigt hat, einer formalen Behandlung nicht zugänglich sind.

Auf der *Ebene von Interpretation$_1$* geht es um die unterschiedlichen Komponenten der Prozesse, in denen etwas als Etwas formiert wird, mithin um phänomenale Diskrimination, um Identifikation und Reidentifikation, um Applikation sprachlicher Prädikate und nichtsprachlicher Zeichen, um Organisation und Klassifikation unter Aktivität ganzer Schemata unterschiedlicher Prägung. Fragt man, ob und wie die Interpretation$_1$-Ebene in sich näher untergliedert werden kann, dann heißt dies fragen, wie die ursprünglich-produktiven Interpretationen$_1$ funktionieren und welche Aspekte an ihnen bzw. in sie eingehend auseinanderzuhalten sind.

Innerhalb der Ebene von Interpretationen$_1$ lassen sich unter anderem die folgenden Aspekte unterscheiden: a) die *sprach- und grundbegrifflichen* Interpretationen$_1$ bestehen darin, daß das, was als eine bestimmte Welt mit bestimmten Objekten und Ereignissen gilt, von dem jeweiligen Gebrauch der Grundbegriffe (z. B. ›Objekt‹, ›Person‹, ›Existenz‹) des verwendeten Systems, von Vokabular und Notation abhängt. [Fußnote: Vgl. in diesem Zusammenhang H. Putnam, The Many Faces of Realism (La Salle 1987) 18 ff. u. 32 ff., und H. Putnam, Representation and Reality (Cambridge, Mass. 1988) 109–120]. Dies gilt für die Grammatik des Urteils, aber auch bereits für jede nichtverbale Zeichenverwendung. b) In den *sinnlich-wahrnehmenden* Interpretationen$_1$ bilden die Sinnestätigkeiten unter den Formen der Anschauung ihr Affiziertwerden zu jener Gestalthaftigkeit aus, in der die Wirklichkeit der Welt besteht. c) Die *kognitiv-mentalen* Interpretationen$_1$ können unterteilt werden in: α) die *logischen* Gedanken (z. B. daß $2 + 2 = 4$ oder daß es physikalische Körper gibt), welche sowohl die Sinnhaftigkeit des Denkens als auch die Verschränkung von Denken und Welt verkörpern (und eben darin sowohl von psychologischen als auch von wissenschaftlichen Vorgängen und Theorien und auch von jeder Art von psychophysikalischem Prozeß unterschieden sind und durch diese nicht nur nicht erreicht werden, sondern umgekehrt diese überhaupt erst definieren); β) die *Intentionalität* geistiger Zustände und Ereignisse, die sowohl in unserem Welt-, Fremd- und Selbstverständnis als auch in bezug auf die semantischen Merkmale (Bedeutung, Referenz, Erfüllungsbedingung) unserer Zeichen, Ausdrücke und Handlungen eine wichtige, weil das Inhaltlichwerden der Form betreffende Rolle spielt. In diesen Zusammenhang gehört auch die Frage der Mittel und Strategien, mit Hilfe derer wir mentale Repräsentationen, d. h. Repräsentationen von geistigen Zuständen und Ereignissen, bewerkstelligen, indem wir z. B. Einstellungsverben (A sieht/glaubt/weiß/bezweifelt, daß B ein y tut) verwenden. d) Die *emotiven* Interpretationen₁ haben als Gefühle, Stimmungen und andere psychische Zustände neben Verstand und Sinnestätigkeiten in unserer Erfahrung auch eine kognitive Funktion, die sich nicht nur auf Erfahrungskenntnis im engeren Sinne, sondern überhaupt auf Weisen des Sortierens, Organisierens und Klassifizierens bezieht. So z. B. helfen emotive Interpretationen, die Eigenschaften von Dingen, Zuständen oder Ereignissen zu erschließen, oder sie tragen zur Klassifikation von Sachverhalten bei. e) Die *leiblichen* Interpretationen₁ machen dasjenige aus, was in den Blick tritt, sobald sich die (mit Nietzsche gesprochen) ›kleine‹ Vernunft, d. h. die am Selbstbewußtsein ansetzende und sich-selbst-begründen- und sich-selbst-vergewissern-wollende Vernunft, öffnet gegenüber ihren eigenen Bedingtheiten. Dies ist nicht mit einem Naturalismus oder einem Biologismus zu verwechseln. Denn Leiblichkeit kann (da mit ihr eine vor-kognitive Dimension der Möglichkeit von Erkenntnis, z. B. auch von Biologie und Neurophysiologie, angesprochen ist) nicht reduziert werden auf organischen Körper, Fleisch, Gehirn oder Nervensystem, obwohl die Fragen nach dem Verhältnis von neurobiologischen Gehirnprozessen zu kognitiven Prozessen, zu mentalen und repräsentationalen Leistungen, nach biologischen Beschaffenheiten und nach körperlichen Bedingungen in diesen Zusammenhang gehören. Aber in der Philosophie müssen diese Fragen und die auf sie gegebenen Antworten stets durch die Brechung eben der kennzeichnend *philosophischen* Frage gehen, wie es (jenseits von Dualismen, Monismen und/oder Reduktionismen) zu *denken* ist, *daß* in die welt- und sinn-formierenden Interpretation₁-Prozesse psychophysikalische Prozesse mit kausalen Rollen involviert und jene in diesen realisiert sind. f) Die *praktischen* Interpretationen₁ sind diejenigen Handlungsinterpretationen₁, d. h. diejenigen Konstruktbildungen und Präsuppositionen, auf die wir, *indem* wir *wirklich* handeln, sprechen und denken, immer schon zurückgegriffen haben. Auf sie sind wir verpflichtet, um des Sinns unseres Handelns, Sprechens und Denkens, mithin unserer Interpretationen, gewiß sein zu können. In diese Konstruktbildungen gehen auf der Ebene der Handlungsvollzüge selbst (d. h. nicht nur auf der Ebene der Zuschreibung von Handlungen) auch nichtlinguistische, nichtmentale, nichtrepräsentationale, nichtbewußte (d. h. nicht oder noch nicht bewußt gewordene) Kompetenzen und Fähig-

keiten ein, die jedoch ihrerseits alle als interpretatorisch gekennzeichnet werden können. Dies führt interpretationsphilosophisch keineswegs in einen infiniten Regreß von Interpretationen als Vorbedingungen für Vorbedingungen für Vorbedingungen von Interpretationen. Dieser drohende Regreß wird *praktisch*, d. h., *indem* ich *wirklich*
handle, spreche, denke, wahrnehme und empfinde, unterlaufen und
von der unzutreffenden Figur der Metainterpretation in die des in
sich zurücklaufenden und nichtregredienten Interpretation$_1$-Zirkels
überführt. Die Natur der Interpretativität$_1$ selbst besorgt hier alles,
was zu besorgen ist, um zum Handeln, Sprechen, Denken, Wahrnehmen und Empfinden, kurz: um zum Interpretieren zu kommen.
Und für das Interpretieren brauchen wir auch vorab keine Regeln.
Denn auf dieser regel-generierenden und keiner weiteren Transparenz zugänglichen Ebene gilt, daß wir eben so interpretieren, wie wir
interpretieren. Dies ist der interpretatorische Charakter von jenem
›harten Felsen‹, von dem Wittgenstein sagt, daß ich auf ihn stoße,
wenn ich die Reihe der Begründungen des Regelfolgens erschöpft
habe und ›mein Spaten (...) sich zurück(biegt)‹ [Fußnote: L. Wittgenstein, Philosophische Untersuchungen, Nr. 217] – zurück von der
Form der *Grenze* meiner Interpretationspraxis in die Zirkelhaftigkeit
des Interpretierens selbst.

Vor dem Hintergrund solcher Feingliederung kann allgemein formuliert werden: Alles, was ist, ist Interpretation, und Interpretation
ist alles, was ist. Wohlgemerkt: Ich sage nicht einfach: Alles ist Interpretation. Vielmehr: Ein jedes etwas, das *als* ein *bestimmtes* Etwas resp.
als etwas *Bestimmtes* geschieht, angesehen, erfaßt und/oder zugeschrieben wird, ist intrinsisch vom Charakter eines Interpretations-
konstrukts ...«[4]

Lenk schreibt: »Man kann durchaus auch unter derartigen Ein-
schränkungen versuchen, eine Grundphilosophie im Sinne einer Erkenntnistheorie aufzubauen. Der Ausgangspunkt ist also, daß Inter-
pretationstätigkeit, Interpretationen, Interpretationskonstrukte un-
umgänglich, unhintergehbar sind in dem Sinne, daß jedes Denken,
Erkennen, Werten, Handeln interpretationsimprägniert, interpretati-
onsabhängig ist, d. h. bedingt oder geprägt ist von einer bestimmten
Perspektive, die ich entweder von Natur aus habe oder die ich aufgrund von kulturellen Normierungen, Konventionen, Schematisierungen, die eben auch internalisiert werden können, ein- oder über-
nehme. Das heißt, die Einnahme oder Berücksichtigung einer Per-

---

4   G. Abel: *Interpretations-Welten*, in: Philosophisches Jahrbuch, 96 (1989), 8 ff.

spektive der Interpretationen ist methodologisch unvermeidlich. *Wir können nicht nicht interpretieren* ...

Es wurde oben bereits darauf verwiesen, daß wir offenbar von unserer biologischen Anlage her zu bestimmten Interpretationsperspektiven gedrängt sind und diese nicht aufgeben können, daß wir in anderen Gebieten wiederum weniger oder gar nicht festgelegt sind und prinzipiell über mehrere Möglichkeiten der Interpretation verfügen. Das bedeutet, daß man eigentlich verschiedene Stufen der Interpretation und entsprechend Interpretationskonstrukte auf verschiedenen Ebenen unterscheiden muß, nämlich solche, die willkürlich, d. h. bewußt konstruiert und beliebig veränderbar, sind, von solchen, die aufgrund der Ausstattung unseres Erkenntnisapparats, oder auch aufgrund bestimmter Traditionen, schwer oder gar nicht zu verändern sind.

So würde ich die biologisch angelegten Orientierungsmuster und die mit dem Bau und der Funktionsweise des Wahrnehmungsapparats des Menschen oder auch der Tiere festgelegten oder präformierten und selektiv aktivierungsstabilierten Schemata der Verarbeitung von Reizen, die bereits in der Erbsubstanz eines Lebewesens z. T. (mehr oder weniger) festgeschrieben sind, auf einer ersten Stufe (IS1) ansetzen und diese – anders als Abel – von der Stufe (vor)sprachlicher und sprachlicher Begriffsbildungen generell abheben. Ich würde hier von *praktisch unveränderlichen produktiven* Urinterpretationen oder einfach von Urinterpretationen oder Primärschematisierungen sprechen. Man könnte auch von ›primären Konstitutionen‹ reden. Sie umfassen zumal die genetisch angelegten und durch interaktiv-selektive Aktivierungen in der kritisch frühkindlichen Entwicklungsphase stabilisierten Schemata und deren fixierte Prägungen bzw. die unaufgebbare, unabweisbare Involvierung in einer entsprechenden Auslösersituation. Horton (1982, 228) spricht im Sinne seines Ansatzes ähnlich von biologisch in uns verankerter ›primärer Theorie‹ und meint, daß gewisse Theorien in uns sozusagen unveränderlich eingebaut sind. Dies ist ein Zugeständnis an bestimmte genetische oder funktionell fixierte bzw. rahmenmäßig umrissene Anlagen, die wir als biologische Wesen aufweisen, die wir nicht ändern können, die wir aber prinzipiell doch hinterfragen können. Das letztere ist wichtig und gilt auch für die Urinterpretationen. Wir können uns prinzipiell vorstellen, wie z. B. die ›Welt‹ (oder eine Weltversion) bei Zugrundelegung anderer Urinterpretationen aussehen würde. Wir können uns nur praktisch nicht unter diese Bedingung versetzen. Wir können nicht selbst oder unmittelbar unsere biologische Ausstattung dementsprechend ändern. (Und wir sollten und dürften dies wohl auch nicht tun, selbst wenn wir es künftig könnten, im Sinne einer möglicherweise dereinst zur Wissenschaftsgroteske entwickelten Genbiologie oder -technologie, die etwa unsere genetische Vorprägung der Erkenntnisorgane und deren Funktionsmöglichkeiten abzuwandeln in der Lage wäre!)

Auf einer zweiten Stufe (IS2) würde ich ähnlich wie Abel solche Musterinterpretationen und Musterbildungen ansetzen, die gewohnheitsmäßig gewonnen und gewohnheitsbildend sind: Sie sind ›gleichförmigkeitsbildende‹ Schematisierungen, die man in der Tat am besten als *Musterinterpretationen* i. e. S. bezeichnen könnte – oder (wie Abel) als *habituelle Formen* oder *Schemakategorialisierungen.* Auch vorsprachliche, aus den Gleichförmigkeitserfahrungen abstrahierte Begriffsbildung würde dazugehören. Abel nimmt aber in diese Ebene darüber hinaus auch die doch eher konventionellen kulturgebundenen und in gewissem Sinne letztlich doch weitgehend flexiblen, sprachlich-konventionellen Begriffsbildungen auf. Beides muß aber m. E. voneinander getrennt werden. Man hat in der Entwicklungspsychologie – etwa in der Piagetschule und im Anschluß daran – eine Reihe von Untersuchungen unternommen und gezeigt, daß Kinder durchaus mit begriffsartigen Unterscheidungen umgehen, selbst in einem Alter, in dem sie noch keine *sprachlichen* Begriffsbildungen beherrschen, noch keine sprachliche Wiedergabe der Begriffe leisten können; sie können aber sehr wohl schon vorsprachlich in ihrem Handeln quasi ›begrifflich‹ diskriminieren und entscheiden. Ähnliche Versuche wurden auch mit höheren Tieren gemacht, etwa mit Hunden oder mit Affen; dabei wurde festgestellt, daß der Bereich des begrifflichen Diskriminierens viel weiter und grundlegender ist als etwa der des sprachlich-konventionellen Musterbildens. Insofern müßte man also diese beiden Ebenen schon unterscheiden. Sprachlichkeit erfordert weitere Abstraktionen und Konventionalisierungen als die vorsprachliche Begriffsdiskrimination. Daher würde ich die sprachlich-konventionelle Begriffsbildung von den habituell zustandegekommenen Mustern klar abtrennen und als eine besondere Stufe IS3 ansehen.

Die letzte Interpretationsstufe Abels erstreckte sich auf die gesamten übrigen Interpretationstypen. Subsumption, Klassifikation, Beschreibung, darüber hinaus aber auch gezielte Begriffsbildung und theoretische Gebilde, im Sinne von erklärenden Theoriekonstruktionen und von Argumentationsmustern für normative Rechtfertigungen sowie Begründungen und letztlich sogar auch erkenntnistheoretische Modelle wie z. B. das epistemologische Interpretationsmodell, würden zu dieser Ebene zählen. Es ist deutlich, daß besonders diese Restkategorie viel zu groß geraten ist und weiter untergliedert werden müßte. So möchte ich diejenigen der bewußt geformten Einordnungsinterpretationen, die sich bloß um Klassifikation, Subsumierung, Beschreibung, Artenbildung, Einordnung in Gattungen drehen und näher an die Musterinterpretationen grenzen als etwa die hoch theorieabhängigen Interpretationen, auf einer eigenen Ebene (IS4) anordnen. In die nächsthöhere Stufe (IS5) würden dann Argumentationsmuster fallen, welche die Anwendung von theoretischen Gesetzen, Hypothesen, ja, von ganzen Theorien, etwa in der Wissenschaft, erfordern, oder auch die theoretischen und normativen Argumentationen im alltäglichen Erkenntnisleben oder in anderen Erkenntnisbereichen. Das geisteswissenschaftliche Verstehen fiele auch in diesen Bereich der mehr oder minder bewußt theorieabhängigen Interpretationen. Es ist also eine Unterscheidung zwischen zwei Ebenen IS4 und IS5 nötig. Ergänzend muß dann aber noch eine Stufe (IS6) der erkenntnistheoretischen, philosophischen und methodologischen Interpretationen über Verfahren der Theoriebildung, -deutung, über Methodologie und Interpretationsmuster (etwa im Sinne des Interpretationismus) als eine besondere, höhere Metaschicht angesetzt werden. Man kann hier terminologisch von einer ›Metastufe der Interpretativität‹, von erkenntnistheoretischen Metainterpretationen sprechen.«[5]

Die Interpretationsanalysen von Abel und Lenk werden von Lenk in dem folgenden Diagramm zusammengefaßt:

»[Lenk]   (Abel)

IS1	praktisch unveränderliche *produktive Urinterpretation* (primäre Konstitution bzw. Schematisierung)	Interpretation[1]
IS2	gewohnheits-, gleichförmigkeitsbildende *Musterinterpretation* (habituelle Form- und Schemakategorialisierung + vorsprachliche Begriffsbildung)	Interpretation[2]
IS3	sozial tradierte, übernommene *sprachlich-konventionelle Begriffsbildung*	

---

5 H. Lenk: *Philosophie und Interpretation*, Frankfurt a. M. (Suhrkamp) 1993, 244 ff.

IS4   anwendende, aneignende *bewußt* geformte   Interpretation₃
        Einordnungsinterpretation (Klassifikation,
        Subsumierung, Beschreibung, Artenbil-
        dung u.-einordnung; gezielte Begriffsbil-
        dung)

IS5   erklärende, ›verstehende‹ (i. e. S.) recht-
        fertigende, *(theoretische)* begründende In-
        terpretation, *Rechtfertigungsinterpretation*

IS6   erkenntnistheoretische (methodologi-
        sche) *Metainterpretation* der Interpreta-
        tionskonstruktmethode«[6]

6.2 Ist der Interpretationismus skepsisresistent in bezug auf die Probleme der Kohärenztheorie?

Nach seinem eigenen Verständnis beinhaltet der Interpretationismus eine Kohärenztheorie in dem im Abschnitt 5.8.2 dargestellten Sinne. Damit ist es eine Adäquatheitsbedingung des Interpretationismus, daß er die skeptischen Argumente gegen die Kohärenztheorie lösen kann. Diese Probleme bestanden im wesentlichen darin, daß die folgenden Phänomene in der dort charakterisierten Kohärenztheorie nur durch ein Wunder zu erklären sind:

1. Intersubjektive/objektive/öffentliche (nicht beliebige) Wirklichkeit und, derivativ, Sprache, Kommunikation und Meinungsverschiedenheit
2. Wahrheitsdienlichsein von Begründung (oder begründete wahre Fürwahrhaltung)
3. Begründete, aber falsche Fürwahrhaltung

Zudem gilt es, die Vorwürfe [4.] der Unerfüllbarkeit der Kohärenzbedingung und [5.] der Existenz inkompatibler, gleich kohärenter Systeme von Fürwahrhaltungen zufriedenzustellen.

Wir untersuchen nun, ob im Rekurs auf den im vorangehenden Abschnitt differenzierten Interpretationsbegriff die Begriffe Wirklichkeit, Wahrheit, Begründung und Fürwahrhaltung derart zu entwickeln sind, daß die diesbezüglichen und mit dem Kohärentismus in Spannung stehenden Intuitionen akkomodiert werden können.[7] Wir

---

6   H. Lenk: *Interpretationskonstrukte als Interpretationskonstrukte*, in: J. Simon (Hg.): Zeichen und Interpretation, Frankfurt a. M. (Suhrkamp) 1994, 52.

7   Siehe insbesondere: G. Abel: *Wahrheit als Interpretation*, in: G. Abel/J. Salaquarda (Hg.): Krisis der Metaphysik, Berlin – New York (De Gruyter) 1989, 331–363;

betrachten die folgende repräsentative Situation. Wir nehmen an, daß ich mich mit fünf anderen Deutschsprachigen in einem Raum befinde und alle für wahr halten, daß hier zwei Tische sind. Wie ist das gemäß dem Modell der Interpretationsstufen zu verstehen? Wir beginnen mit der Arbeitshypothese (also einer heuristischen Hypothese), daß ich von irgend etwas, nichts Bestimmtem, einem »Gewühle« von Empfindungen (Kant) ausgehe.

Unter die Kategorie der Interpretation$_1$ (Abel) bzw. IS1 (Lenk) werden die folgenden Prozesse subsumiert: Es wird zwischen dem Subjekt (also dem Ich) und der Außenwelt unterschieden; das Etwas wird strukturiert in Objekte, d. h., Objekte werden als Einheit identifiziert. Diese Prozesse laufen in jeder der anwesenden Personen einzeln ab.

Unter die Kategorie der Interpretation$_2$ (Abel) bzw. IS2/3 (Lenk) werden die folgenden Prozesse subsumiert: Die in der Interpretation so geschaffenen Objekte werden dann in Übereinstimmung mit der öffentlichen Sprachpraxis bezeichnet. So werden Objekte nun als Tisch oder als Sofa gesehen.[8]

Unter die Kategorie der Interpretation$_3$ (Abel) bzw. IS4 werden nun die Prozesse subsumiert, welche auf der Basis von den Interpretationen$_1$ und $_2$ vonstatten gehen. So könnte ich es zum Beispiel für wahr interpretieren, daß hier ein Tisch vor mir ist. Ich könnte allerdings ebensogut dies nicht für wahr interpretieren, sondern als Schein interpretieren, da ich für wahr halte, daß ich bereits eine große Menge Schnaps zu mir genommen habe und dies meinen Erkenntnisapparat beeinträchtigt.

G. Abel: *Zum Wahrheitsverständnis jenseits von Naturalismus und Essentialismus*, in: V. Gerhardt/N. Herold (Hg.): Perspektiven des Perspektivismus. Gedenkschrift zum Tode Friedrich Kaulbachs, Würzburg 1992, 313–335; G. Abel: *Interpretationswelten*, Frankfurt a. M. (Suhrkamp) 1993, Kapitel 23; auch: H. Lenk: *Philosophie und Interpretation*, Frankfurt a. M. (Suhrkamp) 1993, Kapitel 6, Abschnitt 2.

[8] Bezüglich des Erwerbs einer Sprache schreibt W. Sellars: »In other words, unless we are careful, we can easily take for granted that the process of teaching a child to use a language is that of teaching it to discriminate elements within a logical space of particulars, universals, facts, etc., of which it is already undiscriminatingly aware, and to associate these discriminated elements with verbal symbols« (W. Sellars: *Empiricism and the Philosophy of Mind*, in: M. Feigl/M. Scriven [Hg.]: Minnesota Studies in the Philosophy of Science, Minneapolis [University of Minnesota Press] 1956, Vol. 1, 290). Der diskriminierende Prozeß fällt in die Lenksche Kategorie IS2 und die darauffolgende Beschreibung in die Kategorie IS3. Diese sind als Lernprozeß charakterisiert und als Produkte einer öffentlichen Praxis verstanden.

Gebrauchen wir nun dieses Beispiel, um aufzuzeigen, warum die Rede von einer intersubjektiven Wirklichkeit im Interpretationismus sinnvoll ist. Die Frage, die sich stellt, ist also, wieso es zu erwarten ist, daß ich und die anderen fünf deutschsprachigen Personen eine zumindest ausreichend ähnliche Wirklichkeit sehen. Diese Frage kann in zwei Teile analysiert werden: (i) Warum sehen wir ein weitestgehend ähnliches Wohnzimmer, (ii) warum sehen wir das Wohnzimmer als objektiv in dem Sinne, daß die Aussage »In diesem Wohnzimmer sind fünf Stühle« falsch ist?

Es ist eine Eigenschaft der Interpretation, daß das Interpretandum prinzipiell mehrere Interpretationen zuläßt. Es ist also vom Begriff der Interpretation her durchaus denkbar, daß die Interpretation$_1$ völlig verschieden ausfällt. Diese Möglichkeit sei durch zwei Beispiele belegt: Wir betrachten eine Menge von (wie wir es für gewöhnlich beschreiben würden) drei Individualien x1, x2 und x3.[9] Wie viele Objekte sind das? Wir würden sagen: drei natürlich. So interpretieren wir. Gemäß der mereologischen Summenbildung, bei der Einzeldinge zu einem Objekt zusammengefügt werden, gibt es allerdings sieben Objekte (x1, x2, x3, x1+x2, x1+x3, x2+x3, x1+x2+x3). Gibt es nun drei oder sieben Objekte? Die einzige erhältliche Antwort ist, daß das nur relativ auf unsere Objektbildung, also im Hinblick auf unser Interpretationsschema, zu entscheiden ist. Entsprechend unseres Wohnzimmer-Beispiels ist es sodann denkbar, daß wir die Objektmenge »Tisch, Stuhl und Sofa« nicht als ein, sondern als sieben Objekte interpretieren. Ein anderes Beispiel ist von Lenk.[10] Er vergleicht unsere in Interpretation$_1$-Prozessen konstituierte Welt mit der von Fledermäusen, die wohl, da sie mit ganz anderen Sinnen ausgestattet sind, entsprechend anders ausfällt.[11] An beiden Beispielen erkennen wir, daß auch die Interpretation$_1$-Prozesse prinzipiell abänderbar (Abänderung der Objektkonstitution und Einpflanzen eines Ultraschallorgans) sind.

Wieso leben wir Menschen nun in derselben Welt oder sehen wir das Wohnzimmer in ähnlicher Weise und als unabhängig von uns? Abel beantwortet diese Frage, indem er darauf verweist, daß wir eben so interpretieren$_1$, wie wir intepretieren$_1$. Lenk führt evolutionstheoretische und neurophysikalische Überlegungen für die Ähnlichkeit

9   G. Abel: *Interpretationswelten*, Frankfurt a. M. (Suhrkamp) 1993, 473.
10   H. Lenk: *Interpretation und Realität*, Frankfurt a. M. (Suhrkamp) 1995, 18.
11   Vergleiche diese Überlegung mit der Diskussion von Tropus # 1 in Abschnitt 2.1.

von Interpretationen$_1$ zwischen Personen an. Es hat sich eben zum Überleben des Organismus Mensch als positiv erwiesen, so zu interpretieren$_1$. Die Prozesse im Gehirn (bei allen Menschen) sind nun einmal derart, daß sie gewisse Reize zu Objekten so zusammenfügen. Unter der richtigen Annahme einer gleichen Genese und eines zumindest ähnlichen Gehirns/Erkenntnisapparats ist eine Ähnlichkeit der Interpretation$_1$-Produkte dann durchaus eingängig. Es mag gegen Lenks Argumentation eingewandt werden, daß die von ihm gebrauchten wissenschaftlichen Theorien (IS5) die Interpretationsstufe$_1$ bereits voraussetzen, da hier ja erst der Begriff der Wirklichkeit gebildet wird. Doch dieser Einwand überzeugt nicht, weil wir uns in dieser Diskussion in der nachgeordneten Ebene IS6 befinden, und zwar auf der Ebene, wie unsere Erfahrung überhaupt zu denken ist. Zudem folgt, wenn wir die Interpretationen (IS4–IS6) als Fürwahrhaltungen bezeichnen, im Rahmen der Kohärenztheorie, daß man prinzipiell eine jede Fürwahrhaltung zur Begründung einer anderen gebrauchen kann. Wir können zusammenfassen, daß die Intuition einer autonomen, und insbesondere nicht konstruierten, Wirklichkeit dadurch akkomodiert wird, daß die Interpretation$_1$-Prozesse vor- und unterbewußt wie auch nichtwillentlich abänderbar sind. Die Intuition einer intersubjektiven, also für verschiedene Menschen zumindestens ähnlichen, Wirklichkeit wird durch die Ähnlichkeit der Interpretation$_1$-Prozesse bei verschiedenen Menschen plausibel gemacht.

In der Interpretationsstufe$_2$ (Abel) und IS2/3 (Lenk) wird die in Interpretation$_1$ konstituierte Wirklichkeit sprachlich interpretiert. Auf dieser Stufe ist das Element der Intersubjektivität unmittelbar zu erkennen. Diese Interpretation ist in der (öffentlichen) Sprachpraxis verankert. Quine beschreibt, wie ein solcher ausreichend einheitlicher Sprachgebrauch zu denken ist. Er beschreibt den Prozeß des Erlernens von Begriffen an einem Beispiel. So wird die Äußerung des Satzes »Au« belohnt, falls »der Sprecher weitere Zeichen plötzlichen Unbehagens an den Tag legt und etwa zusammenzuckt oder sichtlich Gewalt erleidet, und die Äußerung von ›Au‹ wird bestraft, wenn der Sprecher offensichtlich nicht tangiert ist und seine Miene gelassen bleibt«[12]. Da nun diese Interpretationen$_2$ zwar abänderbar, aber nicht willkürlich abänderbar sind, ist die Beliebigkeit der sprachlichen Interpretationen hinreichend eingeschränkt.

---

[12]   W. V. O. Quine: *Wort und Gegenstand*, J. Schulte (Übers.), Stuttgart (Reclam) 1960, 24.

Die Frage, die sich, wie bei Interpretationen$_1$, stellt, ist, wieso wir so interpretieren$_2$, wie wir interpretieren$_2$, und nicht etwa, wie es ja im Begriff des Interpretierens enthalten ist, anders interpretieren. Wir wollen zunächst an einem Beispiel herausstellen, wie es zu verstehen ist, anders zu interpretieren$_2$, als wir es tun. Im Chinesischen, so berichtet Lenk[13], gibt es im Vergleich zum Deutschen keine irrealen Konditionalsätze. Eine Aussage, wie »Hätte es gestern nicht geregnet, dann wäre ich nicht naß geworden« ist also im Chinesischen nicht so möglich, und es besteht damit auch keine Referenz. Quine gibt eine evolutionstheoretische Antwort auf die Frage, warum wir so interpretieren$_2$, wie wir interpretieren[14]: So liegt der Überlebenswert von »Au« in seiner Funktion als Notsignal, und allgemeiner, »da Wörter gesellschaftliche Werkzeuge sind, trägt Objektivität zu ihrem Überleben bei«. (Daraus folgt, daß der Überlebenswert der chinesischen und der deutschen Sprache unterschiedlich ist – ist das plausibel? Man betrachte hierzu auch das Phänomen des Verschwindens von Kulturen und Sprachen.) Wir fassen zusammen, daß die Interpretationsebene$_2$ die intersubjektive Wirklichkeit verstehen läßt.

In bezug auf die Mosaikanalogie (Abschnitt 5.8.2) könnte also gesagt werden, daß die Interpretationen$_1$ und -$_2$ die Mosaiksteine (und im Falle von Interpretationen$_2$ zudem eine nichteindeutige Anleitung, diese zusammenzusetzen) darstellen. Das Input-Problem wäre damit also gelöst (und das Argument von der Fiktion nicht mehr zu entwikkeln): Eine autonome und intersubjektive Wirklichkeit ist in der interpretationistischen Kohärenztheorie verständlich (also kein Wunder).

Damit befassen wir uns nun mit den Interpretationen$_3$ (Abel) bzw. IS4/5 (Lenk). Interpretationsprodukte dieser Ebene sind u. a. eben die Propositionen, für welche wir gemäß den skeptischen Konklusionen keine Gründe haben, z. B. »Hier ist eine Hand«, »Morgen geht die Sonne auf«, »Peter hat Schmerzen«.

Betrachten wir nun auf dieser Ebene eine Aussage aus unserem Wohnzimmerbeispiel[15]: »x ist ein Tisch.« Wir sagen: »x ist ein Tisch« ist wahr genau dann, wenn x ein Tisch ist. Die Aussage beinhaltet drei Teile: (i) das Interpretation$_1$-Produkt x, (ii) die Interpretation$_2$/-$_3$,

---

13 H. Lenk: *Philosophie und Interpretation*, Frankfurt a. M. (Suhrkamp) 1993, 151.

14 W. V. O. Quine: *Wort und Gegenstand*, Stuttgart (Reclam) 1960, 27.

15 Das Folgende ist eine Variation von G. Abel: *Wahrheit als Interpretation*, in: G. Abel/J. Salaquarda (Hg.): Krisis der Metaphysik, Berlin – New York (De Gruyter) 1989, 352.

daß dieses Interpretation$_1$-Produkt in den Extensionsbereich des Prädikats »ist ein Tisch« gehört und (iii) daß dies als wahr interpretiert wird. Wir können nun sagen, daß die Fürwahrhaltung dieser Aussage begründet ist, falls diese mit den Interpretationen$_1$ und $_{-2}$ (s. o.) zusammenpaßt. Soweit stellt sich ein fundamentalistisches Bild der Begründung dar: Die Interpretationen$_3$ sind begründet, falls sie mit den Interpretationen$_1$ und $_{-2}$ zusammenpassen (und das Passen kann auch als Folgen konstruiert werden). Dies ist aber nicht so. Betrachten wir den Fall einer Illusion. Hier interpretieren$_3$ wir in bezug auf vorgelagerte Interpretationen$_1$ und $_{-2}$ z. B., daß ein Elefant im Wohnzimmer steht. Daß wir dies nicht für wahr interpretieren$_3$ zeigt, daß auch Interpretationen$_1$ zur Disposition stehen (obwohl wir diese nicht willentlich vollzogen hatten).

Um an die Redeweise von Schein vs. Sein und Vorstellung/Erfahrung vs. Sein anzuknüpfen, könnte gesagt werden, daß die Produkte der Interpretation$_1$ und der Interpretation$_2$ unsere Vorstellungen sind. Unsere Interpretationen$_1$, $_{-2}$ sind dementsprechend als passiv und mit rezeptiver und spontaner Komponente zu denken. Die rezeptive Komponente restringiert die durch das Fiktionsargument aufgezeigte Beliebigkeit eines unqualifizierten Kohärentismus erfolgreich und erklärt, da gleiche Rezeptivität vorausgesetzt werden kann, unsere intersubjektive und autonome Wirklichkeit. Die spontane Komponente bewirkt, daß eine nichtakzeptable Beliebigkeit sprachlich, d. h. im Rekurs auf eine öffentliche Praxis, restringiert wird. Auf der nächsten Interpretationsebene, der Interpretationsebene$_3$, ist dann die Entscheidung, ob eine Vorstellung für wahr zu halten oder als trügerisch zu betrachten ist, zu verorten.

Wir wollen nun versuchen, die Begriffe Fürwahrhaltung, Begründung und Wahrheit aus dem Interpretationsbegriff heraus zu entwickkeln. Wir können sagen, daß eine Fürwahrhaltung eine Interpretation$_3$ ist. Eine Fürwahrhaltung ist begründet, falls sie mit Interpretationen$_1$ und $_{-2}$ und anderen Interpretationen$_3$ kohäriert. Eine Fürwahrhaltung ist nicht begründet, falls sie mit Interpretationen$_1$ und $_{-2}$ und anderen Interpretationen$_3$ nicht kohäriert. Die Wahrheit einer Fürwahrhaltung ist als der positive Pol und die Falschheit einer Fürwahrhaltung ist als der negative Pol des Kontinuums von Begründetsein zu Unbegründetsein zu verstehen. Wann wir von Wahrheit bzw. Falschheit sprechen, ist selbst eine Interpretation und damit zeitlich.[16] Eine phänomenale Proposition (daß etwas so und so scheint) ist Aus-

---

[16]   Betrachte z. B. die Aussage: »Die Erde ist eine Scheibe.«

druck dafür, daß diese Proposition noch nicht mit anderen für wahr
interpretierten Bewußtseinsinhalten auf Kohärenz überprüft worden
ist.

Eine wahre Fürwahrhaltung als eine besonders begründete Fürwahrhaltung zu denken erklärt die Wahrheitsdienlichkeit von Begründung. Eine falsche, aber begründete Fürwahrhaltung ist dadurch zu
erklären, daß die Beziehungen der verschiedenen Interpretationen
nicht vollständig transparent sind: Eine prima facie als mit anderen
Fürwahrhaltungen kohärente Fürwahrhaltung kann sich bei näherer
Betrachtung doch als mit anderen fester verankerten Fürwahrhaltungen in Spannung stehend herausstellen.

In bezug auf den Vorwurf der Nichterfüllbarkeit der Kohärenzbedingung sollte der Interpretationismus vertreten, daß formale Konsistenz keine notwendige Eigenschaft des Systems von Interpretationen ist, da die Beziehungen von Interpretationen gar keine formallo-
gischen sind. In bezug auf den Vorwurf inkompatibler und gleich
kohärenter Systeme von Fürwahrhaltungen sollte der Interpretationismus diese einfach so stehenlassen und auf eine Präzisierung, was
genau an dieser Konsequenz nicht akzeptabel ist, bestehen. Eine solche bin ich nicht im Stande zu erkennen. Rorty schreibt hierzu:
»Wer in der Philosophie an der traditionellen Erkenntnistheorie
gezweifelt hat, geriet oft in den Ruf, in Frage zu stellen, daß von inkompatiblen konkurrierenden Theorien höchstens eine wahr sein
kann. Man findet jedoch kaum jemanden, der diese Tatsache wirklich
in Frage stellt. Sagt man beispielsweise, daß pragmatistische oder Ko-
härenztheorien der Wahrheit die Möglichkeit einräumen, daß mehrere
inkompatible Theorien die bestehenden Bedingungen für ›die Wahrheit‹ erfüllen könnten, so lautet die Antwort des Kohärenztheoreti-
kers oder des Pragmatisten gewöhnlich: Dies zeigt lediglich, daß wir
für unsere Auswahl unter diesen Kandidaten für ›die Wahrheit‹ keine
Gründe zur Hand haben. Die hieraus abzuleitende Moral, sagen sie,
lautet nicht, daß man eine unangemessene Analyse des Wahrheits-
prädikats vorgeschlagen hat, sondern daß es einige Termini gibt –
beispielsweise ›die wahre Theorie‹, ›die richtige Handlung‹ –, die in-
tuitiv und grammatisch etwas ganz Besonderes darstellen, für deren
Verwendung sich jedoch keine notwendigen und hinreichenden Bedingungen angeben lassen, mit Bezug auf die man einen bestimmten
Referenten herausgreifen könnte. Diese Tatsache, sagen sie, sollte
nicht überraschen. Niemand nimmt beispielsweise an, daß es notwendige und hinreichende Bedingungen für die Bestimmung des Referenten von ›das Beste, was sie in dieser mißlichen Lage tun konnte‹,

gibt, obgleich sich plausible Bedingungen dafür angeben lassen, die
Liste der konkurrierenden inkompatiblen Kandidaten ein Stück weit
einzuengen.«[17]

Zudem bemerken wir, daß, falls der Kohärentismus und der Fundamentalismus die einzig möglichen Theorien bezüglich der Architektonik von Begründung sind, der Einwand inkompatibler gleich begründeter Theorien, da auf beide gleichermaßen zutreffend (siehe
auch Abschnitt 5.8.1), nicht gegen den Kohärentismus eingesetzt
werden kann. Es ist aber zweifelhaft, ob derartige Tertium-non-da-
tur-Überlegungen zulässig sind, denn es ist unklar, wie das tertium
non datur selbst aufgezeigt werden könnte. In jedem Fall ist der Kohärentismus hier in einer besseren Position, da in ihm, entgegen einem den Mythos des Gegebenen beinhaltenden Fundamentalismus,
der Gedanke mehrerer gleich wahrer Wirklichkeiten (Weltenpluralität)
keinen Widerspruch impliziert. Rortys Reaktion steht einem solchen
Fundamentalismus nicht zu Gebote. In der Tat ist die Negation der
Annahme 1 (inkompatible Systeme von Fürwahrhaltungen beschreiben nicht beide die Wirklichkeit) eine erfolgreiche Reaktion des Interpretationismus auf das auf die Unmöglichkeit inkompatibler und
wahrer Systeme von Fürwahrhaltungen rekurrierende skeptische Argument: Die Rede von »der einen Wirklichkeit« wird im Interpretationismus zurückgewiesen. Inkompatible (und kohärente) Systeme
von Fürwahrhaltungen beschreiben verschiedene Wirklichkeiten.
Dem gegen den Fundamentalismus erfolgreichen Vorwurf, daß die
Auswahl zwischen derartigen Theorien dann notwendigerweise willkürlich sei, kann durch Verweis auf das derartige Beliebigkeit restrin-
gierende Element des Modells der Interpretationsstufen begegnet
werden.[18]

Die wohl wichtigste These des Interpretationismus, die als Korrolar zu den vorangehenden Begriffserläuterungen angesehen werden
kann, ist die der epistemischen Priorität von Interpretation.[19] Genauer gesagt ist es die epistemische Priorität der Interpretation₁. Eine

[17] R. Rorty: *Der Spiegel der Natur: Eine Kritik der Philosophie*, M. Gebauer (Übers.),
Frankfurt a. M. (Suhrkamp) 1981, 404.

[18] Siehe hierzu: G. Abel: *Interne Pluralität. Sprach- und zeichenphilosophische Grundlagen
des theoretischen Pluralismus*, in: Pluralismus. Erkenntnistheorie, Ethik und Politik
(= Dialektik. Enzyklopädische Zeitschrift für Philosophie und Wissenschaften,
1996/3), G. Abel/H. J. Sandkühler (Hg.), Hamburg (Meiner) 1996, 58 ff. und
63 f.

[19] Siehe hierzu: G. Abel: *Interpretationswelten*, Frankfurt a. M. (Suhrkamp) 1993, Abschnitt 16.3.

Menge von Propositionen ist epistemisch prior (oder privilegiert) zu einer anderen Menge, falls die letztere im Rekurs auf die erstere begründet werden soll, aber die erstere nicht im Rekurs auf die letztere. Klassischerweise, etwa im Cartesianismus, wurden phänomenale Propositionen (es scheint, daß x ein F ist) als epistemisch prior zu objektiven Propositionen gedacht. Die phänomenalen Propositionen wurden als unproblematisch angesehen. Das Problem bestand darin, von dieser Basis nun unsere Fürwahrhaltungen über die Welt zu begründen.

In einem solchen Sinne kann die Rede von der epistemischen Priorität von Interpretation$_1$ offensichtlich nicht verstanden werden. Dies implizierte einen mit dem Interpretationismus inkohärenten Fundamentalismus. Die Interpretation$_1$-Produkte als Menge von Propositionen zu charakterisieren ist auch irreführend. Vielmehr wird durch die Prozesse der Interpretation$_1$ aus nichts Bestimmtem (dem Gewühle der Empfindungen) eine So-und-so-Erfahrung, etwas Bestimmtes, konstituiert. In diesem Sinne wird durch die Interpretation$_1$ das, was als Wirklichkeit bezeichnet werden kann, erst konstituiert. Nun ist eine Proposition begründet, falls es glaubwürdig ist, daß sie mit der Wirklichkeit übereinstimmt. Die Frage der Begründung (oder der Wahrheit) ist also erst auf dem Hintergrund einer so hervorgebrachten (aus obigen Gründen nicht beliebigen, konstruierten) Wirklichkeit zu verstehen. So ist also die Rede von der epistemischen Priorität von der Interpretation$_1$ zu verstehen. Es liegt nahe, nach der Wirklichkeit der Wirklichkeit zu fragen. Doch diese Fragestellung wird innerhalb des Interpretationismus zurückgewiesen mit dem Hinweis, daß ein jedes Urteil bereits seine Interpretationen$_1$ voraussetzt.[20] Die Frage, ob unser System von Interpretationen das Gewühle (pointierter: nichts Bestimmtes) richtig wiedergibt, ist also nicht beant-

---

[20] Bieri formuliert diesen Sachverhalt so: »Wir versuchen, von den subjektiven Erscheinungen zur objektiven Wirklichkeit fortzuschreiten, in Richtung auf eine losgelöste, ungetrübte Sicht der Welt. Doch was haben wir für einen Grund zu der Annahme, daß das, was wir dabei erreichen, weniger trügerisch ist als die ursprünglichen Erscheinungen? Um darüber Gewißheit zu haben, müßten wir eine externe Perspektive auf uns selbst einnehmen können, welche Elemente in unserem Weltbild der Wirklichkeit entsprechen und welche sich nur unserer zufälligen Konstitution verdanken. Das jedoch ist unmöglich, denn es müßten ja wir sein, die diese Perspektive einnehmen, und dann wäre sie natürlich nicht mehr extern« (P. Bieri [Hg.]: *Analytische Philosophie der Erkenntnis*, Frankfurt a. M. [Athenäum] 1987, 51). Als Anwendung dieser Einsicht erkennen wir, daß das Scheitern des Probabilismus in Abschnitt 5.1.1 sich auf ein Unverständnis dieses Sachverhalts zurückführen läßt.

wortbar. Es folgt zudem, daß verschiedene Interpretationen₁ verschiedene Wirklichkeiten erzeugen.

Die Rede von epistemischer Priorität betont eine wichtige Einsicht. Das »Gewühle« Kants, also das, was sich auch in der Rede von Interpretationen anbietet, nämlich das Interpretandum der Interpretation₁, hat keinen Einfluß auf unser System von Fürwahrhaltungen.[21] Es ist in keiner Weise als begründend zu denken.[22] In der Tat, ein solcher nicht interpretierter Einfluß müßte, um Einfluß zu haben, bewußt oder unbewußt, als etwas, was Einfluß auf unser System von Fürwahrhaltungen hat, und damit eben als unter den Begriff »relevant für unser rationales Weltbild« fallend interpretiert werden. Damit ist es natürlich kein nichtinterpretierter Einfluß mehr. Z. B. muß ein Sinnesreiz als Ursache und diese dann als Grund interpretiert werden[23], um eine Funktion in unserem System von Fürwahrhaltungen zu haben; oder auch: Damit etwas ein Grund sein kann, müßten wir uns dessen bewußt sein. Aber wir sind uns immer nur von etwas als etwas bewußt.

Die These der epistemischen Priorität der Interpretation₁ ist damit für unsere Problemlagen die wohl zentrale These des Interpretationismus. Die Rede von dem »Gewühle« ist verständlich, aber irreführend, da sie suggeriert, daß außerhalb der Interpretation so etwas wie die gegebene Realität besteht, oder vielleicht, daß die eine Realität die Werte unserer begrifflichen Funktionen auf die Domäne des »Gewühles« ist. Gemäß dem Interpretationismus ergibt es aber keinen Sinn, über so etwas Unverarbeitetes wie das Gewühle oder die begrifflichen Funktionen (wo wäre die Menge solcher Funktionen?) zu sprechen. Das Argument hierfür ist das folgende skeptische Argument gegen eine solche Position: Selbst falls jemand Zugang zu dem Gewühle und den begrifflichen Funktionen hätte, wäre kein Grund dafür denkbar, ihm dies auch glauben zu müssen.[24] Dieses »Gewühle« ist nicht als getrennt von der begrifflichen Verarbeitung denkbar. Wir haben nur Zugang zu diesem Produkt. »Gedanken ohne Inhalt sind leer, Anschauungen ohne Begriffe sind blind. ... Der Verstand vermag nichts anzuschauen und die Sinne nichts zu denken.

---

[21]   Siehe insbesondere: J. McDowell, *Mind and World*, Cambridge (Harvard University Press) 1994, 36.
[22]   Siehe auch die Argumente gegen den Mythos des Gegebenen weiter oben.
[23]   Siehe G. Abel: *Interpretationswelten*, Frankfurt a. M. (Suhrkamp) 1993, 242.
[24]   Eine beliebte Redewendung von G. Abel.

Nur daraus, daß sie sich vereinigen, kann Erkenntnis entspringen.«[25] Kantisch gesprochen: Der rezeptive und spontane Anteil an Erfahrung sind nicht zu trennen. Das Gewühle fällt damit aus der Betrachtung von Gründen für unsere Fürwahrhaltungen heraus.

Wir fassen zusammen. Der Interpretationismus ist der Versuch, nach Einsicht der Inkohärenz des Mythos des gegebenen Standpunktes nicht in eine ebenfalls nicht vertretbare Beliebigkeit der Weltsicht zu verfallen. Wir haben gefunden, daß der Interpretationismus die entsprechenden, gegen den Kohärentismus formulierten skeptischen Argumente löst. Damit ist der Interpretationismus vorerst eine gute epistemologische Theorie gemäß der skeptischen Methode. Im folgenden Abschnitt untersuchen wir, ob der Interpretationismus auch die in Kapitel 2 entwickelten, skeptischen Argumente zufriedenstellt. Daran anschließend versuchen wir neue skeptische Argumente gegen ihn zu entwickeln. Ist der Interpretationismus erfolgreich, so stellt der Verlust einer interpretationsunabhängigen Welt keinen Verlust, wie es vielleicht den Anschein haben mag, sondern einen geistigen Fortschritt dar.

6.3 Ist der Interpretationismus resistent bezüglich der skeptischen Argumente aus Kapitel 2?

Wir untersuchen in diesem Abschnitt, ob innerhalb des Interpretationismus die in Kapitel 2 eingeführten skeptischen Argumente zu entwickeln sind. Wir betrachten jedes Argument einzeln. Um Pedanterie zu vermeiden, beschränken wir uns bei der Betrachtung der Tropen jeweils auf ein oder zwei Beispiele.

6.3.1 Die zehn Tropen

Wir erinnern uns aus der Diskussion der Tropen in Abschnitt 2.1, daß der Tropus # 8 als Abstraktion der übrigen neun Tropen zu verstehen ist. Wir werden an ihm daher die möglichen Reaktionen des Interpretationismus auf die einzelnen Tropen aufweisen und dann anschließend untersuchen, ob die Reaktionen im Einzelfall anwendbar sind.

---

[25] I. Kant: *Kritik der reinen Vernunft*, B 75, R. Schmidt (Hg.), Hamburg (Meiner) 1990, 95.

Hier ist zur Erinnerung der Tropus # 8:

1	1	x erscheint E relativ zu R.
2	2	x erscheint E' relativ zu R'.
3	3	x kann nicht beides, E und E', sein.
4	4	R und R' sind gleich glaubwürdig in bezug auf die Frage, ob x E oder E' ist.
1, 2, 3, 4	5	Wir müssen uns des Urteils enthalten, ob x E oder E' ist.

Das Skeptischsein dieses Arguments basiert auf der Annahme der Plausibilität der vier Annahmen sowie der Annahme, daß die Konklusion nicht akzeptabel ist. Diese stellen die Ansatzpunkte für den Interpretationismus gegen einen jeden Tropus dar. Die Annahmen in Zeile 1 und 2 erweisen sich bei Betrachtung der einzelnen Beispiele als unproblematisch. Damit bleiben noch die Annahmen in Zeilen 3 und 4 sowie die Annahme der Nichtakzeptierbarkeit der Konklusion.

Die Annahme 3 ist zumindest prima facie unverdächtig. Eine Möglichkeit, diese zu negieren, besteht darin nachzuweisen, daß das x doppeldeutig ist, also zwei verschiedene Objekte bezeichnet. Denn offensichtlich »kann es sein«, daß x E und x' E' ist.

Die Annahme 4, also die These der Unentscheidbarkeit zwischen den konfligierenden Vorstellungen, ist wohl die verdächtigste der drei Annahmen. Wir erinnern uns, daß die folgenden Hilfsargumente, verteilt auf die verschiedenen Tropen, für die Unentscheidbarkeitsthese vorgebracht wurden: (i) Argument aus der Rechtslehre [59], (ii) Argument vom Erscheinen der Evidenz einer Begründung [60], (iii) Argument vom Kriterium [114] und (iv) Agrippas Trilemma [121]. Die Negation der Unentscheidbarkeitsthese impliziert, daß diese Argumente, wenn nicht allgemein, so doch zumindest im Kontext des jeweiligen Tropus, überzeugend zurückgewiesen werden können.

Hier zur Erinnerung unsere Interpretation von Sextus' Argument aus der Rechtslehre (im ersten Tropus): Ein Urteil ist nur dann begründet, falls der Richter nicht Teil der Auseinandersetzung ist. Da nun jeder Mensch Vorstellungen hat, wäre sein Urteil, die menschlichen Vorstellungen denen anderer Lebewesen vorzuziehen, nicht begründet. Er wäre befangen.

Damit die Unentscheidbarkeitsthese folgt, müssen diese beiden Annahmen erfüllt sein: (i) Das Prinzip ist begründet im juristischen Kontext; (ii) unsere Situation bei der Beurteilung inkompatibler Vorstellungen ist hinreichend analog zum juristischen Kontext. Die Annahme (i) ist plausibel. Die Annahme (ii) jedoch ist zumindest fragwürdig. Ein Unterschied besteht darin, daß der Gegenstand im juristischen Kontext in der positiven und negativen Sanktion Beteiligter besteht, wohingegen der Gegenstand bei der Unterscheidung inkompatibler Vorstellungen die Suche nach Wahrheit ist.[26] Selbst wenn wir die Gratifikation des Rechthabens berücksichtigen, so scheint das Wohlbefinden der Beteiligten im letzteren Kontext ungemein weniger tangiert als im ersteren Kontext. Nun rührt die Befangenheit im wesentlichen von der Auswirkung des Urteils auf das Wohlbefinden des Urteilenden her, womit die Befangenheit im letzteren Kontext keine große Rolle spielt und somit ein wesentlicher Unterschied in beiden Fällen aufgezeigt wäre. Die beiden Fälle sind also nicht analog. Wir bemerken allerdings, daß diese Reaktion darauf basiert, daß das Urteil auf das Wohlbefinden des Urteilenden keine nennenswerte Auswirkung hat. Diese Annahme mag im Einzelfall, insbesondere in der Frage ethischer Systeme (Tropus # 10), nicht zutreffen. Auf der anderen Seite muß bemerkt werden, daß die Analogie in vielen Beispielen offensichtlich nicht überzeugt. Z. B. ist im Beispiel des Widerstreits der Sinne keine der beiden Sinne als Richter zu verstehen.

Bezüglich der übrigen drei Argumente gilt folgendes. Die Argumente (ii) und (iii) sind schwächere Varianten von Agrippas Trilemma. Und Agrippas Trilemma wird vom Interpretationismus als Kohärenztheorie, wie in Abschnitt 5.8.2 aufgezeigt, überzeugend zurückgewiesen. Damit scheint die Negation der Unentscheidbarkeitsthese eine vielversprechende Reaktion auf die Tropen darzustellen. Neue und insbesondere kontextabhängige Gründe für die Unentscheidbarkeitsthese gilt es selbstverständlich zu berücksichtigen.

Es bleibt die These der Nichtakzeptierbarkeit der Konklusion zu betrachten. Für den erfolgversprechenden Ansatz gilt, daß wir uns des Urteils, ob x E oder E' ist, enthalten müssen, aber daß es im allgemeinen durchaus erkennbar ist, daß x E ist relativ zu R und x' E' ist relativ zu R'. So lösen wir im Tropus # 4 damit das Beispiel, daß es »unerkennbar« ist, ob ein Gericht gut oder schlecht schmeckt, da es dem Satten schlecht und dem Hungrigen gut schmeckt, auf, indem wir akzeptieren, daß das Gericht per se weder gut noch schlecht schmeckt, dies also keine eigenständige Eigenschaft des Gerichts ist, aber es »erkennbar« ist, ob es im satten oder hungrigen Zustand gut oder schlecht schmeckt. Dieser relativierende Schritt ist allerdings, wie wir in Abschnitt 5.7 gezeigt haben, nicht auf alle Tropen anwendbar. In jedem Fall beinhaltet der Interpretationismus keine These, die

---

[26] Siehe auch: J. Annas/J. Barnes: *The Modes of Scepticism*, Cambridge (CUP) 1985, 50.

diesen relativierenden Schritt nicht zulassen würde. Diese Reaktion steht ihm damit zur Auflösung der Tropen zur Verfügung.

Tropus # 1

Wir erinnern uns an den Tropus # 1. Wir erhalten ihn durch Substitution von R durch Lebewesen L im obigen Schema. Eine repräsentative Aktivierung dieses Argumentschemas ist folgende: Ziegen (mit länglichen Pupillen) stellen sich die Gegenstände inkompatibel anders vor als der Mensch (mit runden Pupillen).[27] Ist dieses Argument im Interpretationismus triftig und die Konklusion absurd?

Betrachten wir zunächst die Zurückweisung durch Negation der Annahme 3, also Aufzeigen der Doppeldeutigkeit von x. Wie in Abschnitt 6.2 ausgeführt, wird durch die Interpretationen$_1$ erst eine Wirklichkeit konstituiert. Aus der grundsätzlichen Möglichkeit verschiedener Interpretationen$_1$ ergibt sich damit die Möglichkeit verschiedener Wirklichkeiten. Es ist z. B. denkbar, daß Fledermäuse ihre Umwelt nicht so strukturieren, daß das, was wir als einen Tisch bezeichnen, von ihnen überhaupt als ein Objekt angesehen wird. In der Fledermaus-Welt wäre die Aussage »Hier ist ein Tisch« dann ohne Referenz, und es mag dann so scheinen (für die Fledermaus), als ob hier kein Tisch sei. Doch uns scheint es nun mal so, daß hier ein Tisch ist. Eine mögliche Auflösung ist, daß die Proposition wahr ist in der Menschen-Welt und falsch in der Fledermaus-Welt. Entsprechend könnte gesagt werden, daß x E ist in der Welt der Menschen und x' E' ist in der Welt der Ziegen.

Wir betrachten nun Probleme dieser Reaktion. Ein grundsätzliches Problem bei der Rede von verschiedenen Welten besteht darin, daß wir, wenn wir über die Fledermaus-Welt sprechen, bereits unsere Interpretationen ansetzen. Wir sprechen also nicht über die Fledermaus-Welt aus der Fledermaus-Perspektive, sondern aus der Menschen-Perspektive. Wir können uns nicht außerhalb beider Perspektiven aufstellen und die drei Welten, (a) Welt, wie sie wirklich ist, (b) Welt, wie sie für die Fledermaus ist, und (c) Welt, wie sie für den Menschen ist, vergleichen. Wir haben nun einmal nur die Welt, wie sie für den Menschen ist. Damit ist es allerdings nicht prinzipiell unvorstellbar, eine andere Interpretation$_1$ einzunehmen. Wir können durchaus auf der Interpretation$_3$-Ebene über unsere Interpretatio-

---

27   Sextus Empiricus: *Grundriß der pyrrhonischen Skepsis*, [47], M. Hossenfelder (Übers.), Frankfurt a. M. (Suhrkamp) 1993, 104.

nen$_1$ reflektieren. Wir könnten z. B. sagen, daß wir Tische als Tische und nicht als Molekülschwärme sehen. Das Problem hierbei besteht nun, präzise gesagt, darin, daß für uns die Aussage x' ist E' in der Ziegenwelt prinzipiell unverständlich ist.

Ein verwandtes Problem besteht darin, daß wir durch Anwendung dieser Reaktion auf eine sehr unübersichtliche Ontologie, nämlich auf unabhängige Welten der Ziegen, Hühner, Schweine etc. verpflichtet sind. Damit ist es allerdings völlig unverständlich, daß wir, zumindest teilweise, die anderen Lebewesen zu verstehen glauben. Darüber hinaus ist die Intuition, daß wir mit den anderen Lebewesen in einer Welt leben, so nicht zu akkomodieren.

Wir fassen zusammen, daß die Negation der Annahme 3 nicht unproblematisch ist. In der Abwesenheit einer besseren Reaktion ist auf die vorgenannten Einwände einzugehen. Betrachten wir nun die beiden übrigen möglichen Reaktionen.

Die Unentscheidbarkeitsthese scheint auf den ersten Blick geradezu offenkundig falsch. Denn natürlich sind die menschlichen Vorstellungen glaubwürdiger, ist man versucht zu sagen. Das ist richtig – jedoch lediglich für den Menschen. Somit liegt das auflösende Moment hier nicht so sehr in der Zurückweisung der Unentscheidbarkeitsthese, sondern vielmehr ist der relativierende Schritt hierbei bereits mitgedacht. Und der relativierende Schritt führt in ein ähnlich unübersichtliches Bild wie die Negation der Annahme 3: x ist E relativ zum Menschen, und x ist E' relativ zum Tier – also Objekten kommen gewisse Eigenschaften in der Menschenwelt zu und gewisse (auch inkompatible) Eigenschaften in der Tierwelt. Bei einer solchen Rede ist es dann aber auch nicht mehr verständlich, wie man von demselben Objekt sprechen kann, und man sollte vielleicht doch besser, wie oben in der Negation der Annahme 3, von verschiedenen Welten sprechen.

Damit scheint ein so unübersichtliches Bild unvermeidlich. Allerdings kann gerade hier nun der Interpretationismus verstehen helfen, warum wir glauben, in einer zumindest ähnlichen Welt mit den meisten Tieren zu leben. Die Erklärung besteht in der empirischen Behauptung, daß Tiere durchaus ähnlich interpretieren$_1$ und die entwickelten Primaten wohl auch ähnlich interpretieren$_2$ wie wir Menschen.[28] So ist es dann zu verstehen, daß in der Welt der Tiere ähnliche Objekte mit ähnlichen Eigenschaften bestehen, und es folgt, daß der relativierende Schritt nun doch zulässig ist.

---

[28] Siehe hierzu auch Lenk in Abschnitt 6.1.

Tropus # 2

Wir erinnern uns an den Tropus # 2. Wir erhalten den Tropus # 2 durch Substitution von R durch Mensch M in obigem Schema. Der Tropus # 2 bezieht sich also auf unterschiedliche und inkompatible Vorstellungen von verschiedenen Menschen, z. B. daß für einige Rindfleisch leicht, für andere schwer verdaulich erscheint [81].

In diesem Tropus ist der relativierende Schritt ohne weitere Qualifikation erfolgreich: Rindfleisch ist schwer verdaulich für Mensch M und leicht verdaulich für Mensch M'. Ein Widerspruch ließe sich nur in dem naiven Realismus, also dem Verstehen von Welt als gänzlich unabhängig von dem menschlichen Empfindungs- und Erkenntnisapparat konstituiert, entwickeln. Die Eigenschaft der Verdaulichkeit ist also keine Eigenschaft des Objekts, sondern wird als zweistelliges Prädikat aufgefaßt. Der Interpretationismus akzeptiert die Konklusion und zeigt, daß diese nicht absurd ist. Somit ist der Tropus # 2 befriedigt.

Tropus # 3

Wir erinnern uns an den Tropus # 3. Wir erhalten ihn durch Substitution von R durch Sinn S in obigem Schema. Z. B. wird argumentiert, daß, da ein Gemälde dem Auge plastisch, dem Tastsinn allerdings nicht plastisch erscheint, wir uns des Urteils enthalten sollten, ob das Gemälde plastisch ist oder nicht [92].

Als Kohärenztheorie kann der Interpretationismus die folgende Begründung des Urteils, daß Gemälde nicht plastisch sind, liefern. Wir halten für wahr, daß das Auge uns zweidimensionale Informationen liefert, wohingegen der Tastsinn dreidimensionale Informationen hervorbringt. Mit diesen beiden Fürwahrhaltungen und den beiden Fürwahrhaltungen bezüglich der Sinne ist das Urteil, daß das Gemälde nicht plastisch ist, kohärenter als das, daß es plastisch ist. Wir denken den Begriff der Plastizität derart, daß der Tastsinn relevanter bei der Entscheidung ist als das Auge, und negieren somit die Unentscheidbarkeitsthese.

Nun könnte eingewandt werden, daß wir voraussetzen, daß der Tastsinn relevanter ist als das Auge und dies jedoch vorher gezeigt werden müßte. Doch »vorher« muß im Verständnis einer Kohärenztheorie gar nichts gezeigt werden. Begründetsein ist eine Frage des Passens. Somit ist der Tropus # 3 im Interpretationismus kein skeptisches Argument.

Tropus # 4

Wir erinnern uns an den Tropus # 4. Wir erhalten den Tropus # 4 durch Substitution von R durch Zustand Z im obigen Schema. Wir betrachten exemplarisch zwei (angebliche) Modelle des so symbolisierten Arguments – die Instantiierungen des Quintupel [x, Z, E, Z', E'] durch [eine Tat, Nüchternsein, unschicklich, Trunkensein, schicklich] und [die Wirklichkeit, Wachen, Vorstellungen im wachen Zustand, Schlafen, die Vorstellungen im Zustand des Schlafens].[29]

Beginnen wir mit dem Beispiel, daß eine gegebene Tat im betrunkenen Zustand schicklich und im nüchternen Zustand unschicklich erscheint [109]. Wenden wir den relativierenden Schritt auf das Beispiel des Trunken- oder Nüchternseins an, sind wir auf den unplausiblen Standpunkt verpflichtet, daß die gleiche Tat im betrunkenen Zustand schicklich, im nüchternen Zustand dagegen unschicklich ist. Wir denken uns das Schicklich-/Unschicklichsein einer Tat nicht relativ zum Grad des Betrunkenseins des Täters. Dieser relativierende Schritt ist also in diesem Fall nicht statthaft.

Ebenso problematisch ist die Negation der Annahme 3: Zwei ansonsten nach relevanten Kriterien identische Handlungen unterscheiden sich im allgemeinen nicht auf der Grundlage des Grades des Betrunkenseins des Täters (und werden damit als verschiedene Handlungen x und x' verstanden). Hierzu gibt es jedoch Ausnahmen: So kann der Grad des Betrunkenseins für die juristische Charakterisierung einer Handlung als Mord oder als fahrlässige Tötung durchaus relevant sein. Das betrachtete Schicklich-/Unschicklich-Beispiel ist je-

---

[29] Eine solche Schreibweise mag als übertrieben formalistisch bewertet werden. Jedoch ist an ihr die Reaktion des Interpretationismus auf die Tropen klar zu erkennen. Es wird versucht zu zeigen, daß im Interpretationismus keine Modelle für die Tropen bestehen. Dies ist äquivalent zu der Aussage, daß die Prämissen der Tropen im Interpretationismus nicht gültig sind. Unberührt in dieser Betrachtung bleibt allerdings die Option, die Konklusion für akzeptabel zu erklären. Diese Option wäre integriert, falls wir als Prämisse die Negation der Zeile 5, etwa, wir können uns nicht des Urteils, ob x E oder E', ist, enthalten, eingeführt hätten und damit einen formalen Widerspruch abgeleitet hätten. In der Formulierung, in der die Nichtakzeptierbarkeit der skeptischen Konklusion in den Prämissen enthalten ist, könnte dann gesagt werden, daß der Interpretationismus zeigt, daß die Prämissen und Folgerungen der Tropen, also eine Menge von Aussagen (Theorie) im Interpretationismus kein Modell hat. Da diese Darstellungsweise äquivalent zu der Rede von »Das Argument kann im Interpretationismus nicht entwickelt werden, da Prämisse x nicht gilt« aber umständlicher und unübersichtlicher ist, werden wir sie im folgenden nicht gebrauchen.

denfalls keine solche Ausnahme. Daher bleibt hier nur noch die Zurückweisung der Unentscheidbarkeitsthese. Die Zurückweisung der Unentscheidbarkeitsthese ist in diesem Beispiel erfolgreich. Wir halten für wahr, daß die Vorstellung im nüchternen Zustand bezüglich der Schicklichkeit einer Tat aussagekräftiger ist als die im betrunkenen Zustand.

Betrachten wir nun noch das Beispiel des Wachens und Schlafens. Wir erinnern uns, daß in diesem Beispiel nicht behauptet wird, daß wir zwischen dem Zustand des Wachens und dem des Schlafens nicht unterscheiden könnten (Descartes' Argument), sondern daß die Vorstellungen in beiden Zuständen gleich glaubwürdig in bezug auf die Wirklichkeit sind und wir uns deshalb des Urteils enthalten müssen, in welchem Zustand unsere Vorstellungen der »wirklichen Wirklichkeit« entsprechen.

Eine Möglichkeit besteht darin, einen Dualismus von Traumwelt und Wachwelt zu setzen und zu behaupten, daß unsere Vorstellungen im wachen Zustand begründete Fürwahrhaltungen über die Wachwelt und unsere Vorstellungen im Traum begründete Fürwahrhaltungen über die Traumwelt zulassen. Eine solche Sichtweise ist das Resultat sowohl der Negation der Annahme 3 als auch des relativierenden Schrittes. Ein Problem hierbei, wie bei jedem Dualismus, liegt in der Beziehung dieser beiden Wirklichkeiten, die in unserer Alltagsauffassung sehr eng gedacht wird. Ein anderes Problem besteht darin, daß die Traumwelt privat im Sinne des Privatsprachenarguments gedacht wird und eine »Traum-Sprache« somit unmöglich wäre (siehe Abschnitt 4.2).

Unproblematischer und zulässig ist, wie im obigen Beispiel, die Zurückweisung der Unentscheidbarkeitsthese. Unser Begriff von Wirklichkeit, zumindest von Außenwelt, ist derart, daß wir diese lediglich im wachen Zustand erfahren. Ansonsten wäre auch Descartes' Argument in keiner Weise beunruhigend. Und das genügt als Antwort hier vollkommen.

Tropus # 5

Wir erinnern uns an den Tropus # 5. Wir erhalten den Tropus # 5 durch Substitution von R durch Position P in obigem Schema. Wir gebrauchen das berühmte Beispiel, daß dasselbe Ruder im Wasser gebrochen, aber außerhalb des Wasser gerade erscheint. Wie bereits in Abschnitt 5.7 herausgestellt, ist der relativierende Schritt zu »Wir urteilen, daß das Ruder im Wasser gekrümmt, aber außerhalb des

Wassers gerade ist«, nicht zulässig. Ebenso wie in den Tropen 1–4, steht dem Interpretationismus auch hier die Reaktion zu Gebote, die Annahme 4 zu negieren. Dem Interpretationismus als Kohärenztheorie steht es zu Gebote, im Rekurs auf theoretische Fürwahrhaltungen (optische Gesetze) den anscheinenden Widerspruch von inkompatiblen Vorstellungen begründet aufzulösen.

Tropus # 6, 7, 9

Wir erhalten die Tropen # 6, 7 und 9 durch Substitution von R durch Beimischung B, Quantität Q und Vorkommen V, respektive. Die Tropen # 6, 7, 9 können vom Interpretationismus durch Zurückweisung der Annahme 4 akkomodiert werden.

Tropus # 10

Wir erinnern uns an den Tropus # 10. Wir erhalten den Tropus # 10 durch Substitution von R durch moralisches System T in obigem Schema. Wir betrachten zwei mögliche Reaktionen des Interpretationismus auf den Tropus # 10: die Zurückweisung der These der Unentscheidbarkeit (Annahme 4) und die Zurückweisung der These, daß die Konklusion absurd ist.

Wir beginnen mit der Zurückweisung der These der Unentscheidbarkeit. Wir erinnern uns, daß Sextus für die These der Unentscheidbarkeit im wesentlichen zwei Argumente anführt: Agrippas Trilemma und das Argument aus der Rechtslehre. Die Zurückweisung der Konklusion dieser beiden Argumente indiziert per Modus tollendo tollens $[((P1, ..., Pn) \Rightarrow Q \wedge nonQ) \Rightarrow non(P1, ..., Pn)]$ jeweils eine Zurückweisung der Konjunktion der Annahmen. Der Interpretationismus als Kohärenztheorie weist, wie in Abschnitt 5.8.2 gezeigt, Agrippas Trilemma erfolgreich zurück. Es bleibt das Argument aus der Rechtslehre. Im juristischen Kontext gilt: Ein Richter, der befangen ist, fällt kein begründetes Urteil. Die Befangenheit des Richters korreliert positiv mit dem Grad der Auswirkung des Urteils auf sein Wohlbefinden. In den Tropen # 1–7 und 9 ist die Analogie entweder sinnlos (z. B. fällt weder Sinn S noch Sinn S' ein Urteil), oder die Annahme ist plausibel, daß das Urteil, ob x ein E oder ein E' ist, geringen Einfluß auf das Wohlbefinden des Urteilenden hat. Damit ist das Argument im Zusammenhang dieser Tropen unproblematisch. Anders ist es jedoch im Tropus # 10. Wir betrachten ein Beispiel.

Herodotus berichtet vom Persischen König Dareios: »Dareios ... ließ ... die Hellenen an seinen Hofe rufen und fragte, um welchen Preis sie sich bereit erklären würden, ihre toten Väter zu verspeisen. Sie erwiderten, um keinen Preis. Darauf ließ er Kallatier rufen, einen indischen Volksstamm, bei dem die Leichen der Eltern gegessen werden, und fragte in Gegenwart der Hellenen mit Hilfe eines Dolmetschers, um welchen Preis sie zugeben würden, daß man die Leichen ihrer Väter verbrenne. Sie schrien laut und sagten, er solle solche gottlosen Worte lassen.«[30]

Wir erkennen, daß ein Hellene/Kallatier bei dem Urteil, ob es richtig sei, verstorbene Väter zu kremieren/verspeisen, befangen ist, da ein mit seiner Vorstellung inkompatibles Urteil sein Wohlbefinden in großem Maße tangiert. Verallgemeinernd läßt sich sagen, daß Menschen in bezug auf Widerspruch in ethischen/moralischen Urteilen erheblich heftiger reagieren als z. B. bei Zurückweisung einer Vorstellung der Sinne (etwa als Illusion). So wäre es auch für einen Inder (aus Sextus' Zeiten) nicht ratsam, (heute) auf dem Marktplatz von Mekka, Saudi-Arabien, der unterstellten Angewohnheit, seiner Frau öffentlich beizuschlafen[31], nachzugehen. Dieser Inder würde darunter leiden, daß er das Wohlbefinden der örtlichen Entscheidungsträger entscheidend beeinträchtigt hätte.

Die Richtigkeit oder Falschheit eines moralischen Systems tangiert also das Wohlbefinden eines Vertreters wesentlich. Daraus folgt, daß es nicht geboten ist, das Argument aus der Rechtslehre mit Verweis auf den geringen Grad der Befangenheit der Vertreter moralischer Systeme zurückzuweisen und, mangels einer überzeugenden alternativen Reaktion auf das Argument aus der Rechtslehre, daß die Negation der These der Unentscheidbarkeit nicht zulässig ist.

Damit bleibt uns die Zurückweisung der These, daß die Konklusion des Tropus # 10, nämlich daß wir uns des Urteils enthalten müssen, ob eine (beliebige) Handlung x richtig oder falsch ist, nicht akzeptabel ist. Prima facie ist es allerdings absurd zu behaupten, daß keine Handlung existiert, über die wir (begründet) urteilen könnten, sie sei ethisch/moralisch richtig oder falsch. Z. B. fiele die Handlung, ein Baby zu quälen, wohl unter die Rubrik unmoralisch. Die hier zu-

---

[30] Herodot: *Historien*, Drittes Buch, 38, A. Hornefer (Übers.), Alfred Kröner Verlag, Vierte Auflage, 1971, 198; Quelle: J. Annas/J. Barnes: *The Modes of Scepticism*, Cambridge (CUP) 1985, 158.

[31] Sextus Empiricus: *Grundriß der pyrrhonischen Skepsis*, [148], M. Hossenfelder (Übers.), Frankfurt a. M. (Suhrkamp) 1993, 127.

grundeliegende Überzeugung steht dem in anderen Tropen so erfolgreichen relativierenden Schritt entgegen, der sich im Tropus # 10 wie folgt darstellt: Eine Handlung wird als moralisch richtig/falsch relativ zu einem moralischen System verstanden. Die Frage, ob eine Handlung richtig ist, läßt sich also nur unter Angabe des gebrauchten moralischen Systems beantworten.

Harman entwickelt einen moralischen Relativismus, der die dem Relativismus entgegenstehende Intuition zu akkomodieren versucht: »Motion is a relative matter. Motion is always relative to a choice of spatio-temporal framework. Something that is moving in relation to one spatio-temporal framework can be at rest in relation to another. And no spatio-temporal framework can be singled out as the one and only framework that captures the truth about whether something is in motion. ...

Similarly, the moral relativism I will argue for is not a claim what people mean by their moral judgements.«[32] »[Moral relativism] does not say that speakers always intend their moral judgements to be relational in this respect. It is clear that many speakers do not. Moral relativism is a thesis about how things are and a thesis about how things aren't. Moral relativism claims that there is no such thing as objectively absolute good, absolute right, or absolute justice; there is only what is good, right, or just in relation to this or that moral framework.«[33] »... moral relativism makes the following claim[s] about moral judgements.

2. For the purpose of assigning truth conditions, a judgement of the form, it would be morally wrong of P to D, has to be understood as elliptical for a judgement of the form, in relation to moral framework M, it would be morally wrong of P to D. Similarly for other moral judgements. ...

3. There is no single true morality. There are many different moral frameworks, none of which is more correct than the others.«[34]

»Why does it seem (to some people) that there are objective nonrelative facts about moral right and wrong? Well, why does it seem to

32 G. Harman/J. J. Thomson: *Moral Relativism and Moral Objectivity*, Oxford (Blackwell) 1996, 4.

33 G. Harman/J. J. Thomson: *Moral Relativism and Moral Objectivity*, Oxford (Blackwell) 1996, 17.

34 G. Harman/J. J. Thomson: *Moral Relativism and Moral Objectivity*, Oxford (Blackwell) 1996, 4 f.

some people that there [are] objective nonrelative facts about motion ...? In the case of motion ..., one particular system of coordinates is so salient that it seems to have a special status. Facts about motion ... in relation to the salient system of coordinates are treated as nonrelational facts.

In a similar way, the system of moral coordinates that is determined by a person's own values can be so salient that it can seem to that person to have special status. Facts about what is right and wrong in relation to that system of coordinates can be misidentified as objective nonrelational facts.«[35]

Die Analogie von Urteilen über Bewegung zu moralischen Urteilen akkomodiert die Intuition, daß wir objektive moralische Fürwahrhaltungen haben, und neutralisiert damit das entsprechende skeptische Argument.

Lassen sich noch andere skeptische Argumente in dem den moralischen Relativismus inkorporierenden Interpretationismus[36] entwikkeln? Abel wirft im Rahmen einer Diskussion des Kulturrelativismus eine Frage gegen denselbigen und damit auch gegen den moralischen Relativismus auf: »... wie denn [ist] angesichts des skizzierten Szenarios [Interpretationismus] ›Kritik‹ (z. B. an einer anderen oder an der eigenen Kultur und Person) überhaupt möglich?«[37] Das skeptische Argument (zur Motivierung der Abelschen Frage) müßte die folgende Form haben:

1	1	Moralischer Relativismus: Eine Handlung x ist (nur) moralisch richtig/falsch relativ zu einem moralischen System T, und es gibt kein ausgezeichnetes (objektives) moralisches System T.
2	2	?
1, 2	3	Kritik des eigenen moralischen Systems ist unmöglich.

[35] G. Harman/J. J. Thomson: *Moral Relativism and Moral Objectivity*, Oxford (Blackwell) 1996, 13.

[36] Es ist zu bezweifeln, ob Abel einen moralischen Relativismus in den Interpretationismus inkorporieren würde: »Der philosophische Interpretationismus ist kein Kultur-Relativismus« (G. Abel, *Interpretationsethik und Demokratie*, in: J. Simon [Hg.]: Orientierung in Zeichen. Zeichen und Interpretation III, Frankfurt a. M. [Suhrkamp] 1996, 58).

[37] G. Abel, *Interpretationsethik und Demokratie*, in: J. Simon (Hg.): Orientierung in Zeichen. Zeichen und Interpretation III, Frankfurt a. M. (Suhrkamp) 1996, 57.

1, 2   3'   Kritik anderer moralischer Systeme ist un-
                                möglich.

Oder allgemeiner:

1, 2   3"   Andere absurde Konklusion

Die Frage, die sich uns stellt, ist, ob im Interpretationismus ein erfolgreicher Kandidat für die Annahme 2 enthalten ist. Erfolgreich
heißt natürlich, daß der Interpretationismus darauf verpflichtet ist
und das Argument dann gültig ist. Wir untersuchen, entsprechend der
skeptischen Konklusionen 3 und 3', zwei Bereiche zwecks Formulierung skeptischer Argumente: (i) Kritik der eigenen kulturellen Normen; (ii) Kritik anderer kultureller Normen.

(i) Wie die Kritik des eigenen moralischen Systems im Interpretationismus zu denken ist, beschreibt Abel: »Zugleich wird an diesem
Beispiel deutlich, daß die Maßstäbe und Standards der Kritik intern
allein der Logik der Interpretationsverhältnisse selbst entstammen
können. Eine externe Instanz steht den menschlichen Geistern nicht
zu Gebote. Die Maßstäbe und Standards können sich nur aus inter-
nen Kohärenzanforderungen ergeben. Und sie können als interne
Kohärenzanforderungs-Folgen entfaltet werden. Mithin kommen nur
solche Maßstäbe und Standards in Frage, die sich intern aus dem ergeben, was es heißt, über eine Sprache zu verfügen, ein Akteur in
Handlungszusammenhängen zu sein, die darin bereits vorausgesetzte
und in Anspruch genommene Interpretationspraxis zu beherrschen,
kurz: sich in Verhältnissen des Sprechens, Denkens und Handelns zu
befinden. Dieser Punkt ist vornehmlich auch in ethischer Hinsicht
von grundlegender Bedeutung. Sinnvolle Maßstäbe und Standards
der Interpretation und der Kritik erhalten ihre Sinnhaftigkeit dadurch, daß sie diejenigen konsistenten und kohärenten Präsuppositionen normativ artikulieren, die wir bei uns selbst als erfüllt unterstellen, sofern wir uns selbst als konsistente (d. h. als frei von Selbstwi-
dersprüchen) und als kohärente (d. h. neben der formalen Konsistenz
auch die Bedingungen der empirischen Gültigkeit einbeziehende)
sinnvoll sprechende, denkende und handelnde Akteure verstehen. ...
Eine [Kritik] in diesem Sinne ist, wie jede philosophische Kritik, interne (nicht: externe) Kritik. Sie besteht im Kern darin, auftretende
Geltungsansprüche auf ihre sinn-präsuppositive Konsistenz und
Kohärenz zu prüfen. Dies ist möglich und erforderlich, da wir als
endliche Geister im Regelfall mit dem Erheben bzw. Aussprechen eines Geltungsanspruchs eine solche kritische Prüfung nicht schon

absolviert haben und andere Personen die Dinge unter Umständen ganz anders sehen können als man selbst.«[38]

Im wesentlichen erklärt Abel die Kritikmöglichkeit in der ersten Person, bzw. die Kritikmöglichkeit von einem Dritten, innerhalb eines gegebenen moralischen Systems T analog zu der Möglichkeit begründeter, aber falscher Fürwahrhaltung in Abschnitt 6.2, nämlich mit Verweis auf die fehlende Transparenz der verschiedenen Interpretationen. Eine Verbesserung des moralischen Systems ist auf der Grundlage eines Kohärenz-/Konsistenzkriteriums zu denken. Wie überzeugend diese Beschreibung der Kritikmöglichkeit auch immer sein mag, ich, und das ist systematisch entscheidend, bin nicht in der Lage, aus dem so beschriebenen Standpunkt skeptische Argumente zu entwickeln.

(ii) Der zweite Fall, nämlich die rationale Kritik, oder, konkreter, die rationale Lösung von Streitigkeiten zwischen inkompatiblen moralischen Systemen T ist praktisch wohl von größerer Bedeutung. Abel affirmiert, daß es solche inkompatiblen moralischen Systeme T gibt und kein Gottesgesichtspunkt (mit Zugang zur einzig richtigen, objektiven Moralität) zur Verfügung steht, um einen Streit zwischen beiden moralisch beizulegen (etwa: Schau, so ist es richtig). Er schreibt: »Da andere fremde Kulturen und Personen viele Aspekte enthalten, die sich nicht unter den Horizont der jeweils eigenen Kultur und Person subsumieren lassen, gehört zum Verstehen einer anderen Kultur in ihrer irreduziblen Individualität auch, deren Fremdheitselemente als nichtintegrierbar in die eigenen Horizonte stehenlassen zu können.«[39] Uns geht es also um diese »irreduziblen« Unterschiede zwischen zwei moralischen Systemen T und T'. Hier ist ein Beispiel eines solchen irreduziblen Konfliktes zweier Moralitäten: Abtreibungsgegner wollen auch andere durch Gesetz dazu zwingen, nicht mehr abzutreiben. Befürworter des Rechts der Frau auf Entscheidung bezüglich Abtreibung wollen dies entsprechend gesetzlich verankert sehen. In Anbetracht der langen Geschichte dieser Diskussionen und der anhaltenden Uneinigkeit ist es plausibel, daß keine einigkeitsstiftenden neuen Fakten auf den Tisch kommen (der Streit also durch Auflösung von Ignoranz oder Unvermögen geschlichtet wird), sondern daß dieser Streit vielmehr auf inkompatiblen morali-

---

[38] G. Abel: *Interpretationsethik und Demokratie*, in: J. Simon (Hg.): Orientierung in Zeichen. Zeichen und Interpretation III, Frankfurt a. M. (Suhrkamp) 1996, 61.

[39] G. Abel: *Interpretationsethik und Demokratie*, in: J. Simon (Hg.): Orientierung in Zeichen. Zeichen und Interpretation III, Frankfurt a. M. (Suhrkamp) 1996, 60.

schen Fürwahrhaltungen basiert. In Abwesenheit einer objektiv richtigen Moralität stellt sich nun die Frage, wie es zu denken ist, einen
solchen Streit »rational« und hoffentlich nicht im Rekurs auf »Rhetorik, Propaganda oder Krieg auszufechten«[40]. Aus der Beschreibung
der Situation folgt, daß der moralische Streit nicht im Rekurs auf die
Moral lösbar ist: Der Abtreibungsgegner beharrt auf seinem Standpunkt, daß Abtreibung unmoralisch ist, während der Befürworter des
Rechts der Frau auf Entscheidung ebenso auf seinem Standpunkt
beharrt. Es wäre schön, wenn moralischer Streit im Rekurs auf die
Moral lösbar wäre. Aber die Folge, daß er es nicht ist, ist jedenfalls in
dem für ein skeptisches Argument benötigten Sinne nicht absurd,
sondern entspricht unserer Erfahrung. Es gilt auch hier, daß das
Vorhandensein eines Bedürfnisses (moralische Konfliktlösung moralischer Konflikte) nicht die Möglichkeit seiner Erfüllung beweist. Die
Situation wäre anders, wenn überhaupt keine rationale Konfliktlösung
(innerhalb eines moralischen Relativismus) zu explizieren wäre.[41]
Denn, daß es so etwas gibt, ist ein Phänomen (vielleicht nicht in derselben Kategorie wie »begründete Fürwahrhaltung über die Außenwelt«). Harman entwickelt anhand einer Analogie, wie rationale Konfliktlösung in einem solchen Fall zu denken ist: »As I envision law,
the content of law is not fixed in advance of all human decision.
People decide what the law will be, often as a result of some sort of
bargaining. Bargaining allows people to reach agreement on something on which there is no antecedently right answer. For example,
when two people bargain over the price of a rug at a garage sale, they
do not engage in an inquiry into the right price for the rug. They may
appeal to various facts about the rug, about the financial condition of
the bargainers, about their other options, and about their desires concerning the rug. But the price of the rug is not determined in advance of their bargaining. Nor is the content of law determined in
advance of the bargaining among those who make the law. I believe
that the same is true of morality. Morality is itself the result of a kind

---

40   B. Russell: *Können die Menschen rational sein?*, in: Skepsis, R. Gillischewski (Übers.):
     Frankfurt a. M. (Athenäum Verlag) 1964, 39.
41   Ein Argument für die Unmöglichkeit rationaler Konfliktlösung im moralischen
     Relativismus ist dies: (i) Rationale Lösung von moralischen Konflikten ist nur im
     Rekurs auf das objektiv richtige moralische System möglich; aber (ii) es gibt ein
     solches gemäß des moralischen Relativismus nicht; es folgt (iii), daß rationale
     Konfliktlösung im moralischen Relativismus unmöglich ist.

of bargaining ...«[42] »This complicates the question whether we ought to assume moral disputes are always rationally resolvable. It depends on what counts as a ›rational resolution‹ of a moral dispute. If moral bargaining is included, then it may indeed be useful to assume (until proven otherwise) that a moral dispute is rationally resolvable.«[43]

Harman modelliert die rationale Lösung moralischer Konflikte als Verhandlung.[44] Er zeigt im Anschluß an das Zitat die Plausibilität dieses Modells anhand kontemporärer moralische Fragen betreffender Entscheidungen auf. Ein skeptisches Argument, welches (auf der Basis des beschriebenen Modells und des Relativismus) die Unmöglichkeit rationaler Konfliktlösung, oder allgemeiner die Unmöglichkeit der Kritik anderer moralischer Systeme (oder eine andere absurde These), konkludiert, ist nicht zu erkennen.

Wir können zusammenfassen, daß (i) der Tropus # 10 in dem den moralischen Relativismus inkorporierendem Interpretationismus nicht mehr zu entwickeln ist und dieser (ii) resistent ist gegenüber skeptischen Argumenten der zweiten Stufe. Damit ist der moralische Relativismus für den Interpretationismus eine erfolgreiche Reaktion auf den Tropus # 10.

6.3.2 Agrippas Trilemma

Als Kohärenztheorie ist innerhalb des Interpretationismus Agrippas Trilemma nicht zu entwickeln. Dieser Aufweis war Gegenstand von Abschnitt 5.8.2.

6.3.3 Argument vom Traum

Wir betrachten die in Abschnitt 5.2 entwickelte Formulierung des Traum-Arguments. Das Argument konkludiert die Nichtexistenz von begründeter Fürwahrhaltung über die Außenwelt.

Als kohärentistische Theorie ist im Interpretationismus eine Fürwahrhaltung begründet, falls sie mit den anderen Füwahrhaltungen

---

[42] G. Harman/J. J. Thomson: *Moral Relativism and Moral Objectivity*, Oxford (Blackwell) 1996, 7.

[43] G. Harman/J. J. Thomson: *Moral Relativism and Moral Objectivity*, Oxford (Blackwell) 1996, 22.

[44] Harman negiert damit die Annahme (i) im Argument für die Unmöglichkeit rationaler Konfliktlösung im moralischen Relativismus (siehe Fußnote 41).

kohäriert (oder die Kohärenz erhöht).[45] Es könnte nun für den Interpretationismus argumentiert werden, daß die Annahme, daß wir nicht begründet ausschließen können zu träumen (Annahme 6), wie durch das skeptische Argument gezeigt, nicht mit unseren übrigen Fürwahrhaltungen kohäriert und damit auch nicht begründet ist. Doch diese Reaktion allein ist nicht zulässig. Denn angenommen, sie wäre es, ist es nicht einsichtig, warum nicht etwa negiert würde, daß genuines Wahrnehmen Träumen ausschließt (Annahme 2). Die Erklärung hierfür ist offensichtlich. Damit wir eine Annahme begründet zurückweisen können, muß die Negation in Beziehung zu der Gesamtheit des Systems von Fürwahrhaltungen gesehen werden, und diesbezüglich scheint die Negation der Annahme 6 kohärenter als die der Annahme 2. Wir müssen also auch im Kohärentismus, in den Worten der skeptischen Methode, den Standpunkt dem Skeptizismus der zweiten Stufe aussetzen.

Das Problem mit der Negation der Annahme 6, daß wir nicht begründet ausschließen können zu träumen, wurde in Abschnitt 5.2.4 vorgestellt: Die Annahme 6 ist die Konklusion eines Arguments mit den folgenden beiden Annahmen: (i) Wenn die Begründung einer Proposition auf der richtigen Ausführung einer Prozedur basiert, dann ist die durch die Prozedur konstituierte Begründung nicht stärker als die davon unabhängige Begründung dafür, daß die Prozedur richtig ausgeführt worden ist; (ii) die Proposition, daß x zum Zeitpunkt t nicht träumt, erfüllt das Antezedens der Implikation in Annahme (i) (als Selbst-Prüfung für x, ob er träumt, würden wir z. B. Sich-Zwicken zulassen). Es folgt, daß der Interpretationismus bei Negation von Annahme 6 auf die Negation der Konjunktion von Annahmen (i) und (ii) rational verpflichtet ist.

Bevor wir uns mit der Lösung dieses Problems beschäftigen, betrachten wir noch ein weiteres und weitreichenderes skeptisches Argument gegen den Interpretationismus. In dem Sinne, wie Wahrneh-

---

45   Gemäß der skeptischen Methode gilt in der Bewertung eines epistemologischen Standpunktes allein ein Kohärenzkriterium, nämlich Abwesenheit von skeptischen Argumenten eines Standpunktes oder in bezug auf einen neuen Standpunkt Abwesenheit eines skeptischen Argumentes der zweiten Stufe (etc.). Es könnte dann als wenig überraschend angesehen werden, daß unter Anwendung dieser Methode die Kohärenztheorie erfolgreich ist (was noch zu sehen ist). Ein Vorwurf könnte sein, daß die Argumentation zirkulär ist. Mir scheint allerdings, daß die Kohärenztheorie nur eine Ausarbeitung einer für sich plausiblen Methodik ist, woraus folgt, daß gar kein Argumentationszirkel besteht (denn die Methodik ist ja plausibel, ohne die Kohärenztheorie vorauszusetzen).

men nötig ist, um begründete Fürwahrhaltungen bezüglich der Außenwelt zu haben, ist es nötig, »intellektuell zu funktionieren«, um festzustellen, ob eine Fürwahrhaltung die Kohärenz eines Systems von Fürwahrhaltungen erhöht und damit begründet ist oder nicht. Ein skeptisches Argument aufgrund dieser Überlegung erhalten wir, wenn wir im obigen Argument Wxt durch Ixt substituieren. Die Propositionen in der skeptischen Konklusion nonBxt[P] beziehen sich dann auf jedwede Proposition und nicht »nur« auf diejenigen Propositionen, für die man als Wahrnehmender funktionieren müßte. Es handelt sich also um ein globalstes skeptisches Argument.

Es ist plausibel, daß die Feststellung der Kohärenzeigenschaft einer Fürwahrhaltung »intellektuelle Funktionsfähigkeit« voraussetzt (also Annahme 1). Zudem ist es plausibel, daß im Zustand des Träumens die intellektuelle Funktionsfähigkeit in dem benötigten Sinne nicht gegeben ist (Annahme 2). Z. B. hat ein geträumter mathematischer Beweis keine Überzeugungskraft. Die Traummöglichkeit ist hier allerdings auch nur eine Möglichkeit unter vielen. Es könnte auch auf die Möglichkeit, von einem Dämonen bezüglich der Kohärenz getäuscht zu werden, zurückgegriffen werden oder darauf, daß Wissenschaftler einem Gehirn im Tank das Gefühl der Kohärenz vermitteln. Um dieses Argument nicht im Rekurs auf spezifische Eigenschaften des Traumbegriffs, sondern allgemein zu entwickeln, könnten wir nonTxt durch Ixt substituieren. (Damit verkürzte sich das Argument um eine Zeile.) Wir sehen von dem Transmissionsprinzip (Annahme 7), der Iterativität (Annahme 10), dem Modus ponens (Annahme 4) und der Transitivität (Annahme 3) in der Diskussion ab und konzentrieren uns auf die Annahme, daß (im Interpretationismus) grundsätzlich kein Grund dafür besteht, daß man intellektuell funktioniert (Annahme 6). Wir untersuchen nun, gemäß der skeptischen Methode, ob die Negation der skeptischen Annahme 6 absurde Konsequenzen hat.

Wir formulieren, analog zum obigen Traum-Argument, ein Argument mit der Annahme 6 als Konklusion: (i) Wenn die Begründung einer Proposition auf der richtigen Ausführung einer Prozedur basiert, dann ist die durch die Prozedur konstituierte Begründung nicht stärker als die davon unabhängige Begründung dafür, daß die Prozedur richtig ausgeführt worden ist; (ii) die Proposition, daß x zum Zeitpunkt t intellektuell funktioniert, erfüllt das Antezedens der Implikation in Annahme (i). Wir wenden diese beiden Annahmen nun folgendermaßen an: Ob die Fürwahrhaltung, x funktioniert zum Zeitpunkt t intellektuell, (für x zum Zeitpunkt t) begründet ist oder nicht, ist eine Funktion der Kohärenz dieser Fürwahrhaltung mit dem System von Fürwahrhaltungen (von x zum Zeitpunkt t). Falls bei der entsprechenden Betrachtung festgestellt wird, daß die Fürwahrhaltung der Kohärenz des Systems förderlich ist, dann ist sie begründet und ansonsten nicht. Damit das Urteil als Folge der Betrachtung allerdings gerechtfertigt ist, muß die Betrachtung korrekt durchgeführt worden sein, insbesondere muß x zum Zeitpunkt t intellektuell funktionieren. Die Annahme (i) behauptet dann prima facie plausiblerweise, daß die Begründung dieser Fürwahrhaltung nur so stark ist wie die (von der Betrachtung der Fürwahrhaltung, daß x zum Zeitpunkt t intellektuell funktioniert) unabhängige Begründung dafür, daß x zum Zeitpunkt t intellektuell funktioniert. Doch davon unabhängig gibt es gemäß dem Kohärentismus keine Begründung. Somit ist auch die Fürwahrhaltung, daß x zum Zeitpunkt t intellektuell funktioniert, prinzipiell unbegründbar.

Die entscheidenden Annahmen nonBxt(nonTxt) und nonBxt (Ixt) in den beiden skeptischen Argumenten beruhen auf analogen Argumenten, die sich im Interpretationismus nun als nichtskeptische Argumente erweisen müssen. Dann wären ohne weiteres Argumente, die sich im Rekurs auf paralysierte kognitive Funktionen entwickeln, durch die Negation der Annahme 6 zurückweisbar.

Die sowohl einfache als auch bestechende Antwort lautet wie folgt. Gemäß dem Kohärentismus halten wir für wahr, daß wir im großen und ganzen und bei Abwesenheit von Kontraindikation intellektuell funktionieren, nicht träumen und unter keiner Illusion leiden, und wir halten es ohne Einschränkung für wahr, daß wir keine Gehirne im Tank sind, nicht von einem Dämon getäuscht werden und nicht unter ständiger Halluzination leiden. Dies tun wir nicht etwa, weil wir in unserer Erfahrung oder in unseren Vorstellungen oder durch sonstwie epistemisch privilegiert gedachte Fürwahrhaltungen Gründe für diese Hypothese hätten, denn solche haben wir, wie uns die skeptischen Argumente gezeigt haben, nicht. Sondern, wir halten diese für wahr, weil unser System von Fürwahrhaltungen damit besser paßt als mit der skeptischen Alternative. Angewandt auf die skeptischen Argumente zweiter Ordung bedeutet dies, daß wir keinen von der Prozedur unabhängigen Grund dafür brauchen, daß wir nicht träumen oder intellektuell funktionieren. Daß dies so ist, kann der Interpretationismus als Arbeitshypothese einfach annehmen. In Abwesenheit inakzeptabler Konsequenzen der Arbeitshypothese ist diese begründet. Der Leser ist dazu aufgefordert, entsprechend skeptische Argumente im Interpretationismus zu suchen.

6.3.4 I-II-III-Argumente

Mit Rekurs auf die Kohärenztheorie können die skeptischen Argumente aller Erkenntnisbereiche, die diese Form haben, im Interpretationismus zurückgewiesen werden. Die Annahme 2 ist innerhalb der Kohärenztheorie nicht gültig. Die Kategorie-III-Proposition ist begründet, falls sie die Kohärenz des Systems von Fürwahrhaltungen steigert. Der Interpretationismus kann also die Kategorie-III-Proposition als Arbeitshypothese annehmen, und bei Kohärenz der Arbeitshypothese mit dem Standpunkt, also sozusagen bei Abwesenheit skeptischer Argumente, ist diese dann begründet.

Wir erkennen, daß die Annahmen 1 und 2 des I-II-III-Argumentes auf der Einteilung von epistemisch prioren und epistemisch posterioren Propositionen basierten. Nun vertritt zumindest dem Namen nach auch der Interpretationismus, wie wir uns aus Abschnitt 6.2 erinnern, die These einer epistemischen Priorität. So könnte einem, in unreflektierter Anlehnung an die bisher betrachtete Formulierung, die Idee kommen, die Kategorien im Interpretationismus wie folgt zu interpretieren:

Kategorie-I-Proposition: die Formen des Interpretierens$_1$ (wie
                            wir interpretieren$_1$)[46]
Kategorie-II-Proposition: die Resultate der Interpretation$_1$
Kategorie-III-Proposition: Es gibt Interpretation.

Doch wir erkennen sogleich, wie auch in Abschnitt 6.2 besprochen, daß die Rede von epistemischer Priorität im Interpretationismus davon wesentlich verschieden zu verstehen ist. Ohne zu versuchen, aus dem Unsinnigen Sinn zu konstruieren, wollen wir dieses Argument mit Verweis auf die Nichtgültigkeit der Annahme 2 des skeptischen Arguments im Kohärentismus, und ergo auch im Interpretationismus, als nichtskeptisch erweisen.

6.3.5 Zusammenfassung

Wir fassen den Abschnitt 6.3 zusammen mit der Aussage, daß der Interpretationismus die skeptischen Argumente aus Kapitel 2 zufriedenstellt.

---

[46] Siehe G. Abel: *Interpretationswelten*, Frankfurt a. M. (Suhrkamp) 1993, 332.

6.4 Sind neue skeptische Argumente im Interpretationismus formulierbar?

Wir beschränken uns auf den von Andreas Graeser und Guido Löhrer gegen den Interpretationismus formulierten Einwand, daß die These des Interpretationismus virtuell selbstaufhebend oder selbstwidersprüchlich ist.

Eine These ist selbstwidersprüchlich im engen Sinn genau dann, wenn sie ihre eigene Negation (ohne weitere Annahmen) impliziert. In einem weiteren Sinn kann von Selbstwidersprüchlichkeit geredet werden, falls die These sowohl eine Proposition p als auch die Negation von p impliziert oder falls das Vertreten der These die Falschheit derselben impliziert. Damit ist das Argument, welches die Selbstwidersprüchlichkeit der These des Interpretationismus aufzeigt, ein skeptisches Argument gemäß unserem Verständnis par excellence. Ein Selbstwidersprüchlichkeitsaufweis kann als skeptisches Argument mit nur einer Annahme klassifiziert werden.

Graeser schreibt: »Doch gibt es gegen die These selber (i. e. ›Alles‹, was ›ist‹, ist Interpretation, und Interpretation ist alles, was ›ist‹) wenigstens zwei Einwände. Einer lautet, daß die These virtuell selbstaufhebend ist. Wenn nämlich wahr ist, daß alles Interpretation ist, dann ist es auch Interpretation, daß alles Interpretation ist. ... Ein anderer Einwand lautet, daß die These selbstwidersprüchlich ist. ›Interpretation‹ ist ein mehrstelliges Prädikat: Wenn x (eine) Interpretation ist, so gibt es ein y, von dem x (eine) Interpretation ist. Sagen, daß alles Interpretation sei, heißt implizieren, daß etwas existiert, das einerseits nicht Interpretation ist, aber das ist, wovon x Interpretation ist.«[47]

Löhrer schreibt: «Doch: Daß sich der Satz der Interpretation als eine Interpretation$_1$ wissentlich unter seine eigenen Bedingungen stellte, ist für eine Philosophie der Interpretation selbstdestruktiv. (i) Entweder stellt der Satz der Interpretation ›sich selbst unter die Bedingungen des von ihm Gesagten [und] schließt sich mithin selbst ein‹, dann kann er keine Interpretation$_1$ sein; andernfalls kommt es nicht zur Theorie des Interpretationismus. [Fußnote: Abel 1995, 269: Erst auf der Stufe der Interpretation$_3$ setzt ›die Reflexion sowohl auf die als erfüllt unterstellten sinnlogischen Bedingungen als auch auf den Darstellungscharakter der Darstellungssysteme selbst ein‹, und

---

[47]   A. Graeser: *Interpretation, Interpretativität und Interpretationismus*, in: Allgemeine Zeitschrift für Philosophie, 21 (1996), 255.

230 II. Anwendung der skeptischen Methode

sie ›läßt die beiden anderen Stufen in ihrem Interpretationscharakter hervortreten‹.] Oder (ii) er schließt sich (als Interpretation$_1$) nicht selbst ein; dann gibt es mindestens einen Satz, der aus der durch ihn charakterisierten (all)umfassenden Interpretativität herausfällt.

(2) Es handelt sich beim Satz der Interpretation jedoch auch nicht um eine Interpretation$_2$; denn zu sagen, daß alles, was ist, Interpretation ist (und daß Interpretation alles ist, was ist), ist kein Fall interpretatorischer Routine.

(3) Eher könnte man ihn als eine Interpretation$_3$ betrachten, mithin als eine ›aneignende Deutung‹ [Fußnote: Abel 1988b, 81] und – das ›gehört auf‹ zu explizieren – um eine Interpretationen$_1$ aneignende Deutung. [Fußnote: Vgl. Abel 1988a, 56.] Gegen eine Verortung des Satzes auf der Interpretation$_3$-Stufe spricht jedoch, daß Interpretationen$_3$ nicht sinnvoll als solche verstanden werden können, die über Totalitäten operieren (Allquantor). Andernfalls tauchten sie nämlich zugleich sowohl auf der Objekt- als auch auf der Metaebene auf, wären zugleich dimensionierend und durch sich selbst dimensionierte Sätze.«[48]

Betrachten wir die angeführten Argumente, und untersuchen wir insbesondere, ob es sich bei der These des Interpretationismus um einen Selbstwiderspruch handelt. Für unsere Zwecke können wir die These vom Interpretationismus auf die These »Alles, was ist, ist Interpretation« verkürzen.

Das erste Argument ist folgendes: Graeser behauptet, richtigerweise, daß die interpretationistische These die eigene Interpretativität impliziert. Die These selbst ist Teil dessen, auf was sie sich bezieht. Also, das »alles« in »Interpretation ist alles, was ist, und alles was ist, ist Interpretation« bezieht sich insbesondere auch auf die These der Interpretation, und damit gilt dann: Interpretation ist alles, was ist, und alles was ist, ist Interpretation ist Interpretation. Aus dieser Annahme heraus folgert Graeser, daß die These virtuell selbstaufhebend ist. Diese Folgerung ist offensichtlich unzulässig. Offensichtlich Unzulässiges bedarf keiner begründeten Zurückweisung. Wir wollen jedoch angesichts der Gefahr einer voreiligen Zurückweisung, auch wenn wir uns damit dem Vorwurf der Pedanterie aussetzen, das Offensichtliche begründen. Graeser folgert (allein) aus der Selbstbezüglichkeit die Selbstaufhebung der interpretationistischen These. Doch dann könnte man auch von der Selbstbezüglichkeit des Satzes »Alle

---

[48]   G. Löhrer: *Einige Bemerkungen zur Theorieebene der Interpretationsphilosophie*, in: Allgemeine Zeitschrift für Philosophie, 21 (1996), 266.

deutschen Sätze enden mit einem Punkt.« auf dessen Selbstaufhebung folgern. Doch es ist keine Bedeutung von Selbstaufhebung zu erkennen (mit Sicherheit nicht die, daß die Negation folgt), indem dieser Satz sich selbst aufhebt. Damit ist das Argument (und nicht nur im Interpretationismus) nicht triftig. Es handelt sich also nicht um ein skeptisches Argument.

Das zweite Argument ist dieses. Es beginnt mit der These vom Interpretationismus:

1   1   Alles, was ist, ist Interpretation.

Graeser müßte nun zeigen, daß aus der These vom Interpretationismus folgt, daß es ein y gibt, welches nicht selber das x einer anderen Interpretation und damit keine Interpretation ist. Er behauptet dies lediglich. Dies suggeriert, daß die Folgerung für ihn offensichtlich ist. Unter welcher zusätzlichen Annahme ist die Folgerung derart offensichtlich gültig, und ist diese Annahme im Interpretationismus zulässig? Eine Kandidatin ist diese: Interpretation von etwas ist analog zu Abbild von etwas zu verstehen. (Allgemeiner: Interpretation ist ein zweistelliges, nichtsymmetrisches, nichtreflexives Prädikat.) Also:

2   2   »x Interpretation y« analog zu »x Abbild y«.

Die Rede von einem Abbild impliziert die Existenz eines Originals, d. h. von etwas, welches selber kein Abbild ist. Per analogiam folgt die Existenz von etwas, welches selber keine Interpretation ist. Also:

1, 2   3   Es existiert etwas, das keine Interpretation ist.

Daraus folgt dann wiederum die Negation der These des Interpretationismus.

Wir beginnen mit der Verteidigung der These, daß dieses Argument kein Aufweis eines Selbstwiderspruchs ist. Allein der Verweis darauf, daß eine zusätzliche Annahme angebbar ist, welche eine notwendige Bedingung für die Gültigkeit der Folgerung zur Negation der These darstellt, genügt dazu allerdings nicht. Denn dann wäre auch der Satz »Der Autor dieses Satzes hat noch nie einen vollständigen deutschen Satz geschrieben« mit dem Hinweis darauf, daß vorauszusetzen ist, daß »Autor dieses Satzes« bedeutet, daß »der Autor diesen Satz geschrieben hat«, als nicht selbstwidersprüchlich zu erweisen, was offenkundig absurd ist. Vielmehr ist der entscheidende Punkt darin zu sehen, daß die Annahme substantiell ist. Eine hinreichende Bedingung[49] dafür, daß eine Annahme substantiell ist, ist, daß

---

49 Wir werden nicht versuchen, eine vollständige Liste notwendiger und hinreichender Bedingungen zu erstellen. Offensichtlich ist die Unterscheidung zwischen sich selbst widersprechenden Thesen und Thesen, gegen die Reductio-ad-

der Vertreter der angeblich sich selbst widersprechenden These die Negation der Annahme kohärenterweise vertreten kann. Diese Bedingung ist im Interpretationismus erfüllt. Die Rede von Originalen, z. B. von gegebenen Fakten, wird als unter skeptischen Vorzeichen (siehe die skeptischen Argumente gegen den Mythos des Gegebenen) als nichtexplizierbar zurückgewiesen. Diesem Verständnis wird das differenzierte Bild der Interpretationsstufen (positiv) als eine Differenzierung des Interpretationsbegriffs (ohne, so wird argumentiert, den dadurch entwickelten verschiedenen Begriffen die gemeinsame Basis zu entziehen) gegenübergestellt (siehe auch Abschnitt 6.2). Auf diesem Hintergrund schreibt Abel, daß es »entscheidend [ist], ›interpretativ‹ in seiner adjektivischen und in seiner adverbialen Verwendungsweise zu nehmen und ›Interpretation‹ als [einstelliges] Prädikat aufzufassen.«[50] Abel weist also das Verständnis von Interpretation als eines zweistelligen nichtsymmetrischen Prädikats (und damit die Annahme 2) zurück. Ob dies innerhalb des Interpretationismus kohärent zu explizieren ist, also kein skeptisches Argument gegen ein solches Verständnis zu entwickeln ist (und die Annahme also tatsächlich substantiell ist), ist nun die entscheidende Frage. Ich bin jedenfalls nicht in der Lage, ein skeptisches Argument aus der Negation der Annahme 2 zu entwickeln. In der Abwesenheit einer nichtsubstantiellen Annahme 2 können wir dann konkludieren, daß der Vorwurf des Selbstwiderspruchs der These des Interpretationismus durch obiges Argument nicht begründet wurde.

Betrachten wir nun Löhrers Argument. Dieses können wir folgendermaßen rekonstruieren: Wir beginnen, wie bei einem Selbstwiderspruch erforderlich, mit der These selbst:

1   1   Alles, was ist, ist Interpretation.

Löhrer argumentiert nun wie folgt:

2   2   »Alles, was ist, ist Interpretation« ist keine Interpretation$_1$.

3   3   »Alles, was ist, ist Interpretation« ist keine Interpretation$_2$.

4   4   »Alles, was ist, ist Interpretation« ist keine Interpretation$_3$.

---

absurdum-Argumente angeführt werden können, nicht trennscharf. Die Einführung des Begriffs der substantiellen Annahme scheint mir trotzdem hilfreich zu sein.

[50]   G. Abel: *Interpretation und Realität. Erläuterungen zur Interpretationsphilosophie*, in: Allgemeine Zeitschrift für Philosophie, 21 (1996), 272.

5	5	Etwas ist Interpretation nur, falls es entweder Interpretation$_1$, $_{-2}$ oder $_{-3}$ ist.
2, 3, 4, 5	6	»Alles, was ist, ist Interpretation« ist keine Interpretation.
1, 2, 3, 4, 5	7	Es existiert etwas, das keine Interpretation ist (d. h. non1).

Die Annahmen 2 und 3 sind nicht substantiell im Sinne der hinreichenden Bedingung. Der Satz der Interpretation wird von Abel in seiner Antwort auf dieses Argument als »selbstverständlich von der Interpretation$_3$-Ebene aus gesprochen«[51] verstanden. Darüber hinaus ist die Differenzierung des Interpretationsbegriffs auf die drei Ebenen als Auffächerung des Interpretationsbegriffs zu verstehen, und somit ist die Annahme 5 ebenfalls unproblematisch. Die entscheidende Frage ist also, warum der Interpretationist auf die Annahme 4 verpflichtet sein sollte.

Zur Stützung der Annahme 4 führt Löhrer ein Reductio-ad-absurdum-Argument an:

1'	1'	»Alles, was ist, ist Interpretation« ist eine Interpretation$_3$.
2'	2'	»Alles, was ist, ist Interpretation« operiert über Totalitäten.
3'	3'	*Wenn* eine Interpretation$_3$ über Totalitäten operiert (Allquantor), *dann* taucht sie sowohl auf der Objekt- als auch auf der Metaebene auf, *und* dann ist sie sowohl dimensionierend als auch durch sich selbst dimensioniert.
4'	4'	Das Sukzedens in 3' ist absurd.
3', 4'	5'	Eine Interpretation$_3$ operiert nicht (sinnvollerweise) über Totalitäten.
1', 2', 3', 4'	6'	Widerspruch
2', 3', 4'	7'	»Alles, was ist, ist Interpretation« ist keine Interpretation$_3$.

Die entscheidende Annahme ist die Annahme 4'. Betrachten wir zunächst ein Beispiel, in dem es angezeigt ist, zwischen Objekt- und Metaebene zu unterscheiden: Ein Ausdruck heißt autologisch genau dann, wenn er die Eigenschaft bezeichnet, die er selber hat, z. B. »»dreisilbig« ist dreisilbig«, oder allgemeiner, wenn gilt, daß »»w« ist

---

51   G. Abel: *Interpretation und Realität. Erläuterungen zur Interpretationsphilosophie*, in: Allgemeine Zeitschrift für Philosophie, 21 (1996), 279.

w«.[52] Ein Ausdruck ist heterologisch genau dann, wenn er nicht autologisch ist. Betrachten wir nun den Ausdruck »heterologisch«. Ist er
heterologisch oder autologisch? Wir betrachten beide Fälle.

1   1   »Heterologisch« ist heterologisch.

Damit erfüllt »heterologisch« aber das Kriterium, autologisch zu sein.
Also:

1   2   »Heterologisch« ist autologisch.

Hieraus folgt dann sogleich die Negation der Zeile 1, womit ein
Selbstwiderspruch aufgezeigt wäre:

1   3   non[»heterologisch« ist heterologisch]

Den Selbstwiderspruch können wir noch klarer als Implikation formulieren:

4   »Heterologisch« ist heterologisch ⇒ non [»he-
           terologisch« ist heterologisch].

Entsprechend läßt sich auch die Selbstwiderprüchlichkeit von »heterologisch« ist autologisch nachweisen:

5   5   »Heterologisch« ist autologisch.

Somit erfüllt heterologisch aber nicht das Kriterium, autologisch zu
sein, und ist somit heterologisch:

5   6   »Heterologisch« ist heterologisch.

Also auch:

5   7   non[«heterologisch« ist autologisch]

Und als Implikation formuliert:

8   »Heterologisch« ist autologisch ⇒
           non[«heterologisch« ist autologisch].

Der Vollständigkeit halber können wir aus den Zeilen 4 und 8 die eigentliche Paradoxie ableiten:

9   »Heterologisch« ist heterologisch ⇔
           »Heterologisch« ist autologisch (P ⇔ nonP).

Durch die Unterscheidung in Objekt- und Metasprache und die Einführung des Prinzips, daß Ausdrücke, die sich auf die Bedeutung
sprachlicher Zeichen beziehen, ausschließlich in Sätzen der Metasprache auf Sätze der Objektsprache und insbesondere nicht auf sich
selbst angewendet werden können, werden der Widerspruch und der
Selbstwiderspruch im obigen Beispiel ausgeschlossen.

---

[52] Vgl. mit: K. Grelling/L. Nelson: *Bemerkungen zu den Paradoxien von Russell und Burali-Forte*, in: Abhandlungen der Friesschen Schule 2 (1907/08), 300–314. Quelle:
G. Patzig: *Widerspruch*, H. Krings/M. Baumgartner/C. Wild (Hg.): Handbuch
philosophischer Grundbegriffe, München (Kösel Verlag) 1974, Band 6, 1694–
1702.

Wir wollen noch zwei weitere Beispiele betrachten:

Beispiel 1: Wir betrachten den Satz »Dieser Satz ist falsch«. Ist er wahr oder falsch? Beginnen wir mit ersterem.

1   1   »Dieser Satz ist falsch« ist wahr.

Da der Satz die eigene Falschheit behauptet, folgt, daß er falsch ist.

1   2   »Dieser Satz ist falsch« ist falsch.

Schreiben wir die Zeile als Implikation, erhalten wir (den Aufweis eines Selbstwiderspruchs):

3   »Dieser Satz ist falsch« ist wahr $\Rightarrow$ »Dieser Satz ist falsch« ist falsch.

Nehmen wir an, der Satz sei falsch. Also:

4   4   »Dieser Satz ist falsch« ist falsch.

Doch dann ist er wahr. Also:

4   5   »Dieser Satz ist falsch« ist wahr.

Und wiederum erhalten wir den Aufweis eines Selbstwiderspruchs, nämlich:

6   »Dieser Satz ist falsch« ist falsch $\Rightarrow$ »Dieser Satz ist falsch« ist wahr.

Und damit folgt, ohne Annahmen, der notwendigerweise falsche Satz (ein Widerspruch ist ebenfalls ableitbar unter Zuhilfenahme des tertium non datur):

7   »Dieser Satz ist falsch« ist wahr $\Leftrightarrow$ »Dieser Satz ist falsch« ist falsch ($P \Leftrightarrow$ nonP).

Beispiel 2[53]: Wir definieren wie folgt: »Alle Sätze haben die Eigenschaft F« ist selbstanwendbar genau dann, wenn gilt, daß »»Alle Sätze haben die Eigenschaft F‹ ist F«. Anderenfalls nennen wir den Satz nichtselbstanwendbar. Substituieren wir nun F durch nichtselbstanwendbar. Dies führt wie folgt in den Widerspruch:

1   1   »Alle Sätze sind nichtselbstanwendbar« ist selbstanwendbar.

Doch gemäß der Definition folgt dann, daß:

1   2   »Alle Sätze sind nichtselbstanwendbar« ist nichtselbstanwendbar.

Als Implikation ausgedrückt:

---

53 A. Tarski: *The semantic conception of truth and the foundations of semantics*, in: Journal of Philosophy and Phenomenological Research 4 (1944), ND. in: G. Skirbekk (Hg.): *Wahrheitstheorien. Eine Auswahl aus den Diskussionen über Wahrheit im 20. Jahrhundert*, Frankfurt a. M. 1977, 140–188; Quelle: G. Abel: *Interpretation und Realität. Erläuterungen zur Interpretationsphilosophie*, in: Allgemeine Zeitschrift für Philosophie, 21 (1996), 281.

3   »Alle Sätze sind nichtselbstanwendbar« ist
     selbstanwendbar $\Rightarrow$
     »Alle Sätze sind nichtselbstanwendbar« ist
     nichtselbstanwendbar.

4   4   »Alle Sätze sind nichtselbstanwendbar« ist
               nichtselbstanwendbar.

Gemäß der Definition folgt dann die Negation:

4   5   »Alle Sätze sind nichtselbstanwendbar« ist
               selbstanwendbar.

Als Implikation ausgedrückt:

6   »Alle Sätze sind nichtselbstanwendbar« ist
     nichtselbstanwendbar $\Rightarrow$
     »Alle Sätze sind nichtselbstanwendbar« ist
     selbstanwendbar.

Und damit folgt, ohne Annahmen, der (propositionallogisch) notwendigerweise falsche Satz:

7   »Alle Sätze sind nichtselbstanwendbar« ist
     nichtselbstanwendbar $\Leftrightarrow$
     »Alle Sätze sind nichtselbstanwendbar« ist
     selbstanwendbar $(P \Leftrightarrow nonP)$.

Wir bemerken, daß dieses Argument das sententiale Gegenstück zum
heterologischen/autologischen Beispiel darstellt.

Hier haben wir also Beispiele, in denen das »Auftauchen« (siehe
Löhrer) eines semantischen Ausdrucks in der Objekt- und Metaebene, viz. autologisch/heterologisch, wahr/falsch, selbstanwendbar/
nichtselbstanwendbar, zu Widersprüchen führt und in diesem Sinne
solche Satzkonstruktionen selbstwidersprüchlich sind. Damit haben
wir ein Modell für das, was Löhrer in der Annahme 4' behaupten
muß, damit sein Argument triftig ist, nämlich daß das Auftauchen des
Ausdrucks Interpretation oder interpretativ in der Objekt- und der
Metaebene absurd ist.

Das Verständnis, daß der Satz des Interpretationismus eine Interpretation₃ und damit selbst eine Interpretation ist, führt zu folgen-
dem Satz: »›Alles, was ist, ist Interpretation‹ ist Interpretation.« Damit
»taucht« der Ausdruck Interpretation (oder interpretativ) sowohl im
Objektsatz als auch im Metasatz auf. Nun ist es zumindest nicht offensichtlich, ob diese Selbstbezüglichkeit des Satzes der Interpretation analog zu den obigen Beispielen, also als unzulässig, zu bewerten
ist oder nicht. Die primäre Frage lautet, ob sich durch diese Selbstbezüglichkeit ein Widerspruch oder Selbstwiderspruch ableiten läßt. Die
angeführten Beispiele mögen als Konstruktionshilfen dienen. Ich

werde im folgenden jedoch die These vertreten, daß der Satz des Interpretationismus wesentlich nichtselbstwidersprüchlich ist. Dafür betrachten wir zwei weitere Beispiele.

Das erste Beispiel ist uns bereits aus Abschnitt 3.2 bekannt. Es ist von besonderem Interesse, da es die gleiche Form wie der Satz des Interpretationismus hat:

Wir betrachten die Konsequenzen der folgenden Proposition:

1	1	Alle Aussagen sind falsch.

Als Hilfsannahme führen wir ein:

2	2	»Alle Aussagen sind falsch« ist wahr.
2	3	Es gibt eine Aussage, die wahr ist.
1, 2	4	Widerspruch
1	5	»Alle Aussagen sind falsch« ist falsch.

Hier haben wir also einen Selbstwiderspruch: Aus der Annahme in Zeile 1 folgt dessen Negation ohne weitere Annahmen. Wir bemerken, daß die Aussage »Alle Aussagen sind wahr« nicht selbstwidersprüchlich ist. (Der Leser mag versuchen, einen entsprechenden Selbstwiderspruch zu konstruieren.)

Wir wollen einen ähnlichen Gedankengang anhand unseres zweiten Beispiels anstellen. Das zweite Beispiel basiert auf Bertrand Russells Mengenantinomie:

1	1	Die Menge aller Mengen, die sich nicht selber enthalten, enthält sich selbst.

Doch wenn diese Menge M sich selber als Element enthält, dann enthält sie sich nicht selber. Also folgt die Negation von 1:

1	2	Die Menge aller Mengen, die sich nicht selber enthalten, enthält sich nicht selbst.

Die Aussage in Zeile 1 ist also selbstwidersprüchlich. Wir bemerken, daß sich für die Menge aller Mengen, die sich selber enthalten, kein Selbstwiderspruch nachweisen läßt. (Der Leser mag dies wiederum prüfen.)

Diese beiden Beispiele suggerieren, daß Totalität und Selbstbezug keine hinreichenden Bedingungen für einen Selbstwiderspruch darstellen. Vielmehr muß der Selbstbezug negativ in dem Sinne von »Alle Aussagen sind falsch« oder »Die Menge aller Mengen, die sich nicht selber enthalten«, sein. Der negative Selbstbezug ist also eine notwendige Bedingung. Diese These wird zudem gestützt durch die obigen Beispiele zum Thema Objekt/Metasprache: Die Aussage »»Autologisch« ist autologisch« führt entgegen der Aussage »»Heterologisch« ist heterologisch« nicht in den Widerspruch; die Aussage »Dieser Satz ist wahr« führt entgegen der Aussage »Dieser Satz ist

falsch« nicht in den Widerspruch; Substitution von F mit selbstanwendbar führt entgegen Substitution von F mit nichtselbstanwendbar
nicht in den Widerspruch.

Auf diesem Hintergrund können wir nun den Satz des Interpretationismus betrachten: »Alles, was ist, ist Interpretation.« Wir erkennen, daß hierbei das Element des negativen Selbstbezuges fehlt und
damit eine notwendige Bedingung für einen Satz, der auf der Basis
von Totalität und Selbstbezüglichkeit der Selbstwiderspüchlichkeit
überführt werden soll, nicht erfüllt ist. Dies ist also mein Argument
für die These, daß der Satz der Interpretation wesentlich nichtselbstwidersprüchlich ist. Das »Auftauchen« von »Interpretation« oder »interpretativ« in der Objekt- und Metaebene ist unproblematisch.

Ein mögliches Gegenbeispiel dieser These ist folgendes. Wir gehen vom Satz der Interpretation aus:

1   1   Alles, was ist, ist interpretativ.

Darüber hinaus nehmen wir an:

2   2   »Alles, was ist, ist interpretativ« ist nicht
                     interpretativ.

Da die Aussage in Zeile 1 selber etwas ist, folgt, daß sie selber interpretativ ist:

1   3   »Alles, was ist, ist interpretativ« ist interpre-
                     tativ.

Doch das widerspricht Zeile 2. Also:

1, 2   4   Widerspruch

Wir bemerken zunächst, daß es sich hierbei um keinen Selbstwiderspruch handelt. Vielmehr zeigt dieses Argument, daß die Menge von
Aussagen, bestehend aus Annahmen 1 und 2, inkonsistent ist. Insbesondere ist das Argument als Argument für den Selbstwiderspruch
des Interpretationismus immateriell, da die Zeile 2 im Interpretationismus nicht nur substantiell, sondern offensichtlich falsch ist.

Das Gegenbeispiel ist also nicht überzeugend. Angesichts der
Plausibilität der These der Nichtselbstwidersprüchlichkeit des Interpretationismus und in Abwesenheit (trotz Suche) eines ernstzu-
nehmenden Gegenbeispiels ist diese nun als begründet anzusehen. Es
folgt, daß der Vorwurf des Selbstwiderspruchs des Satzes der Interpretation nicht haltbar ist.

Abel und Lenk kommen zu dem gleichen Ergebnis. Jedoch glaube
ich, daß die hier entwickelte Begründung vorzuziehen ist. Abel führt
in der Reihe seiner Überlegungen zum Aufweis der Nichtselbstwidersprüchlichkeit des Satzes der Interpretation zwei Gründe an, auf
die ich kurz eingehen möchte.

Abel verweist auf die Unterscheidung in Interpretationsebenen und behauptet, daß diese, analog zu der Unterscheidung in semantische Stufen, also in Objekt- und Metasprache (siehe heterologisch/autologisch) zu verstehen sind und dadurch ebenso wirksam gegen Selbstwidersprüche sind. Er schreibt: »In diesen Zusammenhang gehört auch das ... Stufenmodell der Interpretation, das verschiedene Typen von Interpretationen unterscheidet. Das ist ein wichtiges Antidot gegen möglicherweise drohende Selbstwidersprüchlichkeiten und Paradoxien. Selbstwidersprüchlichkeit tritt hier deshalb nicht auf, weil die Problematik, die zunächst in ein und derselben horizontalen Ebene angesiedelt ist und deshalb zu Paradoxien führen kann, in ein vertikales Stufenmodell unterschiedlicher Ebenen aufgefächert wird. Und diese Stufung hilft, Selbstwidersprüchlichkeit zu vermeiden.«[54] Ob beide Unterscheidungen in einem relevanten Sinne analog sind, wollen wir nicht thematisieren. Worauf es ankommt, ist, daß damit eine weitere und möglicherweise anfechtbare Annahme getroffen wird im Vergleich zu unserem Ansatz, der ohne Rekurs auf das Stufenmodell auskommt. Dies soll nicht heißen, daß das Stufenmodell überhaupt ohne Funktion ist. Ganz im Gegenteil, wie wir in Abschnitt 6.2 gesehen haben, ist es wesentlich, u. a. um die Intuitionen einer intersubjektiven Wirklichkeit oder der Nichtbeliebigkeit der Wirklichkeit im Interpretationismus zu akkomodieren. Hier jedoch wird es nicht gebraucht.

Einen weiteren Einwand gegen den Vorwurf der Selbstwidersprüchlichkeit sieht Abel in der Unterscheidung zwischen »logische Möglichkeit« und »logische Wirklichkeit der Erfahrung«. Vor dem Hintergrund seiner These, daß der Satz der Interpretation nicht ein Satz des formellen Denkens, sondern ein Satz der »interpretationstranszendentalen Logik, ein Grundsatz der Erfahrung und Erkenntnis«[55] ist, schreibt Abel: »Wenn der Satz der Interpretation als ein Satz des formellen Denkens intendiert wäre, dann müßte er lauten: ›Entweder alles ist Interpretation, oder nicht alles ist Interpretation‹. Dann träfen auch Aspekte der formellen Einwände Graesers und Löhrers zu. So lautet der Satz der Interpretation aber erklärtermaßen nicht. Bereits die Form des Satzes also zeigt, daß es nicht um die logi-

---

54   G. Abel: *Interpretation und Realität. Erläuterungen zur Interpretationsphilosophie*, in: Allgemeine Zeitschrift für Philosophie, 21 (1996), 280. Siehe auch: G. Abel: *Interpretationswelten*, Frankfurt a. M. (Suhrkamp) 1993, 12.

55   G. Abel: *Interpretation und Realität. Erläuterungen zur Interpretationsphilosophie*, Allgemeine Zeitschrift für Philosophie, 21 (1996), 280.

sche Möglichkeit, sondern um die logische Wirklichkeit der Erfahrung geht.«[56] Was auch immer die Unterscheidung genau bedeutet, so ist ein Rekurs auf sie in dem Kontext unseres formellen Argumentes nicht erforderlich, da wir gezeigt haben, daß sich aus dem Satz der Interpretation die eigene Negation nicht (logisch) folgern läßt.

Lenk schreibt bezüglich der antiantinomischen Wirkung des Stufenmodells folgendes: »Jedenfalls wird in diesem Ansatz des methodologischen Interpretationismus durch diese quasisemantische Stufenbildung die Paradoxie der Selbstanwendung vermieden. Diese Paradoxie ergäbe sich ähnlich wie die traditionelle Lügnerantinomie oder – besser noch – die Grellingsche Antinomie ... Ähnliche Antinomien würden auch hier entstehen, wenn man die Aussage: ›Dieser Satz ist nicht interpretationsimprägniert‹ direkt und ohne Stufung deuten wollte ...«[57] Lenk bezieht sich also zur Erläuterung der Funktion des Stufenmodells im Kontext der Selbstwidersprüchlichkeit von Thesen nicht auf den Abelschen Satz der Interpretation (der, wie betont, ein Satz ohne negativen Selbstbezug ist), sondern auf einen Satz, der der Form nach dem selbstwidersprüchlichen Satz »Dieser Satz ist falsch« ähnelt. Die von Lenk angenommene Art antiantinomischer Funktion des Stufenmodells vermag ich allerdings nicht zu sehen, da ich schon, mit Abel übereinstimmend, nicht in der Lage bin, einen Selbstwiderspruch zu entwickeln. Innerhalb des Interpretationismus ist der Satz »Dieser Satz ist nicht interpretationsimprägniert« schlichtweg falsch, und daraus folgt nicht etwa, daß er wahr ist, sondern, daß er interpretationsimprägniert ist.

Wir fassen zusammen, daß der Versuch, ein neues skeptisches Argument mit dem Vorwurf der Selbstwidersprüchlichkeit gegen den Interpretationismus zu entwickeln, gescheitert ist.

6.5 Zusammenfassung und Ausblick

In diesem Kapitel haben wir untersucht, in welchem Sinne der Skeptizismus in den Interpretationismus führt. Wir haben gesehen, daß der Interpretationismus relativ zu der skeptischen Methode ein guter epistemologischer Standpunkt ist. Er löst sowohl die skeptischen Probleme einer Kohärenztheorie als auch die skeptischen Argumente

---

[56]   G. Abel: *Interpretation und Realität. Erläuterungen zur Interpretationsphilosophie*, Allgemeine Zeitschrift für Philosophie, 21 (1996), 282.

[57]   H. Lenk: *Interpretationskonstrukte als Interpretationskonstrukte*, in: J. Simon (Hg.): Zeichen und Interpretation, Frankfurt a. M. (Suhrkamp) 1994, 54.

aus Kapitel 2. Wir haben ein neues skeptisches Argument gegen den Interpretationismus untersucht (Selbstwidersprüchlichkeit) und als nichttriftig zurückgewiesen. Damit ist allerdings nicht gezeigt, daß der Interpretationismus der einzige Standpunkt ist, der immun ist gegen die betrachteten skeptischen Argumente, noch, daß er immun gegen noch zu entwickelnde Argumente ist. Der Interpretationismus ist also ein guter epistemologischer Standpunkt zu dieser Zeit. Im Sinne des Fortschrittes gilt es nun, skeptische Argumente gegen den Interpretationismus zu entwickeln. Der Leser ist aufgefordert, den Interpretationismus kritisch zu hinterfragen.

Darüber hinaus – und das ist zugleich das Fazit der gesamten Arbeit – ist der Leser dazu aufgefordert, skeptische Argumente gegen die skeptische Methode als Methode für die Epistemologie und die Philosophie zu entwickeln.

LITERATURVERZEICHNIS

Abel, G.: *Interpretationswelten*, Frankfurt a. M. (Suhrkamp) 1993.
– *Interpretations-Welten*, in: Philosophisches Jahrbuch, 96 (1989), 1–19.
– *Wahrheit als Interpretation*, in: Abel, G./Salaquarda, J. (Hg.): Krisis der Metaphysik, Berlin – New York (De Gruyter) 1989, 331–363.
– *Zum Wahrheitsverständnis jenseits von Naturalismus und Essentialismus*, in: Gerhardt V./Herold N. (Hg.): Perspektiven des Perspektivismus. Gedenkschrift zum Tode Friedrich Kaulbachs, Würzburg 1992, 313–335.
– *Interpretationsethik und Demokratie*, in: Simon, J. (Hg.): Orientierung in Zeichen. Zeichen und Interpretation III, Frankfurt a. M. (Suhrkamp) 1996, 41–79.
– *Interpretation und Realität. Erläuterungen zur Interpretationsphilosophie*, in: Allgemeine Zeitschrift für Philosophie, 21 (1996), 271–288.
– *Was ist Interpretationsphilosophie?*, in: Simon, J. (Hg.): Zeichen und Interpretation I, Frankfurt a. M. (Suhrkamp) 1994, 16–35.
– *Interne Pluralität. Sprach- und zeichenphilosophische Grundlagen des theoretischen Pluralismus*, in: Pluralismus. Erkenntnistheorie, Ethik und Politik (= Dialektik. Enzyklopädische Zeitschrift für Philosophie und Wissenschaften, 1996/3), Abel, G./Sandkühler, H. J. (Hg.), Hamburg (Meiner Verlag) 1996, 49–68.
Albrecht, M.: *Skepsis; Skeptizismus*, in: Ritter, J./Gründer, K. (Hg.): Historisches Wörterbuch der Philosophie, Darmstadt (Wissenschaftliche Buchgesellschaft) 1989, Band 6, 967.
Annas, J./Barnes, J.: *The Modes of Scepticism*, Cambridge (CUP) 1985.
Aristoteles: *Metaphysik*, Drittes Buch, Rolfes, E. (Übers.), Leipzig (Meiner) 1920.
– *Topoi*, in: Lenk, H. (Übers.): Prometheisches Philosophieren zwischen Praxis und Paradox, Stuttgart (Radius Verlag) 1991.
– *Rhetorik*, in: Lenk, H. (Übers.): Prometheisches Philosophieren zwischen Praxis und Paradox, Stuttgart (Radius Verlag) 1991.
– *Rhetorik ad Alexander*, in: Probst, P. (Übers.): Paradox, in: Ritter, J./Gründer, K. (Hg.), Historisches Wörterbuch der Philosophie, Darmstadt (Wissenschaftliche Buchgesellschaft) 1989, Band 7, 83.
– *Nikomachische Ethik*, Dirlmeier, F. (Übers.), Berlin (Akademie-Verlag) 1956.
Ayer, A. J.: *The Problem of Knowledge*, Harmondsworth (Penguin) 1990.
Barnes, J.: siehe: Annas, J./Barnes J.

Bieri, P. (Hg.): *Analytische Philosophie der Erkenntnis*, Frankfurt a. M. (Athenäum) 1987.

Blackburn, S. (Hg.): *Reductio ad absurdum*, The Oxford Dictionary of Philosophy, Oxford (OUP) 1994, 322.

– *Paradox*, The Oxford Dictionary of Philosophy, Oxford (OUP) 1994, 276.

Burnyeat, M. F.: *Protagoras and Self-Refutation in Later Greek Philosophy*, in: The Philosophical Review, 85 (1976), 44–195.

Carnap, R.: *Scheinprobleme in der Philosophie*, Frankfurt a. M. (Suhrkamp) 1966.

Dancy, J.: *Introduction to Contemporary Epistemology*, Oxford (Blackwell) 1993.

Descartes, R.: *Meditationen über die Grundlagen der Philosophie*, Buchenau, A. (Übers.), Hamburg (Meiner) 1993.

Dilman, I.: *Induction and Deduction*, Oxford (Blackwell) 1973.

Donellan, K. S.: *Paradigm Case Argument*, in: Edwards, P. (Hg.): The Encyclopedia of Philosophy, London – New York (Macmillan) 1967, Band 6, 39–44.

Dretske, F.: *Epistemic Operators*, in: The Journal of Philosophy, 67 (1970), 1007–1023.

Edwards, P.: *Bertrand Russell's Doubts about Induction*, in: Flew, A. (Hg.): Logic and Language, Oxford (Blackwell) 1963, 55–79.

Epiktet: *Diatribe*, in: Waldenfels, B. (Übers.): Das Sokratische Fragen, Meisenheim am Glan (Verlag Anton Hain) 1961.

Eusebius: *Preparation for the Gospel, IV*, in: Annas, J./Barnes, J. (Übers.).: *The Modes of Scepticism*, Cambridge (CUP) 1985.

Flew, A.: *Philosophy and Language*, in: Flew, A. (Hg.): Essays in Conceptual Analysis, New York (Macmillan) 1966, 1–20.

Frege, G.: *Brief Freges an Russell vom 22.6.1902,* in: Sluga, H. D.: Frege und die Typentheorie, in: Logik und Logik-Kalkül. Festschrift für W. Britzelmayer, Müchen 1962, 205.

Galen: *Commentary on Hippocratus' on Diet in Acut Disease, XV 449K*, in: Annas, J./Barnes, J. (Übers.): The Modes of Scepticism, Cambridge (CUP) 1985.

Goedeckemeyer, A.: *Die Geschichte des griechischen Skeptizismus*, Leipzig 1905, ND: Aalen (Scientia Verlag) 1986.

Goethe, J. W.: *Wilhelm Meisters Wanderjahre I*, Hamburger Ausgabe 8, 1967.

– *Dichtung und Wahrheit II*, 3. Hamburger Ausgabe 8, 1967.

Graeser, A.: *Interpretation, Interpretativität und Interpretationismus*, in: Allgemeine Zeitschrift für Philosophie, 21 (1996), 253–260.

Grelling, K./Nelson, J.: *Bemerkungen zu den Paradoxien von Russell und Burali-Forte*, in: Abhandlungen der Friesschen Schule 2, 1907/08, 300–314.

Harman, G./Thomson J. J.: *Moral Relativism and Moral Objectivity*, Oxford (Blackwell) 1996.

Harman, G.: *Thought, Princeton* (Princeton University Press) 1977.

Hartmann, N.: *Systematische Selbstdarstellung*, in: Kleinere Schriften von Nicolai Hartmann, Abhandlungen zur Systematischen Philosophie, Berlin (De Gruyter) 1955, Band 1, 1–51.

– *Grundzüge einer Metaphysik der Erkenntnis*, Berlin (De Gruyter) 1949.

Hegel, G. W. F.: *Verhältnis des Skeptizismus zur Philosophie. Darstellung seiner verschiedenen Modifikationen und Vergleichungen des neuesten mit dem alten*, in: Kritisches Journal der Philosophie, 2 (1802), ND: Moldenhauer, E./Michel, K. M. (Hg.): Hegel Werke, Frankfurt a. M. (Suhrkamp) 1970, Band 2, 213–272.

– *Vorlesungen über die Aesthetik*, Glockner, H. (Hg.), Stuttgart (Frommann Verlag) 1953.

– *Enzyklopädie der philosophischen Wissenschaften im Grundrisse*, Glockner, H. (Hg.), Stuttgart (Frommann Verlag) 1956.

– *Wissenschaft der Logik*, Glockner, H. (Hg.), Stuttgart (Frommann Verlag) 1958.

Heiss, R.: *Logik des Widerspruchs*, Berlin (De Gruyter) 1932.

Hempel, C. G.: *Inductive Inconsistencies*, in: Aspects of Scientific Explanation, New York (The Free Press) 1965, 53–79.

Herodot: *Historien*, Drittes Buch, Hornefer, A. (Übers.), Stuttgart (Alfred Kröner Verlag) 1971.

Hossenfelder, M.: *Ungewißheit und Seelenruhe. Die Funktion der Skepsis im Pyrrhonismus*, Inaugural Dissertation, Justus-Liebig-Universität, Gießen 1964.

Hügli, A./Lübke, P. (Hg.): *Dialektik*, Philosophielexicon, Reinbek bei Hamburg (Rowohlt) 1983, 132 ff..

– *Platon*, Philosophielexikon, Reinbek bei Hamburg (Rowohlt) 1983, 450–458.

Hume, D.: *Eine Untersuchung über den menschlichen Verstand*, Richter, R. (Übers.), Hamburg (Meiner) 1993.

– *A treatise of human nature*, dt. Übersetzung: Ein Traktat über die menschliche Natur, Hamburg (Philosophische Bibiliothek) 1973.

– *An Enquiry Concerning Human Understanding*, Selby-Bigge, L. A. (Hg.), Oxford (OUP) 1975.

Ilting, K. H.: *Aporie*, in: Krings, H./Baumgartner, M./Wild, C. (Hg.), Handbuch Philosophischer Grundbegriffe, München (Kösel Verlag) 1972, Band 1, 110–118.

Ivry, A. L.: *al-Ghazali, Abu Hamid*, in: Audi, R. (Hg.), The Cambridge Dictionary of Philosophy, Cambridge (CUP) 1995, 19.

Kant, I.: *Kritik der reinen Vernunft*, Schmidt, R. (Hg.), Hamburg (Meiner) 1990.

– *Brief an Garve 21. Sept. 1798*, in: Erholungen von W. G. Becker, Leipzig 1809, Band 3, 8–11.

– *Prolegomena zu einer jeden künftigen Metaphysik, die als Wissenschaft wird auftreten können*, Malter, R. (Hg.), Stuttgart (Reclam) 1989.

Klein, P.: *Epistemic Compatibilism and Canonical Beliefs*, in: Roth, M. D./ Ross, G. (Hg.): Doubting, Dordrecht (Kluwer Academic Publishers) 1990, 99–117.

Kraut, R.: *Socrates*, in: Audi, R. (Hg.): The Cambridge Dictionary of Philosophy, Cambridge (CUP) 1995, 749 f.

Krug, W. T. (Hg.): *Paradox*, Allgemeines Handwörterbuch der philosophischen Wissenschaften, Stuttgart/Bad Cannstadt (Frommann Verlag) 1832/1969, 152 f.

Kutschera, F. von: *Paradox*, in: Ritter, J./Gründer, K. (Hg.), Historisches Wörterbuch der Philosophie, Darmstadt (Wissenschaftliche Buchgesellschaft) 1989, Band 7, 96.

Leiber, J.: *Paradoxes*, London (Duckworth) 1993.

Lenk, H.: Prometheisches Philosophieren zwischen Praxis und Paradox, Stuttgart (Radius Verlag) 1991.

– *Philosophie und Interpretation*, Frankfurt a. M. (Suhrkamp) 1993.

– *Interpretationskonstrukte als Interpretationskonstrukte*, in: Simon, J. (Hg.): Zeichen und Interpretation, Frankfurt a. M. (Suhrkamp) 1994, 36–56.

– *Interpretation und Realität*, Frankfurt a. M. (Suhrkamp) 1995.

Lewis, C. I.: *The Given Element in Empirical Knowledge*, in: The Philosophical Review, 61 (1952), 168–173.

– *Mind and the World Order*, New York (Scribner) 1929, ND: New York – Dover 1956.

Löhrer, G: *Einige Bemerkungen zur Theorieebene der Interpretationsphilosophie*, in: Allgemeine Zeitschrift für Philosophie, 21 (1996), 261–270.

Mates, B.: *The Skeptic Way: Sextus Empiricus's Outlines of Pyrrhonism*, Oxford (OUP) 1996.

Mauthner, T. (Hg.): *Paradigm-Case Argument, A Dictionary of Philosophy*, Oxford (Blackwell) 1995, 309 f.

McDowell, J.: *Criteria, Defeasibility and Knowledge*, in: Proceedings of the British Academy, 68 (1982), 455–479.

– *Mind and World*, Cambridge (Harvard University Press) 1994.

Mill, J. S.: *An Examination of Sir William Hamilton's Philosophy*, London (Longmans) 1867, in: Dancy, J.: Introduction to Contemporary Epistemology, Oxford (Blackwell) 1993.

Moore, G. S.: *Beweis einer Außenwelt*, in: Eine Verteidigung des Common Sense, Frankfurt a. M. (Suhrkamp) 1969, 153–184.

– *Four Forms of Scepticism*, in: Philosophical Papers, London (George Allen & Unwin) 1970, 196–226.

Moser, P. K.: *Two Roads to Skepticism*, in: Roth, M. D./Ross, G. (Hg.): Doubting, (Dordrecht Kluwer Academic Publishers) 1990, 127–140.

Musgrave, A.: *Alltagswissen, Wissenschaft und Skeptizismus*, Albert, H. u. G., (Übers.), Tübingen (J. C. B. Mohr [Paul Siebeck]) 1993.

Naess, A.: *Scepticism*, London (Routledge and Kegan Paul) 1986.

Nelson, J.: siehe: Grelling, K./Nelson, J.

Nozick, R.: *Philosophical Explanations*, Oxford (Clarendon Press) 1981.

Passmore, J.: *Philosophical Reasoning*, New York (Basic Books) 1968.

Patzig, G.: *Widerspruch, in: Krings*, H./Baumgartner, M./Wild, C. (Hg.), Handbuch Philosophischer Grundbegriffe, München (Kösel Verlag) 1974, Band 6, 1694–1702.

– *Nachwort*, in: Carnap, R.: Scheinprobleme in der Philosophie, Frankfurt a. M. (Suhrkamp) 1966.

Platon: *Sophistes*, Appelt, O. (Übers.), Hamburg (Meiner) 1993.

– *Sophistes*, in: Waldenfels, B. (Übers.): Das Sokratische Fragen, Meisenheim am Glan (Verlag Anton Hain) 1961.

– *Apologie des Sokrates*, Appelt, O. (Übers.), Hamburg (Meiner) 1993.

– *Symposion*, Schleiermacher, F. (Übers.), Platon: Sämtliche Werke, Reinbek bei Hamburg (Rowohlt) 1968, Band 2.

– *Menon*, Appelt, O. (Übers.), Hamburg (Meiner) 1993.

– *Der Staat*, Appelt, O. (Übers.), Hamburg (Meiner) 1993.

– *Gorgias*, Appelt, O. (Übers.), Hamburg (Meiner) 1993.

– *Theätet*, Appelt, O. (Übers.), Hamburg (Meiner) 1993.

Popper, K.: *Objektive Erkenntnis*, Hamburg (Hoffmann und Campe) 1973.

Pollock, J. L.: *Epistemology and Probability*, in: Synthese, 55 (1983), 231–252.

Probst, P.: *Paradox*, in: Ritter, J./Gründer, K. (Hg.), Historisches Wörterbuch der Philosophie, Darmstadt (Wissenschaftliche Buchgesellschaft) 1989, Band 7, 83.

Puntel, L. B: *Dialektik,* in: Brugger; W. (Hg.), Philosophisches Wörterbuch, Freiburg (Herder) 1976, 64 f.

Putnam, H.: *Reason,* Truth and History, Cambridge – London (CUP) 1981.

Rhees, R.: zitiert in Dilman, I.: *Induction and Deduction,* Oxford (Blackwell) 1973.

Quine, W. V. O.: *Paradox,* Scientific American, 206 (1962), ND: Quine, W. V. O.: The Ways of Paradox and other essays, New York (Random House) 1966.

– *Wort und Gegenstand,* Schulte, J. (Übers.), Stuttgart (Reclam) 1960.

Read, S./Wright C.: *Formal Logic: An introduction to first order logic,* St. Andrews (University of St. Andrews) 1991.

Richman, R.: *On the Argument of the Paradigm Case,* in: Australasian Journal of Philosophy, 39 (1961), 75–81.

Richter, R.: *Der Skeptizismus in der Philosophie,* Leipzig (Verlag der Dürr'schen Buchhandlung) 1904.

– *Der Skeptizismus in der Philosophie und seine Überwindung,* Leipzig (Verlag der Dürr'schen Buchhandlung) 1908.

Rorty, R.: *Der Spiegel der Natur: Eine Kritik der Philosophie,* Gebauer, M. (Übers.), Frankfurt a. M. (Suhrkamp) 1981.

Russell, B.: *Probleme der Philosophie,* Bubser, E. (Übers.), Frankfurt a. M. (Suhrkamp) 1967.

– *Können die Menschen rational sein?,* in: Skepsis, Gillischewski, R. (Übers.), Frankfurt a. M. (Athenäum Verlag) 1964, 39.

– *A History of Western Philosophy,* London (Allen and Unwin) 1946.

– *The Possibility of Knowledge,* in: The Athenaeum, 4652 (1919), 524 f., ND: Slater, J. G. (Hg.): The Collected Papers of Bertrand Russell, London (Unwin Hyman) 1988, Band 9, 338 ff.

Santeler, J.: *Relativismus, in: Brugger,* W. (Hg.), Philosophisches Wörterbuch, Freiburg (Herder) 1976, 323.

Schulze, G. E.: *Aenesidemus oder über die Fundamente der von dem Herrn Prof. Reinhold in Jena gelieferten Elementar-Philosophie nebst einer Vertheidigung des Skepticismus gegen die Anmaßungen der Vernunftkritik,* Brüssel (Impression Anastatique, Culture et Civilisation) 1969, Erstveröffentlichung anonym 1792.

Sellars, W.: *Science, Perception and Reality,* London (Routledge & Kegan Paul) 1963.

– *Empiricism and the Philosophy of Mind,* in: Feigl, M./Scriven, M. (Hg.), Minnesota Studies in the Philosophy of Science, Minneapolis (University of Minnesota Press) 1956, Vol. 1, 253–329

248 LITERATURVERZEICHNIS

Sextus Empiricus: *Grundriß der pyrrhonischen Skepsis*, Hossenfelder, M. (Übers.), Frankfurt a. M. (Suhrkamp) 1993.
– *Against the Logicians*, Bury, R. G. (Übers.), Cambridge (Harvard University Press) 1961.
Stegmüller, W.: *Metaphysik, Wissenschaft, Skepsis*, Frankfurt a. M. (Humboldt-Verlag) 1954.
Strawson, P. F.: *Skeptizismus und Naturalismus*, Istase, N./Soskey, R. (Übers.), Frankfurt a. M. (Athenäum) 1987.
– *Introduction to Logical Theory*, London (Methuen) 1952.
Striker, G.: *The Ten Tropes of Aenesidemus*, in: Burnyeat, M. F. (Hg.): The Skeptical Tradition, Berkeley (UCP) 1983, 95–116.
Stroud, B.: *The Significance of Philosophical Scepticism*, Oxford (OUP) 1984.
Tarski, A.: *The semantic conception of truth and the foundations of semantics*, in: Journal of Philosophy and Phenomenological Research, 4 (1944), ND, in: Skirbekk, G. (Hg.): Wahrheitstheorien. Eine Auswahl aus den Diskussionen der Wahrheit im 20. Jahrhundert, Frankfurt a. M. 1977, 140–188.
Thomson, J. J./Harman, G.: siehe Harman, G./Thomson, J. J.
Van Cleve, J.: *Foundationalism, Epistemic Principles, and the Cartesian Circle*, in: The Philosophical Review, 88 (1979), 55–91.
Waldenfels, B.: *Das Sokratische Fragen*, Meisenheim am Glan (Verlag Anton Hain) 1961.
Walker, R.: *Gassendi and Skepticism*, in: Burnyeat, M. F. (Hg.): The Skeptical Tradition, Berkeley (UCP) 1983, 319–336.
Watkins, J. W. N.: *Farewell to the Paradigm-Case Argument*, in: Analyis, 8/2 (1957), 25–40.
Williams, M.: *Groundless Belief: An Essay on the Possibility of Epistemology*, Oxford (Blackwell) 1977.
– *Epistemological Realism and the Basis of Scepticism*, in: Mind, 97 (1988), 415–439.
Wittgenstein, L.: *Philosophische Untersuchungen*, Frankfurt a. M. (Suhrkamp) 1995.
– *Über Gewißheit*, Anscombe, G. E. M./von Wright, G. H. (Hg.), Frankfurt a. M. (Suhrkamp) 1992.
Wright, C: *Facts and Certainty*, in: Proceedings of the British Academy, 71 (1985), 429–472.
– *Scepticism and Dreaming: Imploding the Demon*, in: Mind, 100 (1991), 87–116.